何剑文 —— 著

新时代〈职场〉新技能

公文写作
思维方法
与实战

Thinking Method
and Practice of
**Official Document
Writing**

清华大学出版社
北 京

内 容 简 介

本书以提升科学思维能力为切入点，融合唯物辩证法、结构化思维和刻意练习理论，为撰写总结汇报材料、经验交流材料、调研报告等常用综合文稿提供"幼小衔接"式指引。

全书遵循逻辑规律，包括"认知篇""方法篇""实战篇"三个部分，构建了从"仿造"到"制造"再到"创造"的一站式公文写作实操课堂，理念先进，架构科学，理论通俗，行文晓畅，适合作为公文写作、申论写作、新闻写作、商业写作等实用写作的思维方法"说明书"。

本书可作为党政机关、企事业单位、社会团体等相关工作人员，特别是广大基层文字工作者的常用综合文稿写作指导书，也可作为实用写作教学和研究的参考读物。

本书封面贴有清华大学出版社防伪标签，无标签者不得销售。

版权所有，侵权必究。举报：010-62782989，beiqinquan@tup.tsinghua.edu.cn。

图书在版编目（CIP）数据

公文写作思维方法与实战 / 何剑文著. —北京：清华大学出版社，2021.7（2023.11重印）
（新时代·职场新技能）
ISBN 978-7-302-57897-0

Ⅰ. ①公… Ⅱ. ①何… Ⅲ. ①公文—写作 Ⅳ. ① C931.46

中国版本图书馆 CIP 数据核字 (2021) 第 060975 号

责任编辑： 刘　洋
封面设计： 徐　超
版式设计： 方加青
责任校对： 王荣静
责任印制： 宋　林

出版发行： 清华大学出版社
　　　　网　　址： http://www.tup.com.cn，http://www.wqbook.com
　　　　地　　址： 北京清华大学学研大厦 A 座　　**邮　编：** 100084
　　　　社 总 机： 010-83470000　　**邮　购：** 010-62786544
　　　　投稿与读者服务： 010-62776969，c-service@tup.tsinghua.edu.cn
　　　　质 量 反 馈： 010-62772015，zhiliang@tup.tsinghua.edu.cn
印 装 者： 三河市东方印刷有限公司
经　　销： 全国新华书店
开　　本： 148mm×210mm　　**印　张：** 10.75　　**字　数：** 257千字
版　　次： 2021 年 9 月第 1 版　　**印　次：** 2023 年 11 月第 9 次印刷
定　　价： 89.00元

产品编号：088864-01

有一种成长叫"久病成医"
——自序

整理完书稿,心中生起一种不辱使命的轻松感,似乎这十几年来所经历的酸甜苦辣,都是在为这一天准备。笔者认为,所谓"使命",就是没有外界要求和功利目的,觉得应该做、必须做,而且似乎只有自己才能做好的事情。对自己而言,完成这本基层写材料"幼小衔接"指南,便是使命所在。

心　愿

许多心理学大师,都曾是严重的心理疾病患者。和他们类似,自己之所以要写好这本书,是因为曾经饱受写材料的困扰和折磨,对基层写材料之苦感同身受。在好些年里,自己就像是一只负重飞行的无头苍蝇,在看不见尽头、漆黑一片的隧道里屡屡碰壁、苦苦挣扎。那时候,无比渴望有一套好学好用的写材料入门方法,让自己看到亮光、找到方向、走出迷途。

相信,这也是众多基层同人的共同心愿。遗憾的是,在市面上琳琅满目的公文写作书籍中，很难找到一本立足实战，为基层同志量身定做、精准导航的写材料入门书。于是，自己默默发愿：如果有一天能写好材料，就要针对所经历的痛点、难点和盲点，把基层写材料这回事说明白，让更多后来人能够顺利入门提高。

理想很丰满，现实很骨感。那时候，自己跟许多人一样，还在用写议论文的那套方法来写材料，绞尽脑汁想框架、编标题、求对仗，经常写出一堆自我感觉良好的空话、套话，一直被要求推倒重写。在屡屡碰壁、头破血流之后，心底有个声音越来越强烈：写材料应该可以像制造汽车那样，经过一条完整的生产线，就能写出一篇合格的材料。为了寻找这条"生产线"，自己开始了艰难的实践、探索和思考。笔者曾跟一些学习写材料的年轻朋友说：写材料虽然辛苦，但你们真的很幸运，有一条现成的路摆在面前，不用像当初的自己，摸着石头过河，在迷宫中打转，好不容易找到出口，黄金十年已经过去。

心　得

回顾自己的写作之路，就是从"病急乱投医"开始的，直到"久病成医"。听到有人说，写材料要学马克思主义哲学，就赶紧买一堆马哲著作来啃；听到有人说，写材料要懂逻辑，就买十几本逻辑书苦读；听到有人说，写材料要看《人民日报》，就每天阅读摘抄；听到有人说，写材料要有丰富的知识积累，就恶补经济、管理、哲学、心理学，等等。这样不停折腾，一年、两年、三年……直到2014年的某一天，自己终于感悟到：写不明白的根源是想不明白，想不明白是因为缺乏逻辑。如果离开逻辑思维，空谈格式、修辞、表达，提高写作能力只是水月镜花。

找对了方向，脚步才有意义。经过一番实战和积累，之前看似无用的种种"折腾"，开始发生化学反应、相互融合、自成一格。尤其是在得到APP上所学的几十门课程，帮自己推开了跨界融合之门，开始跳出"材料"看"材料"。同时，念念不忘的"幼小衔接"指南——"五子棋"写作法也慢慢成型。这套方法以培养思维能力为切入点，融合唯物辩证法、结构化思维和刻意练习理论，旨在为基层文字工作者提供一份精准的入门"思维导图"。一位朋友看了这本书稿感叹道："写了十五年材料，看到这套方法，才明白什么是写材料。"

为了推广"五子棋"写作法，2017年7月，笔者开通"小二哥悟"公文写作公众号，分享写材料的所思所悟、酸甜苦辣。三年多来，通过写文章、录视频、作分享，自己对写材料有了更本质、更丰富、更系统的认知，并在此基础上形成书稿雏形。需要说明的是，这套方法源于基层、注重实战，并非教科书式的标准答案和权威表述，肯定存在不够严谨，甚至有争议之处。毕竟，笔者不是从事公文写作研究的专家学者，写这本书纯属"业余爱好"。只是因为在这条路上"掉坑"实在太多，摔得太疼，忍不住想把这些"坑"标注分享出来。

心　声

基层写材料之路道阻且长，堪称"马拉松"中的"马拉松"。笔者平台低、底子薄，高度和水平非常有限。然而，凡事有失必有得。就像开车那样，习惯用导航，虽然开得又快又顺，司机却不易认路；没有导航，靠自己摸索，虽然跌跌撞撞，却能对每条小路、每个岔路口了如指掌。作为"久病成医"的过来人，自己十分清楚，在基层文稿写作这条路上，有哪些坑、有哪些岔路、该往哪里走……还在"坑"里的朋友请相信，世界那么大，你今天遇到的坑，早就有人爬出来过，总有人会用更好的方式在做你现在做的事，你要做的只是跟进学习。

相对于那些玄奥高深的阐述，基层同志可能更需要、更喜欢这种沾泥土、带露珠、有温度的"土特产"。相信，在阅读过程中，"原来要如此写材料"的顿悟会伴随始终，满满的获得感将不断刷新认知。然而，"理可顿悟，事须渐修"。方法只是方向和道路，不可能替代脚步。真正有价值的学习，一定是不容易的，可能不乏乐趣，但一定充满困难。千万不要奢望掌握方法之后就是一片通途，甚至一劳永逸。因为，手中的地图再精准、再熟悉，该走的路还是要走，该爬的山还是要爬，该蹚的水还是要蹚，该吃的苦还是要吃。而且，付诸行动后的艰难往往超乎想象。不同之处在于：方法正确会让苦越吃越少，离目标越来越近；方法错误会让苦越吃越多，离目标越来越远。

笔者跟大多基层同人基础相当、经历相似、感受相近，自己能做到的，大家同样可以做到，而且能够做得更好。希望本书能够帮助更多朋友，在写材料征途中精准辨向、行稳致远，轻松度过"懵懂迷茫"的入门期，顺利迈过"呕心沥血"的相持期，在最短时间里得到"会心一笑"的释然与放松。与文稿材料之间，逐渐从"两看相不厌，只有敬亭山"的相对无言、孤独无奈，来到"我见青山多妩媚，料青山见我应如是"的惺惺相惜、彼此成全。

在撰写书稿的过程中，自己不断感悟到：真正的收获都是广结善缘的水到渠成和利人利己的彼此成全。本书得以付梓面世，离不开贵人相助、高人指路。借此机会，向长期指导、鼓励自己的陈利群、金常德两位老师致谢；向原中山市外事侨务局的兄弟姐妹们致

谢;向长期关注支持公众号,热心提供评改例文的朋友们致谢。没有大家,就没有笔者的进步,没有这本书。谢谢。

何剑文
2021 年 4 月

第1章 写材料的迷茫 / 2
- 1.1 写材料之怕：为什么无奈那么多 / 2
- 1.2 写材料之惑：为什么提高那么难 / 5
- 1.3 写材料之痛：为什么修改那么苦 / 10

第2章 写材料的坐标 / 20
- 2.1 写材料是什么？系好文稿写作的第一粒"纽扣" / 20
- 2.2 写材料有什么用？学会用思维画出"工作地图" / 26
- 2.3 好材料"长"什么样？从 iPhone 找到答案 / 35

第3章 逻辑原理 / 44
- 3.1 掌握归纳法，拥有思维"炼金术" / 44

3.2 弄通演绎法，重新理解"自上而下" / 54
3.3 理解"MECE法则"，炼成逻辑"火眼金睛" / 62

第4章 方法应用 / 75
4.1 学会谋篇布局，用思维拼出"金字塔" / 75
4.2 搭建标题架构，"自下而上"还是"自上而下" / 89
4.3 制作标题之"规定动作"，如何让表达完整有力 / 97
4.4 制作标题之"创新动作"，如何写亮点睛之笔 / 103
4.5 开头段"讲故事"，让读者"一见钟情" / 120
4.6 做好线性表达，把文字写实写透写活 / 133

第5章 练习积累 / 145
5.1 善于精准练习，像运动员那样专业训练 / 145
5.2 乐于读报积累，像小蜜蜂那样博采约取 / 153

实战篇

第6章 实操演示 / 176
6.1 评改《××市围绕"三自一化"提升社区党建活动效果》 / 176
6.2 评改《××市坚持问题导向积极创建非公党建示范点》 / 182
6.3 评改《发挥"银发"人才优势谱写科技工作"夕阳红"》 / 187
6.4 评改《××区"人民至高无上,患者是我亲友"活动总结》 / 193
6.5 评改《××镇真格出实招整治水环境》 / 200
6.6 评改《××镇聚焦"四力"助推乡村振兴》 / 207
6.7 评改《推进家事审判改革 促进家事纠纷化解》 / 213
6.8 评改《××县打造"四个服务"构建纳税服务新格局》 / 220
6.9 评改《"医、药、养"结合守护全民大健康》 / 226
6.10 评改《××县强力打好蓝天保卫战》 / 234

第 7 章　实例点评　/ 244
　　7.1　点评《2017 年抓基层党建工作述职报告》/ 244
　　7.2　点评《2018 年抓基层党建工作述职报告》/ 250
　　7.3　点评《"红色灯塔"引领"绿色发展"
　　　　　——2019 年全市组工会议经验交流材料》/ 254
　　7.4　点评《2019 年抓基层党建工作述职报告》/ 260
　　7.5　点评《离任感言》/ 266

第 8 章　实战延伸　/ 272
　　8.1　理解"来料加工",为申论写作精准导航　/ 272
　　8.2　下好"五子棋",帮你写出高分申论　/ 279

附录　实战故事　/ 312
　　知道自己"不知道":一篇材料背后的职场逆袭故事　/ 312
　　三次"神转折",帮我打通写材料的"任督二脉"　/ 317
　　让认真成为一种天赋——写材料的十年述职报告　/ 321

后记　/ 330

认知篇

世界观（认识论）蕴含方法论。如何认识写材料这件事，决定着写作方法和方向，如果方向错了，走得越快反而偏离目的地越远。因为对写材料存在诸多认识偏差，许多人不仅没有熟能生巧，反而越写越苦、越写越怕。笔者结合基层写作的实践和体会，尝试"跳出材料看材料"，从逻辑学、产品理论、互联网原理等新的角度，另辟蹊径解读"写材料"，表达一种科学、实用的公文写作观。无用之用，方为大用。"认知篇"虽未介绍具体的写作方法，却是全书最有温度和辨识度的部分，不仅能引起强烈共鸣和深度认同，还有助于系好写材料的"第一颗纽扣"，让广大基层同人在写作路上辛苦心不苦、流汗不流泪。

第1章
写材料的迷茫

1.1　写材料之怕：为什么无奈那么多

近年来，入职公务员和企事业单位的人员学历普遍提高，但是，"天不怕地不怕，就怕写材料"的问题依旧存在，"宁在前面挨枪炮，不在后面写材料"的心态仍有市场。以笔者所在的外事侨务部门为例，同事们大多是重点院校毕业的"女神"，还有海归研究生，她们在翻译、出访、联络、接待中独当一面、游刃有余。但是，每当要写材料，"女神"就容易变成焦虑的"女神经"。其实，有类似经历和体会的，不仅仅是这些"女神"们，包括笔者自己在内的很多人，都曾经或者正在被写材料逼得狼狈不堪，主要有以下"症状"。

一、跌入"冰点"，接到任务不知怎么写

通常会遇到这样的情境，快要下班了，或者到了周末、小长假、黄金周前夕，正想着跟家人去哪里玩，突然接到电话，要赶一篇材料，假期后就要交稿。听到这个"不幸"的消息，一切美好计划灰飞烟灭，心情跌入冰点。一方面是因为要加班加点，整个假期都将焦虑不安，不要说出去玩，连睡个好觉都难。另一方面是感到恐慌无助。在写材料还没找到感觉的那几年，每次接到任务都会忍不住

恐慌。自己心里明白，这次又要被狠狠修理折磨一番，整个人急得就像热锅上的蚂蚁。

接着，开始绞尽脑汁、冥思苦想，却因为没有掌握正确的方法，感觉根本无处下手。时间一天天过去，心情一直处于焦虑之中，食之无味，夜不能寐。这个时候，不知道向谁求助，倍感煎熬。

二、逼出"泪点"，稿子上交不知怎么糟

一直拖、拖、拖，直到时间所剩无几，在假期的最后一两天，怀着"横竖是一刀"的心情，硬着头皮写下去。辛辛苦苦通宵达旦，终于憋出几千字，上班后连忙交给领导审阅。其实，上面具体写了什么，是怎么写出来的，连自己都稀里糊涂。稿子交上去，人虽坐在那里，心却一直在稿子上。一边等，一边忐忑不安地想：会不会推倒重写？会不会被领导狠批一顿？时间来得及吗？一股"凶多吉少"的不祥之感笼罩心头，要命的是往往预感成真。这个过程就像坐在被告席上等待宣判，其中滋味非亲身经历者难以体会。如果遇到期限紧迫的重要文稿，会更加恐慌。至今想来仍心有余悸。

三、击中"痛点"，推倒重写不知怎么改

对初学者来说，综合文稿"一次性通过"的概率堪比买彩票。自己当初经常被领导叫到办公室，告知稿子不合要求，要推倒重写。那一刻，真是欲哭无泪，好不容易加班加点写出来的成果，就这样被完全否定，满满的挫败感。更要命的是，很多时候自己也是一头雾水，不知道怎么改。如果领导思路清晰，那还好一些，会告知问题出在哪里，该如何修改，这种"精确导航"能让自己越改越像样。但是，如果领导只说这也不行、那也不行，就不说怎么样才行，这下麻烦可就大了。

这个时候，执笔者可能会跟领导在修改上产生分歧，甚至有些情绪。但是，修改材料的一大忌讳，就是固执己见，不愿或不能与领导沟通。对此，笔者的体会是：能理解，要改；不能理解，也要改，一边修改一边理解，很多时候稿子改完，也就理解了。这就像爬山，站在不同高度，看到的风景自然不一样，低位者难以想象高位者眼中的世界。此时，正是向领导学习的好机会，要在反复修改中逐渐理解领导的所思所想，一步步提升视野高度和写作能力。笔者曾对科室的小姐姐说：一篇文稿的价值（结果）属于单位，这是分内工作；但是，写这篇稿子的过程则属于自己，修改过程越艰难、越遭罪，体会就越深，收获就越大，进步就越快。

四、遭遇"盲点"，漫漫长路不知怎么熬

费了九牛二虎之力，终于把稿子弄完了，领导签发通过。可是，心里并没有多少兴奋喜悦，反而是心虚恐慌。因为自己只是在懵懵懂懂的状态下，稀里糊涂地完成了任务。虽然这次折腾过关了，其实写材料到底是怎么回事，自己心中还是没谱。下一次接到写作任务，十有八九还会重蹈覆辙，再痛苦一回。身处党政单位和部门，几乎都要跟文字材料打交道，区别只在于频率多少、难度大小而已。如果没有掌握一套科学实用的写作方法，"恐写症"就会如影随形、挥之不去，冰点、泪点、痛点、盲点会循环往复出现，让人狼狈不堪。苦海无边又退无可退，只好在迷茫中硬着头皮走下去。

写材料的成长周期较长，少则两三年，多则三五年，甚至更长时间。这个漫长的过程，就如一个人独自跋涉在陌生荒野，真正让人恐惧的不是遥远、艰难，而是迷茫、无助。如果目标清晰、道路明确，就算路途遥远，也容易坚持下去。反之，如果迷路了，就容

易半途而废、前功尽弃。"师傅领进门，修行靠个人"，在入门阶段，关键要掌握正确的方法，这就非常需要老师帮助树立起一块块路标，让人少走弯路，不走错路。

对基层单位和部门的同人来说，掌握基本的写作方法就能应对日常工作，就像大多数人只需能开车出行，没必要成为专业赛车手一样。遗憾的是，由于教育、观念等原因，并不复杂的写作方法和流程，却成为阻碍许多人前进的那道坎。笔者相信，本书可以帮助朋友们顺利迈过这道坎，走进那扇门，进而登堂入室，走进不一样的"写材料"世界。

1.2 写材料之惑：为什么提高那么难

一直以来，笔者心中都有个大大的问号：写材料是职场的基本技能，并不高深复杂，为什么许多学历高、能力强的朋友，能够在其他领域和岗位如鱼得水，偏偏对写材料束手无策、望而生畏。细究起来，主要有以下三方面原因。

一、课堂上难学

提起写材料，有人会下意识认为，中文系毕业的人能写，其实这是个不小的误区。因为，中文专业的"文"，跟公文的"文"，有很大不同，最突出的是写作对象不同。根据对象不同，写作可以分为两大类。

一是为自己而写。主要指文学创作，如诗歌、散文、戏剧、小说和抒情类的日记体，写这些文章主要是为了抒发内心情感，比较接近中文专业的"文"。在我们的教育中，从小学语文课到大学文学史，往往过于强调文学功能，忽视文字能力。其实，文学只是文字的一部分,而且不是最重要的部分。文学偏重于审美,更多是属于少数人的追求;文字则更多是应用,是所有人都应该具备的底层通用能力。

二是为别人而写,也就是为沟通而写。目的是传递信息、沟通情感,得到别人认可,主要指应用写作,例如公文写作、申论写作、论文写作、新闻写作等。写作目的不同,思维方式就大不相同,为自己而写,主要靠发散思维、感性思维;为别人而写,主要靠理性思维、逻辑思维。对许多人来说,这两种思维方式代表着截然相反的两个方向,没有经过大量实践,很难同时具备,学了中文专业跟具备写材料能力没有必然联系,更不能画等号。

此外,两者语言风格也不同,文学作品需要想象力、感染力,可以夸张、虚构;应用写作需要讲逻辑,有条理性和说服力,文字表达必须真实客观,不允许夸张虚构,也不可以太感性,不能用诗歌语言去写公文或论文。据媒体报道,曾有某地开人大会议,有干部用一首6 000字的五言长诗作报告,引起众多反对质疑之声。不同文体对文字有不同要求。诗歌要合辙押韵,读起来好听;小说要见人见景,栩栩如生。机关公文是为了解决问题,而不是为了抒发文采,展示才华,要用群众听得懂、听得进的语言把工作说明白,把政策说清楚。写材料要坚持"为事而文",不能把时间精力花在概念、词句、提法的新奇上,以及文章架构的对仗工整上。

然而,从小学到大学,学校都没有教过怎么写材料。中文专业、新闻专业虽然开设了公文写作课程,但是,我们的老师大多是出校门后就直接进校门,到实战一线历练的机会较少。有的老师对党政机关公文,尤其是综合文稿写作认识不够深刻,容易对着书本讲格式、套模板。这种"模板式"教学会让学生产生一种错觉——公文写作靠百度,给以后写材料埋下隐患。因为,通知、请示、函等相对简单的公文，的确可以模仿格式套路。但是，领导讲话稿、汇报材料、经验交流材料、调研报告、工作总结等基层综合文稿，必须具备思维能力，在拥有翔实素材的基础上，归类分组、概括提炼才能写好。如果盲目使用模板套路，容易走进弯路，事倍功半。

二、单位上难学

毕业后来到单位，写材料立即成为日常事项，这个时候却往往没人教你怎么写，除非幸运地遇到懂写材料的领导。同是写材料，机关和基层同志也处于不同起点。一般来说，层级高的单位，干部理论水平相对较高，比较重视文字工作，有着"传帮带"的写作氛围。在这种环境下，写作水平自然容易水涨船高，就像汽车装上导航，不经意间就能开得又快又远。

"上面千条线，下面一根针"，基层干部却很难有这么幸运。一方面，基层干部大多身兼多职，要应对繁重的事务性工作，很难专心写材料。另一方面，部分基层领导的理论水平和写作能力也相对较弱，难以给予有效指导。甚至，有的领导不重视文字工作，觉得业务工作都忙不完，写材料就是摆花架子，做无用功。

开通公众号以后，笔者接触了一些来自全国各地的基层"笔杆子"，他们都非常渴望写好材料，但是，还是遇到自己十多年前遇到的那道难题——由于缺乏针对性指导，写材料入门乏术。即使写了多年材料，还是有不少人在认知的迷宫中徘徊——不知道什么是写材料，该怎么写材料。此情此景让人颇感无奈和感慨。其实，有此困惑的朋友，并不在少数。笔者认为，写材料能力是机关工作的基础技能，在公务员入职、晋升等培训中，都应该补上如何写材料这门重要的基础课、必修课。

三、书本上难学

学校和单位都难以学好写材料,怎么办?只好上网去买一些公文写作书籍、课程和资料。但是,效果仍然不理想。主要表现为"三失"。

首先,失之于"空",那些厚厚的公文写作类"速成""范文大全"书籍,兜售各种模板套路、速成秘籍的微信公众号、QQ群里,各种文稿分门别类、一应俱全、明码标价,甚至还分普通客户、VIP客户,俨然成为一门热闹的生意。模仿是人类的天性,也是重要的学习方法。在起步阶段,参照适合的"模板套路",不失为蹒跚学步的好方法。但是,"模板套路"就如婴儿时的奶嘴和学步车,只是某个特定时期的权宜之计。如果依赖这种路径,容易成为长不大的公文"巨婴",只能做低附加值的"拼凑组装",一直停滞在公文写作价值链的最底端。

有的朋友热衷于从网上收藏、下载各种"模板套路",但往往是"收藏即封藏,粘贴即冷冻"。那些曾经让人暗爽的"收藏、粘贴",往往并不会"再回首"细读体会。许多人得到的,只是手指按动鼠标时刹那间的快感,以此来缓解内心的焦虑。所以,有人称之为"知识鸦片"——不仅难以从中受益,还容易"上瘾",让人越来越焦虑。在网上,区区几十块钱就可以买到上千万字的"写作秘籍",那些"模板套路"少则数十个,多则成百上千个,这么多内容不容易嚼烂,反而滋长了内心的浮躁和焦虑。笔者的体会是,积累素材的最好办法还是亲力亲为、自力更生,在平时读书读报读文中,去发现、体会、摘抄,使之成为一种习惯,用日常积累的涓涓清泉滋养自己,写出好材料自然水到渠成。

其次,失之于"偏",大部分公文写作书籍或课程,都聚焦在"公文"二字，主要从公文格式、遣词修辞、行文规定等方面入手，逐一详细介绍15种法定党政公文，却甚少介绍基层常用，也最让人头疼的综合文稿，尤其缺乏对思维方法的介绍。其实，在15种法定党政公文里面，基层主要用到的只有6种，分别是通知、请示、函、议案、报告、纪要，其他9种基本属于下行文，主要适用于高级别机关，基层部门较少用到。百科全书式的公文学习，更适合从事公文理论研究的专家学者，基层同志不需要，也没必要精通每一种公文。因为，学习者通常只会对自己用得上的知识感兴趣，坚持"干什么、学什么，缺什么、补什么"，做到学以致用，才是精准有效的学习。

最后，失之于"高"，有些公文写作书籍的作者是上级机关的"大笔杆"，具有非常深厚的理论功底和很强的写作能力，擅长讲解省市机关文稿的写作方法。但是，综合文稿存在"高低""虚实"之分：上级机关的文稿侧重"务虚"，注重宏观抽象，在于把政策、理论、方向说明白，用来指导基层实践。基层文稿侧重于"务实"，主要提炼经验、汇报情况，为制定政策、领导决策提供参考，最重要的是把工作说明白，语言要具体平实，不能过于抽象。基层文稿如果盲目套用上级机关的行文方式和表达语言，往往导致千文一面、空洞无物。

笔者对此深有体会：在初学写材料的很长一段时间里，有时领导开会回来说，刚才会议上省市某某领导的讲话很好，文字科室要好好学习，对写好材料有帮助。但是，每当自己拿到这些大材料，只能学习里面的政策理论精神和文字表述技巧，却很难在具体写作方法上得到启发。这个问题困扰自己五六年之久，直到做了公众号，跟朋友们交流多了，对写材料的认识深了，才逐渐明白上下级文稿之间的差异。对处于入门阶段的基层同志来说，只靠琢磨抽象的大材料,对提高写作能力的帮助有限。

如果要写理论性、政策性、指导性较强的大材料,"大笔杆"的写作之道无疑非常精彩,但可能并不完全适用于基层文稿的"幼小衔接"。因为,对大多数基层同志来说,最重要的不是跑得多快,而是先要学会走路,甚至是爬行。最紧迫的问题不是成为省长、市长、县长的"大秘",也不是立意高远、高屋建瓴、文采飞扬,而是能够用清晰朴实的语言把工作说明白。在此基础上,有条件、有需要、有兴趣者,可以进一步积累练习、不断提升。

因为从课堂、职场、书本中都难以有效学习,基层同志不会或者写不好材料,其实是正常现象,没有必要对此耿耿于怀,甚至怀疑自己、失去信心。本书介绍的"五子棋"写作法,其原理就如造汽车。一般来说,经过标准生产线制造出来的汽车,都具备汽车的结构、功能和外形。至于造出来的是宾利还是吉利,是奥迪还是奥拓,是宝马还是宝来,就要靠技术积淀和科技含量了。同理,经过"五子棋"步骤写出来的材料,基本就是一篇合格的材料,可以把工作说明白。但是,要更进一步写出优秀的文章,把工作说精彩、说生动,还需要艰苦练习和长期积累。在写材料的进阶路上,没有弯道超车的捷径,只能勤学苦练,一步步攀爬。

1.3 写材料之痛:为什么修改那么苦

不少朋友都有同感:写材料之难不仅在于写,更在于改。绞尽脑汁、通宵达旦写出来的稿子,经常被改到"怀疑人生"。而且,这个过程不是持续三五个月,而是三五年,甚至更长时间,其间很容易陷入疲惫、挫败、沮丧等负面情绪,写材料因此成为倍感煎熬的心灵苦旅。对此,笔者的观点是:我们本是伞兵,生来就是被包围的;身为文字工作者,文章写出来就是被修改的。

一、接受包围

"伞兵思维"这个概念源于美国101空降师指挥官的一句名言:"伞兵生来就是被包围的。"这句话也是所有进入101空降师的士兵,都要学习的第一课。其意义在于告诉大家:来到这里,想活下来就必须要有正确的世界观;如果你的世界观错了,整个行为方式都是错的,也就是说,如果方向错了,接下来的一切都是错的。文字工作者首先要认识到:文稿修改就如同树木接受修剪,这是成长的必经之路。被修改、被包围、被批评是一种常态、一种必然、一种宿命,如果无视事实、心浮气躁、盲目突围,就会苦上加苦、苦海无边。要突围,首先要接受包围,清晰看到被包围的原因,从中找到突围的方向和路径。写材料为何如此之难?除了前文内容所说的"课堂上难学、单位上难学、书本上难学",笔者认为还有三方面更深层次的原因。

一是逻辑不足。写不明白归根到底是想不明白。许多人觉得写材料难于上青天,主要原因就是逻辑能力不足,对着一大堆素材束手无策。我们从小到大的应试教育偏重于得出标准答案,对逻辑方法的学习和练习不够。而写材料最核心的就是逻辑能力,逻辑能力不足,在其他事务性岗位上可能问题不明显,干工作没有功劳也有苦劳。但是,对于写材料来说,逻辑能力不足就是致命伤,不但没有功劳,连苦劳都没有,只有满满的疲劳。因为,缺乏逻辑,就想不明白;想不明白,就写不明白。大部分人写不好材料的主要原因是思维能力不足,而非文字表达能力缺乏。

二是心态偏差。初学者往往特别渴望稿子一次过关,不用重复折腾。在笔者看来这就是一种奢望,其难度不亚于从足球场中圈直接射门得分。看到自己费尽心思、辛苦熬夜写出来的稿子被改得一塌糊涂，自然会感觉没面子、很难受，甚至有心如刀割的不甘和委屈。其实，产生这些感觉的重要原因是"宜家效应"——投入越多的劳动（情感），就越容易高估物品的价值。人们在宜家购买家具后，需要回到家花很多力气组装，看到亲手组装的家具，会产生一种依恋感和自豪感，喜爱程度就会超过同等品质的其他家具。同理，写作者往往会因为自己投入大量努力和辛劳，从而高估文稿质量和价值。却不知道，这种自我感觉良好，很多时候只是一种错觉。

三是能力差距。一般而言，写作者跟领导者会在思想、阅历和综合能力上存在较大差距。在诸多因素不对称的情况下，要写出领导满意的文章，说出领导想说的话，的确非常不容易。面对这种差距，通常听到的答案是：关起门来做领导——换位思考，假设自己是领导，会怎么想。这句话听上去挺有道理，细细琢磨却有点不靠谱。管理学大师德鲁克说过，领导者做正确的事，管理者正确地做事。领导的主要职责就是站高、望远、定向、带路，其认识高度是理论水平、综合素质的集中体现，这是一种需要长期学习、锻炼、感悟才能形成的核心能力，绝非简单换位思考就能具备。如果跟领导在知识广度、思想深度上差距太远，那就像长波和短波有不同频率一样，不仅难以共鸣，还容易产生杂音、噪声，影响沟通效率和质量。

二、冲出包围

找出问题的过程，也就是找准突围方向的过程，根据上述问题，笔者提出以下三方面突围建议。

一是从认识上突围，学会专注。《孙子兵法》认为，真正善于作战的人，都是先做好自己，让自己不可战胜，然后再等待对手可以被战胜的时机，这叫"先为不可胜，以待敌之可胜"。"不可胜在己"，立于不败在于自己；"可胜在人"，什么时候可以战胜对手，则在于敌人，不归我管。写材料也是同理，把文章写好是自己可以做到的，至于领导满不满意，会不会提出批评，那不是自己可以控制的。在很长一段时间内，尽量少去考虑领导是不是重视，会不会得到好处，而是努力考虑一件事——怎样才能把材料写好。说得更实在些，如果写作水平上不去，想什么都没用。

这种专注是做好一件事的基础和前提，想得太多反而会庸人自扰。例如，地面上放一块 50 厘米宽、5 米长的木板，走过去完全没问题。但是，如果把这块木板放在悬崖上，自己还能走过去吗？不能走过去的原因恰恰就是想得太多、杂念太多。怎么才能做到"专注"呢？答案是"鼠目寸光"，就是当面对实实在在的问题和困难，未必要"目光远大"，而是要"鼠目寸光"，只需专注、解决好当前最重要的一件事情，不用考虑周边第二层、第三层的得失好坏，以免患得患失、自乱阵脚。

二是从心理上突围，学会调整。漫长且艰难的写材料之路容易让人产生焦虑、沮丧、失落、无力等负面情绪，如何调整心态，至关重要。这让人想起《从优秀到卓越》一书中斯托克代尔的故事。斯托克代尔是越战后的美国海军上将。他在参加越战时被俘，被关在战俘营长达八年，其间遭受种种虐待，经过各种努力最后成功获释。

著名管理学家吉姆·柯林斯慕名找他做了一次访谈，柯林斯问斯托克代尔，哪些人没能活着离开战俘营。斯托克代尔说，是那些乐天派。斯托克代尔说的"乐天派"，就是那些乐观主义者，他们说圣诞节前自己会出去，圣诞节来了，圣诞节又过了；他们又说，复活节前自己会出去，复活节来了，复活节又过了；然后是感恩节，然后又是圣诞节，最后他们心碎而死。斯托克代尔总结说：这是一个非常重要的教训——你不能把信念和原则搞混。信念是：你一定能获得成功——这个必胜信念千万不可失去。原则是：你一定要面对最残忍的现实——无论它们是什么。

这种既要保持必胜信念，又要直面残酷现实的心态，称为斯托克代尔悖论。斯托克代尔悖论对调整写材料的心态，有着重要的启发：一方面，掌握正确的方法之后，要相信，经过自己的不懈努力，一定能够把材料写好。另一方面，又不能盲目乐观，过于低估这项工作的难度。因为，能力通常都是在不知不觉中提升，越是重要的东西，滞后效应就越强。这个过程中要乐于接受一篇又一篇材料的锤炼，甘于接受一次又一次修改的痛苦，敢于接受一次又一次失败的打击。既要有丰满的理想，又要接受骨感的现实，做一位脚踏实地的理想主义者。

三是从能力上突围，学会思考。办公室工作大概可以分为两种类型——"领导手脚的延长"和"领导大脑的延伸"，比较常见的是前者，主要指上传下达、左右协调等事务性工作，帮助领导分担琐碎杂务，在领导面前的曝光率可能比较高。

但是，作为文字工作者，还应该有更重要的任务、更高的追求，那就是成为"领导大脑的延伸"。要做到这一点，不仅要善于学习各领域的知识，更需要努力提高归纳概括能力，在全面了解工作的基础上，准确概括工作特点和规律，成为本部门的业务行家，甚至专家。如果能够做到这一点，在文稿中所表达的工作思路，就不会跟领导要求相差太远。所谓"英雄所见略同"，大概就是这个道理。在文字表述上，要善于向《人民日报》《光明日报》等党刊党报吸取养分，做好摘抄、记忆、理解等"笨功夫"，写出让领导眼前一亮，能引起其共鸣的表述。

领导班子特别是"一把手",是整个单位的核心,工作普遍非常繁忙,在信息海量的互联网时代,很难抽出时间去学习每一篇报道,琢磨每一件事情,研究每一个领域。这个时候,"笔杆子"就要主动承担这个任务,用心做好领导的书童、报童、网童,及时学习最新的精神、最热的知识,把自己对工作的认知和思考融入材料,为领导提供决策参考。这样写出来的材料,不仅能够表达领导所认同的思路,还能激发领导心中的灵感,让其心中已经存在但尚不清晰的思路,更加明确化、系统化。只有成为"领导大脑的延伸",才能成为创造思想的"笔杆子",而不是搬运内容的"码字工"。这是个漫长积累的过程,是坐冷板凳的过程,是耐住寂寞的过程,是自我赋能的过程。

三、品味包围

逆境之下,撑得住就是故事,撑不住就是事故。回头看这些年来在写材料中吃的苦、受的罪,自己意外地发现:一些原来面目可憎的东西,居然变得可爱。这种感觉就像是爬山,身处山脚时满眼都是障碍;竭尽全力爬上山顶后,细细品味艰难攀爬的过程,才发现一切都是风景。写材料也是如此,突围之后,自己深深体会到:万物皆有裂痕,那是阳光照进来的地方,文字背后的成长才是最好的馈赠。

一是放下面子。 死要面子活受罪,写材料要想进步,就要扔掉毫无用处的"面子",坦然接受残忍的修改。正如比尔·盖茨所说:"这个世界并不会在意你的自尊,而是要求你在自我感觉良好之前先有所成就。"我们要明白,在自己还没有什么成就之前,没资格也没必要在意自尊,因为世界不会在意一个可有可无者的自尊。一位投资家对创业者说过这样一句话:别想着当独角兽,先做一个打不死的"小强"。在写作之路上,不仅要装得下饭菜、装得下知识,还要装得下委屈,只有这样,才能走得更远。

当文章需要反复修改,甚至推倒重写的时候,自己唯一能做的就是放下面子、保持平和。如何才能放下面子呢?笔者的经验是:把每一次写作任务都当作学习的过程,把每一次修改都当作进步的机会,把写作动机从"为单位而写"转换到"为自己而学"。当一个人能够以学习成长的心态,而非证明自己、表现自己的心态去写作,就比较容易放下面子,没那么容易受伤。因为对一个学习者来说,不会写或者写不好才是正常的,就算被改得体无完肤,被领导一顿批评,也比较容易接受。其实,当看到文稿被打磨得越来越清晰、越来越精致,心中那点情绪也会烟消云散,取而代之的是浓浓的获得感。从成长角度来说,一个人面对错误的态度,远比错误本身更重要。

当写材料屡战屡败、迷茫无助之时,很容易产生放弃、换岗的念头。这个时候,要明白一个道理:接受和喜欢不仅是一种态度,更是一种能力。其实大部分人都不喜欢第一份工作。不喜欢的原因,主要是缺乏职业素养和职业能力。搞不定工作,经常被领导批评,这种压力和挫折必然带来挫败感和无力感,许多人就会用"不喜欢"来逃避这种无力和恐惧。这时候贸然选择跳槽,很可能会是跳"糟",只是从一个岗位菜鸟成为另一个岗位菜鸟,只能反复体验入门的挫败感,永远也不会有喜欢的工作。因为,喜欢是一种能力,当你能做好某件事的时候,自然就不会讨厌,进而慢慢接受,变得喜欢。所以,初入职场,或者刚刚转型到一个新领域,要接受被困难包围的宿命,放下毫无价值,也没有必要的"面子",潜心提升能力、打怪升级,从"不喜欢"做到"喜欢",起码是"不讨厌"。这个时候才有跳槽的资格,在这个领域积累的能力,才能迁移到其他职业。就算是天才，本事也不是天生的。只要不是天资太差，吃苦受累总是与长本事成正比。

二是放下过去。有一本畅销书《苦才是人生》，这个书名很大程度说出一个道理：心想事成只是一厢情愿，事与愿违才是人生常态。我们不仅在写材料时常常身陷重围，在职场、家庭、感情、健康等方面，也很难事事如意。从心理学的角度来说，痛苦不能对抗，只能融合。相对于"有容乃大"，笔者更认可"有融乃大"，"化解融合"远比"压抑忍受"更重要。正如物理学上的作用力与反作用力，对抗痛苦的结果，会让痛苦更强烈，从而形成恶性循环。从字面上理解，"忍"是在用刀刃刮自己的心，会让那颗心伤痕累累。如果一味要求自己忍受，负能量会越积越多，忍无可忍就会剧烈爆发，伤人又伤己。

写材料免不了加班熬夜，过度加班再加上其他方面的不如意，容易产生焦虑、压抑，对身心的副作用很大。其实，真正把人重重包围的不是工作，而是负面情绪；真正对人造成杀伤的，不是加班本身，而是对加班的抗拒。一位领导常说：干活干不死人，气才能气死人。在不愿意，又不得不加班的心态下，就容易陷入"越加班、越抗拒、越无力"的心理旋涡。无力感则是导致焦虑，甚至抑郁的"元凶"。千万不要把对外解决问题的心态，转化为对内伤害自己的情绪。

这些年里，自己看了不少关于心理学、哲学类的书籍，直到有一天，无意中看到《治疗密码》这本书，终于明白：无力感和焦虑感也是一种习惯，当人感觉无力的时候，就会触发曾经有过（主要是儿童时期）压抑在内心深处的无力感。有个这样的病例，有个女孩子经历过一场惨烈的车祸，在车祸现场她看到一条红丝巾。虽然女孩的身体并没有受到很大损伤，但是从此之后，不管她在哪个场合看到红丝巾，都会恐惧、惊颤。因为那一条红丝巾，立即把她带回当初可怕的车祸现场。从这个角度看，"不在同一个地方摔倒"只是美好愿望，"反复在同一个地方摔倒"，反而更接近现实。

自己逐渐认识到，焦虑的主要原因不在于外界，而在于自己；不在于现在，而在于过去，还学会了一些简单有效的"心理按摩"方法。当负面情绪来袭时，自己不再逃避抗拒，而是努力往回看，发现曾经遇到的类似情绪，借此认识自己、疗愈自己。这些感悟让自己突然明白佛教常说的"烦恼即菩提"——困境非我所愿，却是成长所需。负面体验固然难受，却是认识自己的契机。只有与自己的内心握手言和，才能让负面情绪的"肥料"转化为滋养生命的"养分"，才能有更加平和、轻松的心态去工作和生活。人往往只有在遭遇困境和痛苦的时候，才会去思考生命、反思自己。在写材料的过程中，无疑会有许多这样的成长机会。

三是放下坚持。儿童和成年人的学习动机有很大不同，儿童的学习动力大多来自兴趣和要求——学习自己喜欢或者父母要求的东西。由于要应对职场竞争，要谋生发展，成年人的学习动机具有很强的"实用性""功利性"，其特点是以"得"为先，如果没有"获得感"，学习热情就难以持续。我们没有必要否认和贬低合法正当的利益诉求，因为只有正视利益，才能理性对待利益。如马克思所说："思想"一旦离开"利益"，就一定会使自己出丑。这种"得"或者说"利益"也有内外之分，外部驱动主要是指为提高职级待遇而开心，内生驱动是指做事情本身就能得到快乐。

首先要承认，外部驱动很重要，是最直接的动力来源。但是，一个人要获得提拔任用，受到多种综合因素的影响，不是自己可以决定的，甚至也不是单位领导可以决定的，比如没有职位空缺就不能提拔某个人。股神巴菲特最看重的投资理念是"能力圈原则"——

能力圈范围大小并不重要，重要的是要很清楚自己的能力圈范围，只做能力圈之内的事情。这对我们的启发是：要清楚自己的能力边界——提拔任用是自己能力圈之外的事情，写好材料则是自己能力圈之内的事情。

观念创造实相，你对生活微笑，生活便对你微笑，写材料也是如此。当逐渐做到专注，浮躁、烦躁就会减少，每当写出有思想、有生命、有温度的文字，心中就会涌起一股欣慰感和愉悦感，进入类似"心流"的状态。随着学习、实践和思考的不断深入，心底念念不忘的"幼小衔接"指南也逐渐成型。这个既有意思，又有意义的事情，也打开了自己成长路上的另一扇门，里面别有洞天、更加精彩。

此外，当自己能为团队作出贡献，感受到领导和同事们发自内心的认可和尊重，内心也会涌起一种"被需要"的连接感、存在感和归属感。到了这个时候，就会对以往的种种磨难和艰辛逐渐释怀。我国神经外科大师王忠诚院士说过：我今天的技术和成就是病人用生命换来的，我最要感谢的是病人。作为医生，应该感恩病人，感谢治疗实践对自身的磨炼。作为文字工作者，我们要感恩写材料，不仅让自己有一份体面的工作，还有一股源源不断的精神之泉，滋养生命成长。

这让我想起吴伯凡老师对于"爱"和"恨"的经典解释——如果觉得你欠别人，就是爱；如果觉得别人欠你，就是恨，用"爱"的心态去面对，就会增加许多快乐，工作、生活都是如此。因为，世上没有不快乐的坚持，如果能在坚持中获得快乐，也就可以放下坚持、享受坚持，让写作本身成为最好的馈赠。

第 2 章 写材料的坐标

2.1 写材料是什么？系好文稿写作的第一粒"纽扣"

在机关工作中，经常要写材料，但是，如果再问一下：什么是写材料？很多人可能就答不上来，犹如面对一个"熟悉的陌生人"。从逻辑上来说，准确了解一个事物要从两方面入手。一方面，要掌握概念的内涵，就是给这个东西下定义，搞清楚它是什么。另一方面，要认识概念的外延，就是搞明白这个东西有什么，包括什么。下面，就从这两方面入手，一起掀开"写材料"并不神秘的面纱。

一、认识写材料"是什么"

"写材料"只是一种通俗说法，难以找到标准定义，也存在诸多误解。比如，有人把写材料等同于写作文，有人觉得写材料只是文字功夫，有人觉得写材料适合文科生……认识是行动的先导，如何认识写材料是文稿写作的"第一粒纽扣"，认识错了，方法也就错了，就会陷入南辕北辙的困境。笔者结合实践和思考，对写材料下了三个定义，尝试从不同侧面说明其内涵和本质。

首先，从理解公文的角度来看。顾名思义，所谓公文，就是把对公（工作）的认识，用文字表达出来，认识第一位，表达第二位，公文姓"公"不姓"文"，对工作认识不到位，表达肯定不到位。正如李瑞环同志在《学哲学用哲学》中所说："我们有些文章写得不好，不是词汇不够多、句子不够美，而是动机上、内容上、方法上有毛病，在鼓捣字儿上花的时间太多，在研究事儿上下的功夫太少。"① 所谓"功夫在诗外"，对"笔杆子"而言，研究工作比研究材料更重要，研究问题比研究文字更重要。

根据上面对写材料的定义，可以得出以下等式：写材料＝认识＋表达。"认识"包括"熟知"和"真知"两个层次。"熟知"，就是要熟悉业务，对近年来的重点、亮点工作了然于胸，这样才能避免词不达意、表达空洞。也就是常说的"没有调查就没有发言权"。"真知"，是在熟悉业务的基础上，运用逻辑工具，进行归类提炼，得出对工作的本质性、规律性认识。认识就像是楼房的地基结构，文字表达就像是装修装饰，如果地基结构不合理，装饰再豪华都是危房。高质量文稿应该是"对共性的个性化表达""对原则性的灵活性表达"，既要地基牢固，又要装饰美观，让外行听得懂，内行听了服。

正如中央统战部原常务副部长朱维群在《改改我们的文风》一文中说到："毛泽东是文字大家，他的诗词风采，很难有人企及。但是他在讲工作的时候，文字是非常朴实简明的。""在毛泽东的文章中，你们去找找看，四六句儿、工整对仗，一层标题二层标题三层标题格式高度一致，我是没找到。"② 写材料不是耍嘴皮子、玩文字游戏，最重要的是思路清晰、逻辑严谨，把工作说明白。在文稿写作中准确性第一，生动性第二，要在确保准确的基础上追求

---

① 李瑞环.学哲学 用哲学[M].北京：中国人民大学出版社，2005.
② 朱维群.改改我们的文风[N].学习时报，2012-12-31.

生动，切不可颠倒顺序。然而，有些人写材料没有经过思维加工，不讲逻辑正确，而首先讲究标题整齐对仗，本末倒置，写出的往往是逻辑错误百出、空洞无物的文稿。

其次，从加工信息的角度来看。写材料，就是写"材料"，把一堆碎片化、低价值的信息，通过思维加工，整合成为一篇结构化、高价值的文章，或者叫"情报"。由此可见，写材料的主要特点就是"来料加工"，除了公文材料，撰写申论作文、学术论文、商业报告和综合性报道等，都可以理解为"写材料"。这些文种大同小异，"大同"主要指思维方法相同，都是靠归纳提炼；"小异"主要指获取信息的方式不同。例如，申论作文是给定信息，学术论文、商业报告和综合报道要靠收集信息，还有的是从大脑直接调取信息，比如高水平领导的即席讲话。

这里，先要搞清楚两个概念——信息和情报。信息不等同于情报，具有内在联系、有价值的信息才算是情报，零散孤立、缺乏价值的信息不能称之为情报。例如，考古学家发现了古埃及大金字塔的周长、高度，以及主墓室的尺寸，这些可以理解为信息。通过计算这些数据之间的比例，可以推断4600年前的古埃及人已经掌握勾股定理，进而可以认识那个时期古埃及文明大致发展到了什么水平，这些结论就是情报。由此我们可以理解，为什么在英语中，"情报"跟"智能"是同一个单词"intelligence"。金字塔的这些数据信息，如果让一个盗墓者看到，就可能联想不到任何事情，但是在数学家或者考古学家眼里却意义重大。因为在前者眼中，这些信息是孤立、分散的，后者却能对这些信息进行处理，挖掘彼此之间的相关性，使之建立内在联系，得出高价值的情报。写材料的过程，就是把"信息"加工提炼为"情报"的过程。

综合性文稿又称为总结性文稿。所谓总结，就是总+结，"总"

可以理解为信息，主要是具体事实和数字，这些构成写作的基石。"结"可以理解为情报，主要体现为观点、概念，贯通两者的桥梁就是思维加工。"总"是"结"的基础，"结"是"总"的提升，具体工作是写材料的基础和前提，为归纳概括提供必要条件。公文是对工作的认识和表达，真实是公文写作的生命线。写材料不能脱离、歪曲具体工作，这是原则性、根本性的要求。

情报源于信息，情报统领信息。打个比方，标题观点（情报）就如统帅，具体工作（信息）就如士兵，统帅不行，再优秀的士兵也只是一群乌合之众。如果材料只是一堆罗列素材的"流水账"，没有经过归纳提炼，或者归纳不到位，没有形成准确、鲜明的观点，再好的工作素材也会大打折扣、黯然失色。因为，这些文章只停留在信息层面，缺乏内在联系，附加值不高。那些信息量大、含金量高的文稿，我们通常称之为"有干货"。常说要写短文，"短"的关键就是有观点、有情报。没有观点，说得越长，听的人越困惑；有了好观点，即便是点到为止，也能让人印象深刻。

最后，从搭建结构的角度来看。著名国际认知心理学家、科普学家、世界超级语言学家史蒂芬·平克在《风格感觉》一书中，给写作下了一个经典定义：**写作，就是把网状的思考，以树状的结构，用线性的语言表达出来**。"网状的思考"，指的是一堆杂乱无序，彼此之间缺乏内在联系的信息，这是写材料的基础。巧妇难为无米之炊，如果没有翔实的素材，写材料就是一句空话。这是一个"从0到0"的过程，再多的零堆在一起也是零。一堆杂乱无序的东西，数量再多也没有多少价值。"树状的结构"，就是经过归类提炼，把一堆杂乱无序的信息，整合成为结构化（树状结构、金字塔结构）的情报，这是"从0到1"的过程，是写材料最关键的一步，也是从量变到质变的一步。"以线性语言表达出来"，就是在结构化认识的基础上,进行有条理、个性化的表达,这就是"从1到N"的过程。

什么是线性表达?"线"就是指两个点连成一条直线,顾名思义,线性表达是指使上下文之间具有清晰的因果关系,具有逻辑性和说服力,让人读起来、听起来感觉顺畅严谨。从形式上来说,线性表达主要包括标题的线性表达、开头段的线性表达、内容的线性表达。从层次上来说,线性表达既包括一个句子里面的上下联系,也包括在整段话中,句群之间形成整体上的因果关系。这些都会在书中一一介绍。

二、认识写材料"有什么"

介绍了写材料是什么,再来认识基层写材料有什么,包括什么。笔者把基层常用公文分为点、线、面三大类。

点,就是把一件事情说明白,主要包括函、通知、请示,笔者在这里加了一个简讯。虽然简讯不属于法定公文,但在基层的使用频率很高,上报信息、网站和公众号新闻,都离不开简讯。从提高写作能力的角度来说,简讯是写好其他材料的基础,只有把一件事情说明白,才可能把很多事情说明白。如果连基本的简讯都写不好,自然就很难写好总结报告、经验材料、调研报告等综合文稿。

线,就是要把一段时间内的几件事情说明白,包括阶段性总结、综合类信息,比如学习考察报告、出访报告等。

面,就是把比较长时间内发生的许多事情说明白,例如年终工作总结、经验交流材料、汇报材料、调研报告等。

法定党政公文有15种,分别是:决议、决定、命令(令)、公报、公告、通告、意见、通报、批复、报告、通知、请示、议案、函、纪要。其中,决议、决定、命令(令)、公报、公告、通告、意见、通报、批复,这9种公文主要在上级机关使用,基层较少用到。通知、请示、函，议案、报告、纪要，这6种则是基层常用公文。基层同志只需要掌握后面这些公文格式，基本就能应对日常工作。通知、请示、函属于点状公文，目的是把一件事情说明白；议案、报告、纪要属于线和面的公文，共同点是通过综合归纳，把几件事说明白。后者又被称为综合类文稿、总结类文稿、经验类文稿。

"二八定律"认为，在任何一组东西中，约20%的部分发挥80%的作用。在基层公文写作中，"15∶6∶1"的比例正好折射出"二八定律"。15种法定公文中，基层常用的只有6种，约30%。在这6种公文中，难度最大的只有3种，就是报告、纪要、议案。而这3种公文都属于综合类文稿，核心方法都是总结归纳，这就回归到了"1"。所以，大道同源，总结被誉为"材料之母"。基层通常说的写材料，主要指总结类、综合类文稿。从这个角度看，写材料属于写公文，但写公文不一定是写材料。

不同种类的公文，学习方法也不同。请示、函、通知这些点状公文，侧重于格式要求，信息要素比较少、内在关系相对简单，通常用因果关系就可以把信息要素串联起来，把一件事情说明白。初学者可以找一些典型的范文例文，记住不同文种的格式要求、行文结构和文字表达，到时候依葫芦画瓢，就能八九不离十。但是，线和面的公文，不能通过单一模仿来学习。因为这类公文包含的信息要素比较多，很难用简单的因果关系来说清楚。这个时候，就需要通过总结归纳，找到信息要素之间的相关性，也就是共性，通过寻找共性、提炼概念、形成观点，把几件事或者很多事情说明白。所以，归纳提炼能力是写材料的核心能力，不懂得归纳，或者归纳不到位、不准确，文稿大厦就会地动山摇、摇摇欲坠，再华丽的辞藻、再对仗的表达都没有意义。

正如李瑞环同志在《辩证法随谈》一书中提到："总结不是一

件简单的事，不是编顺口溜，凑四六句，而是在马克思主义理论指导下，将丰富的材料加以去粗取精、去伪存真、由此及彼、由表及里的改造制作，经过艰苦思考，分析、综合、概括、抽象。科学抽象不是主观臆造，而是更深刻、更正确、更完全地反映着自然。"[①]然而，由于缺乏规范性、针对性的学习，不少人习惯用写通知、请示、函的方法，靠主观臆造、单一模仿去撰写综合类文稿，简单套用所谓的"模板套路"，缺乏自下而上归类提炼的意识和能力，也就是缺乏逻辑能力。如果一个人不懂得归纳提炼，即使写了很多材料，也只能停留在仿造山寨，自上而下"想"材料、"憋"材料、编材料、凑材料的低级阶段，难以形成写材料的核心能力。

其实，就算是通知、请示、函这些相对简单的公文，要想真正写到位，也不能只靠生搬硬套，而是需要对工作有准确深入的认识，这些都要在综合文稿写作中锻炼感悟。笔者的体会是：如果能够把综合文稿写好，再回头写点状公文，就能驾轻就熟，形成"降维打击"。曾在报纸上看到这样一句话："不要小看一根钉子，如果它钉中要害，会让整根木头或者整块石头裂开。"对基层公文写作而言，总结提炼能力就是那颗关键的"钉子"。在诸多文种之中，只要找准"关键少数的关键少数"，培养出扎实过硬的总结功夫，写作之路就会豁然开朗。

2.2 写材料有什么用？学会用思维画出"工作地图"

在许多人看来，写材料就是向上级汇报工作亮点和成绩。这种看法固然没错，但只说中了一小部分，而且不是最重要的那部分。

---

① 李瑞环. 辩证法随谈[M]. 北京：中国人民大学出版社，2007.

下面，就来探讨写材料究竟有什么用？一般来说，事物的价值包括两个方面，一是看得见的价值，二是看不见的价值，"看不见的"往往比"看得见的"更重要。

一、理解看得见的价值，为工作增值

我们都知道，钻石和石墨都是由碳原子组成，但是由于排列顺序不一样，也就是原子结构不一样，所以，它们的外形、质地，特别是价值大不相同。这就是结构创造价值和呈现价值的表现。写材料也是这样，不同水平的人写相同的工作，写出来的文稿结构和价值会有很大差异。最重要的原因是，写作者对工作认识不一样，对各项工作的排列组合和搭建的文稿结构不一样。一篇好材料能够以"钻石般"的结构，把工作特点和亮点表达得淋漓尽致，更容易得到领导和群众认可，从而提高工作附加值，这是看得见的价值。金刚石和石墨的结构，如图2-1所示。

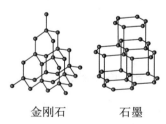

金刚石　　　石墨

图 2-1　钻石和石墨的结构

同理，来对比一下，修改前后的社区工作总结标题结构，原稿如下：

××社区2017年工作总结（原稿）

一、注重党委成员责任分工落实和素质能力自觉提升

二、强化党务规范管理夯实党建基础

三、全方位配合做好全区创文工作

四、发挥党委班子示范带动和区干部驻点联系群众的作用推进工作落实

笔者对文稿素材重新进行自下而上的归类分组（详细步骤将在"方法篇"演示），得出标题提纲如下：

××社区"三个升级"促基层强筋壮骨（修改）

一、加快党建升级，提升组织引领力

二、推动社区升级，提升基层影响力

三、促进服务升级，提升社区凝聚力

对比之下可以看出，修改稿的结构合理、思路清晰、特点突出，给相同的工作赋予了更多的价值。

下面，继续对比两组标题结构，来说明写材料看得见的价值。

2016年全市外事侨务港澳工作总结（稿一）

一、坚持服务产业与服务企业相结合，在国际交流合作中的支点作用更加突出

二、坚持凝聚侨心与广交朋友相结合，在深化开放中的枢纽作用更加突出

三、坚持原则性与灵活性相结合，为全市对外开放保驾护航的作用更加突出

四、坚持精神补钙与能力提升相结合，队伍战斗力、凝聚力不断提高

2016年××市外事侨务港澳工作总结（稿二）

一、外事工作有新成果，服务国家总体外交、服务地方经济社会发展的作用发挥更加明显

二、侨务工作有新特色，立足以人为本、为侨服务的宗旨更加突出

三、港澳工作有新进展，确保落实"一国两制"和维护港澳长期繁荣稳定的目标更加清晰

四、政务公开有新进步，确保行政权力透明运行和群众知情权的功能更加凸显

五、党建工作有新亮点，党组织战斗堡垒作用和党员先锋模范作用的发挥更加充分

六、廉政建设有新举措，落实党风廉政建设主体责任、加强党员干部的监督更加到位

七、机关建设有新提高，内部管理更加规范、干事创业的氛围更加浓厚

八、扶贫工作有新成效，实现精准帮扶、精准管理、精准脱贫的目标更加接近

《2016年全市外事侨务港澳工作总结》（稿一）是由笔者撰写的单位年终工作总结，《2016年××市外事侨务港澳工作总结》（稿二）是从网上摘录的兄弟地市外事侨务局年终工作总结。作为毗邻城市，两个单位职能相同，日常工作大同小异，但是由于归类分组不同、搭建结构不同，两篇文稿的价值就不同。前者把外事侨务港澳工作分为管理资源、运用资源、涵养资源三大块，打破外事、侨务、港澳工作之间的框框，组合出不同的工作模式，思路清晰、效果突出。

后者没有进行自下而上的归类分组，直接按照外事、侨务、港澳三块业务进行分类。但是，这三项业务在工作对象上存在交集，容易导致标题交叉重复，产生逻辑错误，让读者感觉混乱。此外，"党建"与"廉政建设""机关建设"存在交叉重复。"政务公开""扶贫工作"并不属于具体职能业务，在工作总结中概述即可，不必单列表述。在文稿写作中，工作本身固然重要，但归纳概括、搭建架构、呈现价值同样不可或缺。就像一款衣服要畅销，不仅质地要好，款式新颖，穿着舒适也很重要。

二、理解看不见的价值，为工作赋能

领导经常要求，文稿要思路清晰、突出重点。到底什么是思路，思路是怎么来的，却不容易说清楚。顾名思义，思路就是思维之路、思考之路，就是认识事物本质、把握发展规律的过程和方式。写材料看不见的价值，是帮助我们认识工作本质、梳理工作思路、找准工作重点。做到这点主要靠归类概括，搭建树状结构。

下面，通过社区工作总结的树状结构，来帮助理解思路是怎么形成的，如图 2-2 所示。

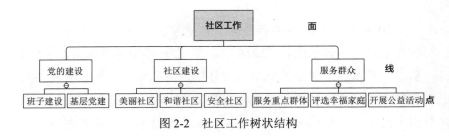

图 2-2　社区工作树状结构

通过这个树状结构就可以看到，线来源于点，来源于丰富、具体的实际工作。经过归类提炼，把社区工作分为党的建设、社区建设和服务群众三大部分,体现了对工作本质的认识。就算是不懂社区工作的外行,看到这个树状图,也能很快从本质上、整体上认识这项工作。笔者的观点是,看一个人是不是对工作有本质认识,职务有多高、资历有多老并不重要,关键是其能不能用一句话,甚至用一个词把工作说明白。根据这个树状结构,我们可以用一句话把这项工作说明白——社区工作主要包括党的建设、社区建设和服务群众三大部分,这就是工作思路,也是整篇文稿的主线。

前面提到,认识一个事物,要从内涵和外延两方面入手。由于笔者对社区工作不熟悉,掌握信息也很有限,只能通过归纳提炼来回答概念的外延,说明社区工作包括什么;但不能回答社区工作的内涵,不能说清楚社区工作到底是什么。所以,笔者以自己熟悉的外事侨务港澳工作为例,来回答有什么、是什么两个方面的问题。外事侨务港澳工作树状结构图,如图2-3所示。

图 2-3 外事侨务港澳工作树状结构

从 2009 年开始,笔者开始撰写市外事侨务局的年终工作总结,经过多年的归类分组,逐渐梳理出"管理资源、运用资源、涵养资源"这个树状结构。在这三大块的基础上,提炼出一个概念:国际资源枢纽,用一个词就能把这项工作说明白。根据这个定义,参照"互联网+"这个概念,又推导出新的工作思路"外侨港澳+"——根据国家总体外交和全市发展需要,把外事侨务港澳资源精准对接到相关部门和领域。这个思路与时任局长的想法高度契合,不少工作走在全省、全国前列。

企业界有句名言:"一流企业定标准、二流企业做品牌、三流企业做产品。"可以把这句话引申为:"一流的工作出经验、二流的工作出成绩、三流的工作出力气。"其实,只要善于归纳提炼,在看似"非主流"的部门,同样可以写出"入流"的文章。对工作来说,重要的不是干什么,而是怎么干;对写材料来说,重要的不是写什么,而是怎么写。很多时候,我们以为自己已经非常熟悉某项工作,甚至还有不少奇思妙想。但是,一动笔就会发现,"想"跟"写"完全不是一回事。想法只有变成文字,思想才能成型。要搞懂某个领域、某项工作、某件事情,最好的办法就是把认识写成文字。所以,写材料看得见的价值是呈现工作、推广工作,看不见的,也是更重要的价值则是认识工作、把握本质。

美国著名管理学学者罗伯特·卡茨提出:管理者有三大能力,第一个是技术(业务)能力,比如说你是一个财务经理,就要懂会计财务;你是一个汽车修理工,就要知道怎么样修理汽车。第二大能力是人际能力,不管做什么工作,都需要跟人打交道,需要表达自己,要协调其他人的行动。第三大能力叫作概念能力,就是抽象思考、系统思考的能力,就是看到大局整体,看到不同事物之间相互联系的能力。在这三种能力中,不管在哪个层次,人际能力都很重要。但是,另外两种能力的重要性,会随着领导层级高低而彼消此长。当你是基层管理者的时候,技术能力最重要;当你成为中高层管理者的时候,概念能力最重要,技术能力的作用会越来越小。这里说的概念能力,就包括通过归纳提炼,透过现象看本质、通过个别看整体的能力。可以说,会写材料的不一定能做领导,但要做好领导必须要懂材料。

从中就可以理解为什么领导干部层级越高，跨界现象越普遍，适应能力越强。就算去到不熟悉的领域和岗位，同样可以很快进入角色，找准工作方向，"外行"领导内行。重要原因之一就是，善于归类概括，能迅速找到思路、抓住重点，在纷繁复杂的工作中牵住"牛鼻子"，做到化繁为简、以简驭繁。正如李瑞环同志说的那样："一个自然科学家，一个专家，一个对某些方面业务知识比较熟悉的同志，被提拔为领导干部，那么他过去的学识、经验和能力，能否成为他今天搞好领导工作的有利条件，能否成为他作为领导者认识和改造世界能力的积累过程，关键在于他能够对过去的专业知识和实际工作经验进行哲学的概括，把个别上升为一般。有了这种概括和上升，原有的专业知识和工作经验就有助于他适应新的工作、增强驾驭全局的领导能力。"[①]

三、找到眼睛之外的眼睛，掌握"看家本领"

通过树状结构图可以看出，思路的形成，就是对工作进行归类分组，把一堆相同的点，进行不一样的连接，在各项工作之间建立联系。这种连点成线，就是一种创新。著名经济学家熊彼特说过，创新不一定是发明，对同样的要素进行不同的排列组合，产生新的价值，也是创新。在工作中，我们并不缺乏零散的点，而是缺乏"连点"的意识和能力。写材料的重要价值，就是培养连点成线的意识和能力，把工作中零散的"砖头"，连接成一座事业的大厦。放在地上的砖头和构成房子的砖头，价值有天壤之别。

明白了写材料的重要性，明白了连点成线的价值，那么，该如何连点成线呢？对这个问题，最好的答案就是马克思主义哲学。李

---

① 李瑞环. 辩证法随谈[M]. 北京. 中国人民大学出版社，2007.

瑞环同志在《学哲学用哲学》一书中说："我们总结经验，就是要将繁杂、零散的材料掰开了、揉碎了、摆正了、捋顺了。要分好类、排好队、归好堆、论好辈，不断地分，来回地分，边分边合，分分合合。这是一个寻找事物内在联系、探求客观规律的过程，是一个由简单到复杂、由复杂到简单、循环往复、螺旋式上升的过程，是最难的一步，也是最苦的一关。"①这段话，就如写作路上的一盏明灯，让自己找到方向、走出迷茫。

总结经验是我们党领导革命、建设、改革取得伟大胜利的重要法宝，很多老一辈党和国家领导人都是连点成线的高手。毛主席说过，"我是靠总结经验吃饭的"，②并在《实践论》中提出，"要完全地反映整个的事物，反映事物的本质，反映事物的内部规律性，就必须经过思考作用，将丰富的感觉材料加以去粗取精、去伪存真、由此及彼、由表及里的改造制作工夫，造成概念和理论的系统，就必须从感性认识跃进到理性认识。"其实，笔者总结出来的"五子棋"写作法，就是对"去粗取精、去伪存真、由此及彼、由表及里"这十六个字的解读和演绎。③邓小平同志说过："拿笔杆是实行领导的主要方法。"④这里说拿笔杆，不是写诗歌、散文，而是撰写材料、总结经验。习近平总书记多次强调，认真学习马克思主义理论，这是我们做好一切工作的看家本领，也是领导干部必须普遍掌握的工作制胜的看家本领。工作实践中，笔者深刻体会到：如果能够用马克思主义的观点、立场和方法去分析工作，就相当于找到一双思维慧眼，通过这双"眼睛之外的眼睛"，我们可以透过现象看本质，找准工作规律和方向。撰写文稿材料，无疑是练好"看

---

① 李瑞环.学哲学 用哲学[M].北京：中国人民大学出版社，2005.
② 何冠军.善于总结是一种智慧[N].人民日报，2018-01-29（4）.
③ 毛泽东.毛泽东选集（第一卷）[M].北京：人民出版社，2006:291.
④ 朱海豹."笔杆子"永远不能丢[N].人民日报，2015-03-27（4）.

家本领"的重要途径。

思维是行动的先导,"看家本领"的关键是科学思维能力。思维能力是"看不见的",业务能力是"看得见的","看不见的"往往比"看得见的"更重要。思维能力就如手机里的操作系统,看不见、摸不着;业务能力就如 APP 应用软件,就像微信那样,大家都看得见,都说好。但是,APP 运行是否顺畅,取决于操作系统,如果操作系统有问题,再好的 APP 也没有用。中国古代对文章功能的理解是"文以载道"。这个"道"除了知识和思想,更重要的应该是思维能力,也就是"操作系统"。

曾有领导说过:在公务员岗位上,真正能把材料写好的同志,去干其他事情都是手到擒来。现在终于明白,这不仅是口头的鼓励鞭策,而且是有依据的科学判断。相对于其他岗位,写材料更能有效提升思维能力,优化大脑操作系统。有了强大的操作系统,自然可以加载更多不同的应用软件,运行也会更加顺畅。想一想,还真是这个道理。

2.3 好材料"长"什么样?从 iPhone 找到答案

从功能属性上来说,公文材料是一种产品,用于传递信息、沟通情感。他山之石可以攻玉。iPhone 手机作为这个时代的伟大产品,可以为写材料提供诸多启发。下面,就来一次"解剖麻雀",结合好产品的四个共性——满足刚需、解决痛点、界面简洁、高频应用,来谈谈如何写出 iPhone 式的好材料。

一、满足刚需有高度

刚需如水,产品如船,水涨方能船高。iPhone 满足了移动互联网时代对便利移动终端的需求,这是历史性、时代性的刚需。其实在苹果之前,有一家公司已经接近做成了智能手机,就是微软,他们做的Windows Phone,把一个PDA(掌上电脑)加上了通信功能,但他们没有成功。很重要的原因,就是当时全世界3G网络还不成熟,对这种新产品缺乏刚需。

iPhone之所以能秒杀一代手机霸主——诺基亚,很重要的原因就是两者对刚需点的理解不同。诺基亚最早做出了智能手机。但是,这款智能机跳不出功能机思维,注重通话质量、结实耐用。据说,诺基亚有个经典广告:一个女孩受到歹徒袭击,她把手机当砖头砸昏歹徒,然后再拿起手机报警,可见其硬件质量和通信功能之强大。但是,诺基亚手机不是一个合格的移动终端,操作复杂、下载缓慢,只是"像电脑的手机"。

乔布斯敏锐地觉察到移动互联网时代这个趋势,他没有发明触屏,没有发明电脑,也没有发明手机,只做了一件事情:把用在PC乃至电脑时代对电脑的思考,应用到了手机上,把iPhone做成"像手机的电脑"。"像电脑的手机"终究只能是手机,"像手机的电脑"怎么都是一台电脑。结果,诺基亚在iPhone的挑战中毫无招架之力,节节败退,最后惨淡收场。后来,当诺基亚宣布被微软收购时,CEO约玛·奥利拉在记者招待会上最后说了这么一句话:我们并没有做错什么,但不知为什么,我们输了。说完,连同他在内的几十名诺基亚高管不禁落泪。其实,导致诺基亚溃败的一大原因就是,错过了移动互联网这个时代性、历史性的刚需。

体现在文稿写作中,满足刚需就是要善于对标党中央最新的决策部署和方针政策,紧紧围绕各级党委政府的中心工作来思考和表达,特别要在标题表述中得到体现,如下面这组标题:

××镇党委"三个一"筑牢红色抗疫堡垒

一、全民防疫"一盘棋",突出基层党组织的中枢统筹作用
二、精准防疫"一条心",突出基层党组织的示范引领作用
三、高效防疫"一张网",突出基层党组织的保障护航作用

这是笔者指导朋友修改的一篇综合信息,该地区组织部门领导看后表示,已经多年没有看到如此高质量的信息。"外行看热闹,内行看门道。"外行人看这篇信息,感兴趣的可能是里面整齐对仗的文字表达。但在内行人眼中,这篇信息的可贵之处在于站位高度。党的十九大报告强调"党政军民学,东西南北中,党是领导一切的"。在庆祝改革开放40周年大会上,习近平总书记系统总结了改革开放40年积累的宝贵经验,其中第一条就是"必须坚持党对一切工作的领导,不断加强和改善党的领导"。[①]可以说,"坚持和加强党的全面领导"是新时代党的建设的总要求,是公文写作的最强刚需。那么,乡镇一级基层党组织应该如何加强党的领导呢?这篇抗疫信息归纳出三点认识:突出基层党组织的中枢统筹作用、示范引领作用和保障护航作用。这个认识具有本质性、普遍性和指导性,包括抗击疫情在内的其他重要工作,都可以从这三方面入手加强党的领导。这篇只有1 400字的基层抗疫"小信息",折射出时代最强音的"大站位",后来被学习强国采用。

对文字工作者来说,如果理论认识上不去,材料水平很难上去。笔者认为,基层材料要善于把"接地气"与"架天线"相结合,把自身工作纳入整体布局的"大盘子",在"顶层设计"的指引下,结合自身实际找到特色化、个性化的前进路径,这样才能产生事半

---

① 习近平:在庆祝改革开放40周年大会上的讲话[N].新华网,2018-12-18.

功倍的效果。打个比方，同一个产品，放在路边地摊上卖，跟放在大型超市、专卖店、奢侈品店出售，价格会有天壤之别。究其原因，就是高度不同、站位不同、势能不同。这不禁让人想起《南方日报》的那句宣传语——高度决定影响力。

二、破解痛点有准度

帮助用户解决痛点，是产品存在的唯一理由。iPhone 手机之所以备受欢迎，主要是因为解决了安卓系统容易卡机这个大痛点，能够以较小的内存，长时间保持系统顺畅。材料是为了工作，是为了解决问题。所以，写材料要记住"为事而文"这个原则，不能想当然"为文而文"，绞尽脑汁"憋"文字、编材料，而是要紧紧扣住"解决问题"这个根本，做到为事而文、精准行文、言之有物。

笔者的体会是，在经验发言材料、汇报材料写作中，可在文章首段就开门见山揭示存在的问题和困难。（具体方法将在后文详细介绍）然后，针对存在的问题，提出工作思路和解决途径，让整篇文章紧紧围绕"问题"来展开。以问题为导向的材料，更有精准度和逻辑性，能够有效激发读者的阅读兴趣，让人一口气读完。需要注意的是，所揭示的问题，应该具有普遍性、时代性，是大家的共同"痛点"，这样写出来的材料，更具有参考性、推广性。敢于直面问题、不回避矛盾，是实事求是的要求，也是良好文风、作风、党风的体现。

三、界面简洁有温度

黑格尔认为：形式本身也是内容。就产品而言，界面设计本身就是功能的一部分。iPhone 手机做到了以人为本、界面简洁、易于上手，连一两岁的孩子都能无师自通。白居易每次写完诗，都要读给隔壁不识字的老婆婆听听，确保作品简单易懂。公文为传递信息、沟通情感而存在，绝不是写得越长越好，更不是越花哨越好，而是要用简洁平实的语言，让人一眼看明白，这是对读者基本的尊重，也是对材料最基本的要求。对基层文稿而言，"简洁易懂"比黄金还重要。然而，现在不少材料语言空泛、言之无物，习惯于堆砌"既没错又没用"的空话套话。这种文章写完之后，往往连作者自己都不想看，那怎么可能让群众听进去。对产品而言，外在形式越简单，智慧含量越高，难度也越大，这个道理同样适用于写材料。

写材料如做菜，平平淡淡才是真。公文语言不应该是放了太多重口味添加料的"麻辣烫"，而要像粤菜的清蒸鱼那样"淡出真味"——基本不加佐料，却能吃出食材自带的天然鲜甜。简单是终极的复杂，看似做法简单的清蒸鱼，火候却难以把握，多蒸几秒易老，少蒸几秒易生，想做出一道又鲜又甜又嫩的清蒸鱼并不容易。一篇语言凝练生动的好文章，可以像优美的散文、诗歌、小说那样，文史哲相融，让人百读不厌；也可以像经典美食那样，色香味俱全，让人细细品味。

美是净化过剩的过程，正如一位哲人所说，每块木头都可以成为一尊佛，只要去掉多余的部分。对此，笔者的体会是，"去掉多余的部分"指的是自己写的文章。因为，对于修改别人的文字，写作者往往是无感的。要真正提高文字表达能力，就要在实战中反复被修改、被敲打，只有在一次又一次伤筋动骨中揣摩体会，才能逐渐写出简洁、有力、生动的文章。这个过程不是想明白就能做到，而是做到了才能想明白。所以，本书没有过多纠结于文字修改，而是重点介绍思维方法，以不变应万变。

四、高频应用有广度

近年来,智能手机已经成为人类的体外器官,不少人没有手机就像丢了魂魄,可见其应用频率之高。iPhone 之所以成为爆款产品,很重要的一点原因是,智能手机在工作生活中的高频率应用。高频率应用是成为爆款产品的必要条件,试想一下,如果某人开发出一种智能开锁产品,可以帮人在丢失钥匙后,很容易打开房门。这个产品可能满足刚需、解决痛点,甚至简洁好用,但很难热销,因为应用频率太低——人不可能经常丢钥匙,可能一两年,甚至三五年才用一次。

对公文材料而言,高频应用就是不要满足于一次性"消费",要借鉴产业转型升级的"微笑曲线"原理,增加文章的使用次数,拉长价值链、提高附加值。一方面,要纵向延长,不仅要积极向本地区党委政府汇报,还要主动向上级部门,特别是市级、省部级业务指导部门报送。如果材料过硬、针对性强,很有可能得到上级领导批示,在全省全国范围推广,大大提升材料和工作的附加值。另一方面,要横向延伸。一篇好材料,观点新颖、事例鲜活,稍经加工修改,就可以成为一篇好的综合性报道,在报刊、网站和微信公众号上广而告之,提高工作的存在感、知名度和美誉度。

乔布斯说,创新就是连点成线。iPhone 手机无疑是一款伟大的高科技产品,但其原创性技术模块其实很少,很多都是借用、套用和挪用已有的技术成果。比如 iPhone 的重力感应、触屏等很多技术都不是原创,但是这并不表明它没有创新力——用既成模块组装成一个崭新的东西,这种"来料加工"本身就是一种创新。iPhone 的创新,可以理解为"模块型创新",又叫"乐高式创新",就是每个人使用一样的乐高砖,但是经过连点成线,每个人拼出来的东西是不一样的。写材料也是如此,相同的工作素材,由不同水平的人执笔,结构和价值都会大不相同。"连点成线"本质上是一种思维整合能力,是在矿石中提炼出金子的神奇能力。

如果不懂电脑运行原理,就算手里有再多高级配件,也难以组装成一台合格的电脑;如果不懂建筑技术,再多的石头堆在一起,还是一堆廉价的石头;如果缺乏思维能力,做了再多工作,还是难以形成重要观点和先进经验。只是埋头苦干,不懂归纳提炼,工作难有大成绩。通过"连点成线",让文稿满足刚需、解决痛点、界面简洁、高频应用,这是一篇基层好材料应该"长"成的样子。

方法篇

　　写作是为了沟通，沟通就要讲逻辑。但是，专业逻辑书籍往往晦涩难懂，各种推理法则让人眼花缭乱。其实，对于基层文稿写作而言，重要的是领会逻辑之"神"，培养结构化思考和条理化表达的能力，而不必拘泥于教科书式的逻辑之"形"，死记硬背一些抽象难懂的逻辑知识。"五子棋"写作法脱胎于归纳逻辑和演绎逻辑，是笔者在实战中总结出来的"实用招式"——不求标准完美，但求通俗好用。"师傅领进门，修行靠个人"，包括写材料在内的技能学习，初期都不能盲目依赖自学，而是需要正确指引，这样才能少走弯路。如果没有"师傅"带路，连"门"都难找。在入门之后，也就是掌握方法之后，可以依靠练习和积累来继续提高。本篇所介绍的方法，就是基层写材料的精准入门和进阶之道。

第3章
逻辑原理

3.1 掌握归纳法，拥有思维"炼金术"

逻辑，是指思维的规律和规则，是对思维过程的抽象。通俗来讲，逻辑就是符合人类思维习惯，容易让人接受、理解的思考和表达方式。在文稿写作中，逻辑性主要体现在结构化思考和因果性表达两个方面。结构化思考主要运用归纳法，因果性表达主要运用演绎法。首先来认识文稿写作的基本方法——归纳法。之前提到，写材料就是运用归纳法进行"碎片整理"——把一堆碎片化、低价值的信息，整合成为一篇结构化、高价值的文章。归纳法就像是"化石成金"的"炼金术"，帮助我们在一堆不起眼的矿石中，通过"去伪存真、去粗取精、由此及彼、由表及里"的思维加工，提炼出闪闪发光的金子。

一、什么是归纳法

请快速看一遍下面这串数字，看自己是否能够记得住：1、4、9、16、25、36、49、64、81、100。然后，不用担心自己"记性不好"，因为绝大多数人的回答都是"比较难"。如果换个说法：计算1到10这十个数字的平方，把计算结果按顺序排列起来。1的平方是1，

2 的平方是 4，3 的平方是 9，依此类推，一直到 10 的平方。把这些数字排列起来就是：1^2、2^2、3^2、4^2、5^2、6^2、7^2、8^2、9^2、10^2。同样的一组数字，后者记起来就简单多了，让人想忘记都难。其实，两者之间就差了一个东西，叫作"规律"或者"共性"，得到规律的方法叫"归纳"。这个道理就像收拾房间，把衣服挂到衣柜，把书摆到书柜，把鞋子放在鞋柜，把茶杯摆到茶盘，把碗筷放到消毒碗柜……经过一番物以类聚的收纳整理，就能做到井然有序，拿东西的时候也方便。

归纳法的特点就是找本质、找规律、找思路。在文稿写作中，我们往往要面对一堆无序零散的海量信息，经过筛选、识别、整合，最终得出规律性的认识。其实，这是一件让人非常头痛的事情，也是许多人怕写材料的重要原因。这个时候，就需要运用归纳法作为信息漏斗，通过归类提炼，有结构、有规律地梳理呈现，把"数据大"变成"大数据"，让复杂问题瞬间变得容易，实现由繁到简、以简驭繁，这样可大大提高思考效率。信息漏斗如图 3-1 所示。

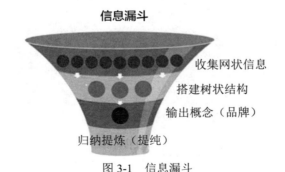

图 3-1　信息漏斗

从形状上看，信息漏斗是一个"倒金字塔结构"，梳理过程是"自下而上归纳概括"，结果是"自上而下分类表达"，也就是综合文稿的构思和表达。信息漏斗最上面的一层，负责接收大量零散无序的碎片化信息。然后，经过层层归纳提炼，让信息的"纯度"和"含金量"越来越高。逐层提纯之后，最后沉淀下来，得到底层结论，实现从事实到观点，从感性认识到理性认识，从现象到本质的提升。下面以一个简单例子来说明，如何使用这个信息漏斗。

有一天你在家里吃完晚饭，想去小区旁边的超市买点苹果，在换鞋准备出去的时候，听到老妈说："家里的牛奶、鸡蛋没有了，要买一些回来。"准备出门的时候，听到老爸在后面说："家里的胡萝卜、黄油没有了，要买点回来。"接着又听到妻子说："顺便买点土豆、橘子和葡萄。"在等电梯的时候，女儿跑出来说："爸爸，我想喝酸奶。"在这种杂乱的场景下，如果没有及时把东西记下来，十有八九会有疏漏。在这种临时随机记忆中，各种物品随意堆积罗列，缺乏内在联系，就属于"没规律"或者"没逻辑"。没规律的购物清单如图3-2所示。

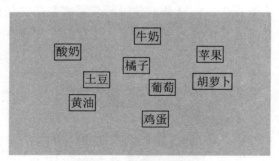

图3-2 没规律的购物清单

怎么做才算"有规律"呢？其实并不难，就是运用信息漏斗，对碎片化信息进行归类分组，使之形成结构化（树状结构）的认识。例如，把葡萄、橘子、苹果归类为水果；把胡萝卜、土豆归类为蔬菜；把牛奶、酸奶、黄油、鸡蛋归类为蛋奶产品。通过归类分组，把九种物品打包压缩为三大类,从九个记忆单位减少为三个记忆单位。一般来说,只要记住这三类就不容易疏漏。因为,零散的珍珠容易丢,串珠成链就不容易丢。通过归类分组提炼出来的概念"水果",就是其中一条线。逛超市的时候,只要想起买水果,就会触"类"旁通,自然想起橘子、葡萄和苹果。有逻辑的购物清单如图3-3所示。

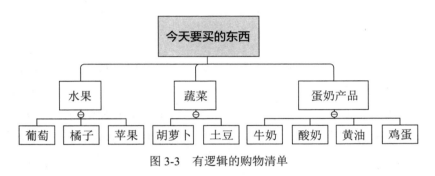

图3-3　有逻辑的购物清单

通过归类分组找到串起珍珠的那条线,把"一个个"上升为"一堆堆""一类类"的思维活动,就叫作"归纳"。合理归纳的结果会让人觉得"有规律",也叫"有逻辑"。归纳法的主要价值,就是通过归类提炼,让原本零散无序的事物之间产生内在联系,从"相加"到"相融",从"形合"到"神合",成为一个有内在联系的结构化整体。

从以上内容可知,归纳法是从个别性知识,引出一般性知识的推理方法。在文稿写作中,归纳法就是通过归类概括,实现异中求同,把事实上升为理论(结论),实现 1+1+1+…=1。下面,结合《金字塔原理》中的典型例子,进一步认识归纳法。归纳法的典型案例如图3-4所示。

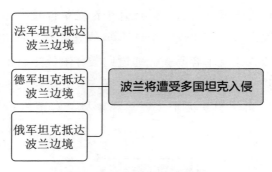

图 3-4　归纳法的典型例子

同一时间，法军坦克抵达波兰边境，德军坦克抵达波兰边境，俄军坦克抵达波兰边境，从这三个不同的事实中，可以得出推理结论——波兰将遭受多国坦克入侵，就是从事实上升为结论。运用归纳法得出的结论，往往不是绝对、唯一的答案，而是相对、一般的答案。正如上面这个例子，不能肯定波兰一定会遭受多国坦克入侵。有可能是法军、德军、俄军的坦克碰巧都开到那里去了，也有可能是这三个国家在那里搞联合军事演习。归纳法的结论虽然不是绝对真理，但可以得出比较靠谱的结论——波兰将遭受多国坦克入侵。这个过程中，收集参考的数据越大，结论的可信度就越高，就越接近绝对真理。在文稿写作中，收集的信息越翔实、越丰富，归纳结果就越可靠，越有说服力。

下面是笔者在撰写材料中运用归纳法的例子，如图 3-5 所示。

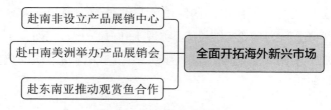

图 3-5　归纳法的具体应用

赴南非设立产品展销中心、赴中南美洲举办产品展销会、赴东南亚推动观赏鱼合作,从这三个具体事实中,要找出三者共性,用一个筐把它们装进去。这个共性就是:全面开拓海外新兴市场。因为南非、中南美洲、东南亚都是属于海外新兴市场;设立产品展销中心、举办产品展销会、推动观赏鱼合作都属于开拓市场,结合两方面的共性,就可以推理出结论:全面开拓海外新兴市场。归纳法的重要价值在于,帮助我们认知升级——实现从个别到一般、从事实到理论、从现象到规律、从感性认识到理性认识的转变。

二、为什么要分类

人类之所以要归纳,是因为大脑对事物或信息具有自动归类分组的本能,当看到一堆信息时,会自发启动分类功能,试图从中获取信息。比如,看到圆形和三角形随机混合的一堆图案,大脑就会自然而然地把圆形归为一堆,把三角形归为另一堆。大脑对图形分类,如图 3-6 所示。

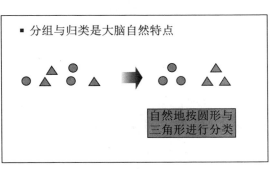

图 3-6 大脑对图形的自动分类

在漫长的进化过程中,原始人类只有学会归类分组,才能够生存下来。从很小的时候开始,原始人就要分清哪个是妈妈,哪个不是妈妈；哪些是本部落的族人，哪些是外面的人；哪些动物会伤人，哪些动物温顺；哪些植物可以吃，哪些植物有毒。优胜劣汰、适者生存。在恶劣的自然环境下，只有懂得分类的人，才能够生存下来，基因才能繁衍传递。不会分类的人类祖先们，都在进化过程中被淘汰，他们的基因也就中断失传。

为什么归类分组就显得"有逻辑""有规律"呢？因为符合人类思维习惯。科学研究发现，普通人一次最多只能记忆 5±2 个，也就是 3～7 个思想或信息。如果同时记忆超过 7 个思想或信息，就会超出大脑极限。当我们面对大量信息，大脑就会自动尝试归类打包，减少信息数量，来帮助记忆理解。而且，大脑思维活动要消耗身体 20%～25% 的能量。如果过度用脑，就会大量消耗能量，人也感觉特别疲惫。

为了节约能量，更好地生存下去，"能不用脑就不用脑"就成为人类的本能。写材料需要处理大量复杂的信息，是一种高能耗、非常艰苦的脑力活动。尤其当信息数量超过大脑极限，又不懂得合理归类分组的时候，大脑往往会本能地开启"自我保护"——让人感觉疲惫，甚至出现思维"卡壳"，发出信号让自己停止思考，以减少能量流失。从这个角度说，抗拒写材料其实是一种本能的自我保护。

但是，人类进化到现代社会，早已经远离原始的生存环境，许多本能成为"本不能"。许多情况下，只有反本能，迎难而上，才能更好地成长。否则，就会被一只看不见的手，被一条看不见的线，牵引着、操纵着作出本能反应，在自以为自由的状况下，陷入一种身不由己的状态。正如电影《肖申克的救赎》的作者史蒂芬·金所说，真正让人不自由的，并不是监狱的围墙，而恰恰是人的本能和习惯。如果没有能力从那个监狱里面越狱，人到哪里都是不自由的。

大脑处理信息的流程如图 3-7 所示。

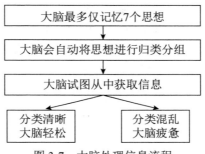

图 3-7 大脑处理信息流程

因为人类大脑一次最多只能记忆 5±2 个信息，领导拿到文稿会下意识先看框架结构，看归类分组是否符合自己的思维习惯。如果文稿分类合理、井井有条，不需要重新归类来获取信息，大脑就会觉得轻松。反之，如果文稿分类不合理，交叉重复，大脑就被迫要重新归类分组，从中获取信息，就会感觉混乱和疲惫。领导说"这篇材料看起来很乱"，言下之意是他要重新对这篇材料进行归类，大脑会觉得累。所以，归类分组是写材料的核心能力，也是基本方法和门槛。

三、归纳法的价值

归纳法的特点，就是"格物致知"。所谓"格物"，就是对零散无序的事物进行归类分组，得出一个个类别概念（格子），形成有条理的框架性认识。"格物"方能"致知"，从一堆事实到一个概念，就能实现认知升级。这个归类分组的过程，就是写材料中常用到的"提炼"。"提炼"即"抽象"，是从许多事物中，舍弃个别的、非本质的属性，抽出共同的、本质属性的过程，这是形成概念的必要手段。更形象的说法是，抽象即抽"像"，把不同事物中相像、相同的元素抽取出来。所谓"概括",可以理解为"大概包括",就是把相同的本质抽取出来,把细枝末节的差异去掉,提炼出来的概念只是"大概包括",不能"完全包括"。例如,油桃、蟠桃、寿星桃、碧桃,把它们相同、相像的元素抽取出来,就形成"桃"这个概念。归纳(抽象)的过程,就像是从一堆矿石中提炼出闪闪发光的金子,其价值是为工作"赋予意义"。例如一个公司某部门的职责描述如图3-8所示。

公司某部门的职责

技术战略与规划

专业建议与技术管理

项目技术控制

综合技术管理

技术信息处理

图3-8 公司某部门职责

如图3-8所示,这是一个集团公司某部门的职责,这个部门主要负责以下业务:技术战略与规划、专业建议与技术管理、项目技术控制、综合技术管理、技术信息处理。这些都是专业、抽象、零散的表述。在了解具体业务,运用归纳法进行提炼加工后,得出以下结论:技术水平的把握者、专业建设的实施者、企业发展的引领者,在此基础上得出共性,也就是该部门的职责定位:公司航母的领航员。"领航员"这个概念更加形象贴切,也具有更丰富的内涵、更深刻的意义。归纳提炼后,该公司某部门的职责如图3-9所示。

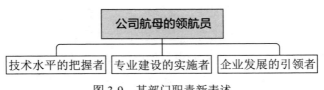

图 3-9　某部门职责新表述

众所周知，富士康生产苹果手机，但是，如果让富士康来卖这款手机，就远远卖不出苹果公司的价格。其中的天壤之别，体现的就是品牌价值。吴伯凡老师对品牌作了最简单、最准确的定义：好的品牌是让你瞬间认知、瞬间联想、瞬间制造一种全然的接纳感，或者反过来，坏的品牌能让你瞬间建立一套防御系统，根本不让它进来。我们打造工作品牌，通常要运用归纳法，提炼出一个概念，把部门的职能特点生动地表达出来，让人产生正面的瞬间联想，留下深刻印象，也就是"入脑"。例如，笔者通过归纳法，把外事侨务工作分为管理资源、运用资源、涵养资源三个部分，提炼出"国际资源枢纽""外侨港澳+"两个概念，赋予工作新的内涵和定位，形成较好的品牌效应。

说到"品牌"，笔者想起人类文化学上有一个有趣的现象，各个民族的神话都有一条通行规则——当妖魔鬼怪出现时，如果你能叫出它的名字，其魔力就会减损大半，甚至完全丧失。反过来，如果你被对方叫出了名字，自己的力量也会化为乌有。在《西游记》里有个情节，当妖怪叫孙悟空"孙行者"时，他一定不能答应，否则就要被收服，这就是名字的威力。很多时候，打造工作品牌就是通过归纳提炼、形成概念来给工作命名。事物只有准确生动地命名，才能被深刻认识和感知。因为命名就是"命门"，代表着规律、寓意着必然，孙悟空不敢回答"孙行者"，因为"孙行者"就是他的命门所在，代表了他最本质的特点。同理，通过"命名"能够找到工作"命门",找准了规律,就能牵住"牛鼻子",取得事半功倍的效果。这就是品牌的威力,也是思维的力量。

在写材料中,领导经常要求我们提炼观点,其实就是要提升工作的品牌价值。"提炼"即"提升",通过归类分组、归纳概括,实现从"某些事"到"某类事"的"拔高",从具体到一般、从事实到概念(品牌)的升级。不少人觉得,文稿要有高度,就要放上一堆抽象的宏观表述和政策精神。其实,基层综合文稿的高度关键在于结构,而非文字,如果缺乏归类提炼,或归类不准确,只是在文字抽象程度上"拔高",堆砌空话、大话、官话,所谓的"高度"就容易成为空洞。因为,公文想要说服人、打动人,最重要的是逻辑的力量,而非简单的文字渲染。正如《写老老实实的文字》(《解放军报》2014 年 6 月 18 日)一文中说道:"有的人在文章中喜欢说一些大话、空话、唱高调,其实质不过是装腔作势,让人觉得自己站位高、气魄大。这些其实都是行文最忌讳的,也反映出其作风漂浮。"

该如何提升归纳概括能力呢?笔者的建议是"重要的事情讲三点"。笔者在搭建文稿架构时有一种"强迫症",会下意识归纳为三大点,如果超出三点,也要把多出来的内容并进去。为什么偏偏要说三点呢?因为"三"是一个特别神奇的数字,可以帮我们用最简单的结构把问题说清楚。正如《道德经》说:"一生二,二生三,三生万物",两个不够,四个有点多,三个不多不少,给人以生生不息的感觉。建议朋友们在写作、发言和回答问题时,"重要的事情说三点",让表达更有逻辑、更有条理。

3.2 弄通演绎法,重新理解"自上而下"

归纳法与演绎法是最常用、最重要的两种思维方法,构成常用逻辑的一体两面。介绍归纳法之后，接着来认识演绎法。笔者的体会是，在文稿写作中，归纳法主要用于自下而上归类提炼，演绎法主要体现在自上而下分类阐述和上下文之间因果性表达。

一、什么是演绎法

"演绎法"是跟"归纳法"相对的一种推理方法，前者是从一般到个别，后者是从个别到一般。形象的说法是，"演绎法"是先讲道理，再摆具体事实证明；"归纳法"是先摆事实，再把具体事实归纳上升为道理。演绎法的常见形式是耳熟能详的"三段论"，包括：①大前提，已知的一般原理或一般性假设，如"人会死"；②小前提，属于特殊场合或个别事实的判断，小前提应与大前提有关，如"苏格拉底是人"；③结论，是从已知的一般原理（或假设）推导出来的，对于特殊场合或个别事实作出的新判断，如"苏格拉底会死"。

这个例子可以帮助理解逻辑的三个核心要素：概念、判断和推理。"人""死""苏格拉底"属于概念。上面的三句话，每句话单独看都是一个判断，放在一起就形成一个推理，使用演绎法的推理就叫演绎推理。

演绎法是一系列线性（因果性）的推理过程，其本质是从一般到个别，用大前提推导出小结论。在写作时，为了让表达顺畅简洁，"三段论"表述通常比较灵活，有时省略大前提，有时省略小前提。例如，人会死（大前提），苏格拉底是人（小前提），推理出：苏格拉底会死（结论）。这个"三段论"既可以省略大前提，也可以省略小前提，甚至大小前提都可以省去，因为这些都是众所周知的事实。运用演绎推理，所根据的一般原理（大前提）必须正确，而且小前提应与大前提有关，否则结论就会错误。例如，①大前提：

马是食草动物;②小前提:山羊是吃草的;③结论: 所以,山羊是马。因为小前提中的山羊,跟大前提中的马,两者没有紧密关系,所以,结论③是错误的。如果把小前提中的山羊改为"斑马",斑马属于马,两者联系紧密,这个三段论就是:①大前提:马是食草动物;②小前提:斑马是马;③结论:斑马也是食草动物。

系统的逻辑知识是百年前西学东渐的舶来品,但逻辑思维早已在中国存在。如果说,之前提到的"格物致知"体现了归纳思维,封建宗族时代的族谱则体现了演绎思维。在基因检测技术出现之前,即便是亲生父子之间,都没有可靠的办法确认血缘关系,周星驰电影里的"滴血认亲"纯粹是虚构。那么,在当时落后的科技条件下,时间上隔了好几辈、十几辈,空间上隔了若干州县、千山万水的人怎么可能认亲呢?这种看似不可能的血缘认证和维系,却被中国的宗族组织做到了,采用的办法就是"起名字"和"修族谱"。

不同于今天父母可以随意给孩子起名字,一百年前不论是达官贵人还是贩夫走卒,不论是书香门第还是普通农民,都主要按照"姓+族辈+名"的起名方式。姓氏肯定跟着祖先,中间那个字也早就被宗族预定好了,这叫字辈(族辈),也就是说,只剩第三个字可以自由发挥。同一个姓氏的人,如果是同一辈分的孩子,名字中间那个字是共用的。这种取名方法就体现了演绎思维,默认大前提是:"姓+字辈+名"是通用起名方式;小前提是:"见面的人也使用这种起名方式";推理结论:"通过名字就能了解辈分渊源,从而产生认同。"这样起名的好处是:可以打破时空限制,把相隔千里万里,彼此之间只有几十分之一,甚至几百分之一血缘关系的人组织在一起。在茫茫人海中,两个远隔千里、互不相识的宗族成员,靠名字就能知道彼此的辈分和关系。一个名字就让在异地他乡的两个陌生人,一瞬间就变为"自家人",极大降低了信任成本、沟通成本、交易成本。通过演绎思维，靠着"起名字"蕴含的故事，在宗族组织高度发达的地区，走出了中国三大商帮——徽商、晋商、潮商。

二、为什么要用演绎法

归纳法是从个别事实推理出一般结论，所谓"一般"，就是这个结论是相对的、普遍的，不是绝对的、唯一的，归纳法不能穷尽真理，但可以越来越接近真理。演绎法则是从公认的大前提出发，推导出个别结论。按照正确的演绎推理形式，只要前提正确，得出的结论一定是正确的。所以，归纳法具有相对性，演绎法具有必然性、确定性。归纳法赋予意义，演绎法则赋予力量。在需要说服别人的场景中，通常会采用演绎法推导结论。例如，领导部署工作和提出要求的时候，通常使用演绎法。要理解这一点，先来认识一种"非典型"的演绎形式，如图3-10所示。

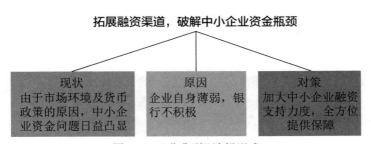

图3-10 "非典型"演绎形式

首先说明现状：由于市场环境及货币政策原因，中小企业资金问题日益凸显。

然后说明原因：企业自身资金薄弱、银行不积极。

最后提出对策：加大中小企业融资支持力度，全方位提供保障。

这种非典型结构的演绎法，跟"三段论"一样，可以省略一些

公认的事实,既可以省略背景,也可以省略原因。再来看一个"非典型"演绎的例子:

问题现状:现在很多大学生毕业找不到好工作,而很多企业还抱怨找不到合适的人才。

原因:学校教授的知识和企业的需求严重脱节。

解决方案:推广校企联合办学,培养企业真正需要的人才。

不管是常见的"三段论",还是"非典型"演绎法,其推理结论都具有确定性和说服力。所以,领导在讲话中会经常用到这种表达方式。例如,某市面对百年一遇的大洪水,市领导开会部署抗洪抢险工作,讲话稿提纲如下:

百年一遇的洪水,将严重威胁群众生命财产安全,我们要做好以下三方面工作:

第一,物资准备到位,做到应对无疏漏

第二,人员安排到位,做到部署无死角

第三,宣传工作到位,做到群众无伤亡

这个"非典型"演绎结构,完整形式应该是:

原因:百年一遇的大洪水破坏力很大。

背景:我市即将面对百年一遇的大洪水。

对策:做到三个到位,有力应对。

这个"非典型"演绎结构,省略了众所周知的原因——百年一遇的洪水具有很大破坏力,直接运用分类表达的方式,提出工作思路和要求。演绎法是前提和结论之间具有必然联系的推理,所以更有说服力。词典上对"演绎"有两种解释:①[名词]一种推理方法,由一般原理推出关于特殊情况下的结论。三段论就是演绎的典型形式。②[动词]铺陈、展现、表现、推理、推导、推演。"非典型"演绎结构更符合第二种解释,就是围绕某个主题有序阐述、表达。可以理解为,演绎是概念内涵的延展、发散,体现为逻辑推演,系统分类。

曾有朋友在公众号留言,希望介绍撰写讲话稿的方法。笔者身处基层,很少有机会起草重要的领导讲话,只能根据自己的有限认识,谈谈对领导讲话稿的粗浅看法。基层的领导讲话稿主要有三种:总结类讲话、部署类讲话、总结部署类讲话,日常会议比较常用的是部署类讲话,就是领导围绕某一项工作,提出工作要求。这种讲话稿主要使用非典型演绎法,自上而下分类表达,再以抗击洪水讲话稿提纲为例。

抗击洪水讲话稿提纲

第一,物资准备到位,做到应对无疏漏
第二,人员安排到位,做到部署无死角
第三,宣传工作到位,做到群众无伤亡

这个提纲的树状结构如图3-11所示。

图3-11 抗击洪水讲话稿提纲

同一个讲话提纲,既可能运用的是归纳法,也可能运用的是演绎法。如果作为抗击洪水的总结提纲,就使用了归纳法,特点是自下而上归类概括;如果是用来部署工作,则使用了演绎法,特点是自上而下分类表达。主要区别在于：领导讲话侧重"务虚"，主要是提要求、说方向，语言比较抽象概括；工作总结侧重"务实"，主要写做什么、怎么做、效果怎么样，语言比较平实具体。总结是建立模型框架，对具体工作进行归类提炼才能得出；讲话稿是运用模型框架，常常是直接分类表达，提出要求。

对于如何写好讲话稿，很难有立竿见影的做法。因为讲话稿是写材料的高级阶段，需要站在领导的位置提要求、谈思路，是以文辅政的具体表现。只有在思想高度、业务深度、知识广度上接近领导，才能做到"不在其位，也谋其政"，才能做好参谋助手。写好讲话稿的关键是"归纳能力＋日常积累"，在提高归纳能力的基础上，持之以恒坚持积累学习，拓展自己学习的深度和广度，以接近领导的高度和深度，努力成为"领导大脑的延伸"。切不可舍本逐末，放弃思维和思想，只在文字表达、模板套路上"隔靴搔痒"，做"表面文章"。

三、如何活用演绎法

在文稿写作中，典型的"三段论"演绎法用的并不多，很少人会刻意"为演绎而演绎"，演绎思维却是不可或缺的。所谓的"演绎思维"，就是要在文字表达中体现出必然的因果联系，也就是之前讲到的"线性表达"。从狭义上来说，演绎思维（线性表达）指的是一个句子中前后内容要紧密联系；从广义上来说，是在整段话中，句群之间形成整体上的因果关系，让文章有更强的逻辑性和说服力。（线性表达会在"方法应用"一章中详细说明）。下面以《××镇成立临时党支部筑起红色防疫堡垒》的两段内容为例，来谈谈如何体现"线性表达"。先来看看开头段：

××镇成立临时党支部筑起红色防疫堡垒

为深入贯彻落实党中央关于进一步加强新冠疫情防控的决策部署要求(**有认识**),××镇党委把疫情防控作为重中之重,在疫情防控一线成立6个临时党支部,从完善机制、精准管控、强化保障三方面入手(**有思路**),把战斗堡垒驻在了疫情防控一线,做到关键时刻有组织,关键岗位有党员(**有成效**)。截至2月8日,共登记排查点6处,排查921户、来往人员4 472人;隔离63户共314人,解除隔离16户共120人。目前,辖区内尚未发现确诊病例和疑似病例(**有实例**)。

这个开头段做到了"有认识、有思路、有成效、有实例",形成关系紧密的线性表达,整段内容成为有机整体,更有逻辑性和说服力。

再来看文稿中的另外一段话。

一是完善机制,做到疫情防控有力。针对部分村(居)存在无人管理小区、流动人口多、管理难度大等问题,镇党委成立6个临时党支部,并通过辖区党支部指派和群众推荐,推选出临时支部委会委员。随后,镇党委班子成员分别与临时支委开展动员谈话,组织临时党支部党员举行宣誓仪式,鼓舞党员干部士气,向群众表达战胜疫情的坚定决心。根据市委统一安排,各临时党支部迅速明确分工和任务,严格落实包片责任制和信息日报制度,确保全镇村(居)疫情防控工作有序开展。

在这段话里面,"成立临时党支部、推选临时支委、班子成员谈话、举办宣誓仪式、迅速落实责任",这些工作根据时间先后顺序的线性表达,形成了一个整体,让人感觉环环相扣。

为了更直观地理解归纳和演绎在基层公文写作中的应用，笔者把基层常用公文分为"小数据"公文和"大数据"公文两类。顾名思义，"小数据"就是比较少量、有限的数据。"小数据"公文，主要包括简讯、通知、函、请示等简单公文。这类公文信息要素有限，只要运用演绎法或演绎思维，把时间、地点、人物、事件、意义串起来，就能把一件相对简单的事说明白。例如，看到"两大一小"在公园散步，因为信息量很少，可以很快判断出这是个"三口之家"。

"大数据"就是丰富、多样的数据。"大数据"公文，主要包括总结、汇报材料、经验材料、调研报告、领导讲话稿等综合文稿。由于包含的要素复杂，难以直接判断其内在关系，需要通过思维加工，也就是归类分组，得出结构性、规律性的认识。就像是过年回老家，二三十个人欢聚一堂，人数多了，信息量大了，就很难像"三口之家"那样，一下子说出彼此之间的关系，而是需要通过归类分组，得出"四代同堂"的认识，从"一个个"来区分，变为"一代代"来区分。

综上所述，处理小数据，主要运用演绎法表达因果性；处理大数据，主要运用归纳法找出相关性（共性）。因果性是确定的，相关性是相对的。归纳法的好处，就是把不确定的相关性转化为确定的因果性。例如，经过归类分组得出"四代同堂"这个概念，"几十个人"变成"四代人"，让"大数据"成为"小数据"，原来模糊不清的关系，一下子变得像"三口之家"那么简单清晰，达到了化繁为简、以简驭繁的效果。所以说，归纳与演绎构成逻辑思维的一体两面，两者看似不同，实则统一。

3.3　理解"MECE法则"，炼成逻辑"火眼金睛"

在基层综合文稿写作中，一般通过自下而上归纳概括搭建架构。那么，如何判断框架结构是否符合逻辑要求呢？这就需要掌握一条非常重要的逻辑铁律——MECE法则。通过这对"火眼金睛"，可以让文稿的逻辑错误"原形毕露"。MECE法则如图3-12所示。

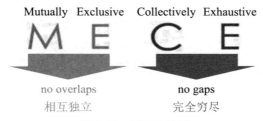

图3-12　MECE法则

MECE法则是金字塔原理的重要原则。MECE，是Mutually Exclusive, Collectively Exhaustive的缩写，中文意思是"相互独立，完全穷尽"。其是指对于一个重要议题，做到不重叠、不遗漏分类，借此把握问题核心，找到解决方法。所谓不重叠、不遗漏，指在将某个整体（包括事实性存在和概念性整体）划分为不同部分时，必须保证各部分符合以下要求：

各部分之间相互独立（Mutually Exclusive）

所有部分完全穷尽（Collectively Exhaustive）

"相互独立"意味着要在同一维度上分类，且不可重叠；"完全穷尽"则意味着全面、周密。举个例子，把人分为男人和女人，就符合MECE法则。因为从人的生理结构上来说，除了男人就是女人，做到了完全穷尽，且同属于"性别"这个维度。如果把人分为男人和未婚女人，就有问题了，因为没有穷尽，把已婚女人给遗漏了；把人分为男人和已婚人士，又出现重复，因为男人里边有已婚的，已婚里面有男人，两者在概念外延上存在交叉重复。

一、遵循 MECE 法则的分类方法

《金字塔原理》主要从自上而下分类的角度解读 MECE 法则,提出五种正确的分类方法。

1. 二分法

就是把信息分成 A 和非 A 两个部分,这是最简单的应用。如"内和外""你和我""已婚和未婚""成年人和未成年人""左和右""男和女""收入和支出""专业和业余"……关于"二分法"在文稿写作中的运用,将会在"方法篇"中详细介绍。

2. 过程法

按照事情发展的时间、流程、程序,对信息进行分类,比如解决问题的 6 个步骤,达成目标的 3 个阶段,都属于按照过程进行分类,这一方法适合用于汇报项目进展和阶段性成果。例如,"事前、事中、事后"就属于这种分类方法。

3. 要素法

听起来好像有点深奥,其实在生活中经常使用。比如说把公司分成后勤部、项目部、客户部、财政部四个部门,世界的七大洲四大洋,都是把一个整体分成不同的构成部分。

4. 公式法

就是按照公式设计的要素去分类,只要公式成立,那这样的分类就符合 MECE 原则。比如,"利润=销售额-成本",又如"销售额=单价×数量"。

5. 矩阵法

这种分类方式也很常见,举个例子就明白了。例如,在时间管

理中，通常把工作分成以下四种：①重要紧急；②重要不紧急；③不重要但紧急；④不重要也不紧急。然后把它们填到4个象限当中去，这4个象限就是2×2矩阵。这种分类方式就叫作矩阵法，是商业运作中常用的分析方法。时间管理的矩阵如图3-13所示。

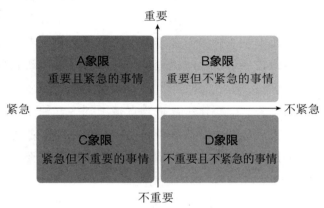

图3-13　时间管理矩阵图

上述五种分类方法，前面三种在文稿写作中较多用到，后面两种则很少用到。MECE法则不仅可以用来判断分类是否清楚，还能够帮助查漏补缺、拓展思路。比如，在考虑市场战略时，有一个常用模型叫作3C，即公司（Company）、顾客（Customer）、竞争对手（Competitor）三个英文单词的首字母。按照这三个要素进行战略归类，就可以防止公司忽视用户需求和市场行情，一厢情愿开发产品，导致血本无归。同理，在以"党的领导、党的建设、全面从严治党"这个分类框架来撰写党建述职报告的时候，如果发现"全面从严治党"的内容比较单薄，那就是在提醒你：党风廉政建设力度不够，明年要加强这方面工作。

二、MECE 法则的重要作用

MECE 法则是结构化表达的一条铁律，被广泛用于商业写作和管理咨询。公文写作和商业写作都离不开结构化思维和表达，但在使用 MECE 法则上，两者存在着重要差异，不能生搬硬套。《金字塔原理》一书提到的五种分类方法，主要是在形式上"解构"，属于"分类"而不是"归类"，容易忽略事物之间的内在联系，适用于处理界限比较清晰、性质比较单一的信息，这在商业写作中比较常见。

但是，在机关文稿写作中，很难直接用到这五种分类方法。因为相对于商业报告，综合文稿的表达比较抽象，工作之间界限比较模糊，很多工作可以放入这个类别，也可以放入其他类别。所以，有些朋友学了金字塔原理，却感觉对文稿写作帮助不大。笔者认为，产生这个问题的主要原因是：撰写基层文稿大多是"自下而上归类"，而非"自上而下分类"。本书中，笔者更多是把 MECE 法则作为一把逻辑尺子，来判断信息要素分类是否清楚，而不是作为思维方法。现在，就用 MECE 法则这把逻辑之尺，来看看存在交叉重复的四种情况。违反 MECE 法则的四种"症状"，如图 3-14 所示。

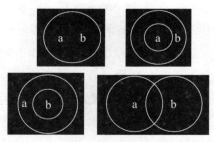

图 3-14 违反 MECE 法则的四种"症状"

如图 3-9 所示，交叉重复主要有四种表现：完全重合、包含、被包含和局部重合，归类分组存在以上任何一个问题，都会导致内容交叉重复，让读者感觉混乱。例如，某中学的校训是"立学、立诚、立品、立志"。用 MECE 法则可看出，立诚、立品存在逻辑错误，好品质就包括了诚实。将其改为"立学、立品、立志"就比较恰当，比较简洁。笔者曾在报纸上看到一篇文章，分为"感情牌""待遇牌""事业牌""前景牌"四个部分。根据 MECE 法则，"事业牌"跟"前景牌"大概率存在交叉重复，因为事业就包括前景，将两者合并为"事业牌"比较合理。在商业领域，营销的经典原理是 4P 理论：Product（产品）、Price（价格）、Place（渠道）、Promotion（推广），这四个要素即为营销的全部，且没有重叠。后来，有人提出 5P，第五个 P 是 Package（包装）。但是，细究之下就会发现，包装这个概念既和产品重叠，又和推广重叠，不符合完全穷尽、相互独立的逻辑要求。

符合逻辑要求的归类分组，彼此之间应该界限清晰，完全独立。MECE 法则的要求如图 3-15 所示。

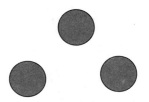

图 3-15　MECE 法则的要求

MECE 法则的另一个要求是"完全穷尽"，体现在文稿写作中，就是要找齐素材，不疏漏重要工作。把 MECE 法则归纳为四个字，就是"不重不漏"。从搭建文稿结构的角度而言，最重要的是"不重"，即小标题之间不存在交叉重复。否则，就属于原则性的思维错误，材料会被"一票否决"，只能推倒重写。下面，来看一组源于网上的范文小标题。

××区水务局2016年工作总结（原稿）

一、立足安全，大力推进防灾减灾工作
二、立足保障，大力推进水利工程建设
三、立足生态，大力推进绿色发展升级
四、立足发展，大力推进水利改革工作
五、立足服务，大力推进系统自身建设

这组标题里面的"五个立足""五个大力推进"，看上去整齐对仗，听起来朗朗上口，但是，用MECE法则分析，就会发现存在诸多交叉重复。例如，"安全"跟"保障"交叉重复，经常听到"安全保障"这个表述，"安全"和"保障"几乎就是一回事。"保障"和"服务"高度相似，保障属于服务，服务也属于保障，两者可以相互替代。"防灾减灾"跟"水利工程"也存在着交叉重复，水利工程本身就是防灾减灾的一部分。"水利改革工作"跟"系统自身建设"也大概率存在交叉重复，因为改革工作也属于自身建设。标题之间如此交叉重复，相同相近的内容会在不同地方反复出现，读起来就会感觉混乱无序。

三、为什么会违反MECE法则

根据"自下而上归类提炼、自上而下分类表达"的流程，笔者对这篇总结进行重新归类分组，把工作要点分为三大类：防水（洪）、用水、管水，如图3-16所示。

图 3-16　水务工作结构图

根据这一认识,可以制作如下标题:

××区水务局2016年工作总结(修改)

一、应急与预防并重,做到精准防洪

二、生产与生态兼顾,做到科学用水

三、当下与长远结合,做到严格管水

首先,这个架构从原来的五个要点,减少为三个要点,内容篇幅大大缩短;其次,"防水""用水""管水"三个概念之间界限相对清晰,基本不存在重复交叉;最后,通过分类归纳可以认识到,水务工作包括防水(洪)、用水、管水三个方面,这种本质性、规律性认识,有助于在实际工作中厘清思路、找到重点。

两篇文章源于相同的工作素材,为什么原稿会有明显交叉重复,而修改稿符合 MECE 法则?主要原因就在于:原稿是"自上而下",修改稿是"自下而上"。具体来说,原稿标题结构没有经过自下而上归类概括,而是直接自上而下分类表达,即是用写议论文的方法写材料。然而,想出来的空泛标题虽然整齐对仗,却容易违反 MECE 法则。这种做法就像是先裁衣后量体,十有八九不合身。修改稿则是通过"五子棋",自下而上归类概括,做到先量体再裁衣。这样制作出来的衣服,不管款式如何,穿起来都会合身。所谓"服装",要先"服"再"装",先求舒服,再求装扮。

由此可见,"先量体后裁衣"是符合 MECE 法则的关键。反之,如果"先裁衣后量体",没有经过自下而上归类概括,容易写出整齐对仗、空泛抽象、交叉重复的标题,例如《××区水务局 2016 年工作总结》标题框架中的"五个立足""五个大力推进"。为什么这种空泛概念容易交叉重复?这就要搞懂一个重要知识点——概念抽象层次。

例如,第一个概念——红苹果。听到或者看到"红苹果"三个字,脑海中就会出现一个红通通的苹果,这是很具体、很形象的画面,如图 3-17 所示。

接下来,将红苹果、青苹果和黄苹果进行归纳,得到一个抽象层次更高的概念"苹果",相对于"红苹果","苹果"这个概念就只能在脑海中留下一个像苹果的形状,如图 3-18 所示。

图 3-17 "红苹果"的画面感

图 3-18 "苹果"的画面感

对苹果、雪梨、香蕉再进行归纳,得出抽象层次更高的概念——"水果",感觉会更加模糊,难以出现具体画面。

接着对"水果、粮食、肉类"进行归纳,得出抽象层次更高的概念——"食物",这个高度抽象的概念,感觉更加模糊不清。

继续提高概念抽象层次"物品",到了这个抽象层次,大脑基本就是一片空白,如图 3-19 所示。

越抽象,越无感

水果?
食品??
物品???

图 3-19 越抽象越模糊

从表达上来说,概念抽象层次越高,含括范围越广,给人感觉越模糊,越容易出现交叉重复;抽象层次越低,含括范围越具体,让人感觉越清晰。所以,当我们阅读抽象的理论性、专业性文章,容易感觉比较吃力。打个比方,人站得越高,看地上的东西就越模糊;站得越低,看地上的东西就越清晰。在基层文稿中,概念抽象层次太高,就容易违反 MECE 法则,导致标题结构交叉重复,文字内容空洞无物。所以,抽象与具体是辩证统一的矛盾——不抽象就无法深入思考、认识本质,不具体就看不到本来面目,难以留下深刻印象。清晰表达的关键就是把握好语言层次的分寸,太抽象会让表达空洞无物,太具体又容易成为"流水账"。笔者的体会是,基层材料的文字表达更需要朴实具体,能够像红苹果那样有画面感,这样才能更好地突出特色、汇报情况。语言抽象层次的"分寸感",需要在反复修改练习中才能逐渐体会。

搞懂"概念抽象层次"就明白,为什么文稿结构都是"大标题+小标题",一个相对抽象的大标题里面,包含着若干个相对具体的小标题。在内容表达时,一般都是"讲道理+摆事实",先说标题观点,再说具体事例。金字塔原理认为,易于接受的信息表达,都是从抽象到具体,抽象层次层层递降。具体来说,要像俄罗斯套娃那样,层层相扣、边界清晰,如图 3-20 所示。

图 3-20　俄罗斯套娃

"套娃模型"可以帮助我们做好"悟空"——悟出什么是空话。如果把上级机关的文稿理解为大娃娃,基层工作则是图中的小娃娃。要是硬把基层工作放到上级机关文稿标题下面,或者生搬硬套上级的文稿语言来表达基层工作,大娃娃跟小娃娃之间,就会留下很大的空间,这就是空,就是空洞,"公文"就容易成为"空文"。

上级机关的文件文稿,往往综合了各地区各部门具有全局性、普遍性的问题,立足点是定原则、给精神、指方向,大都是"粗线条",是较为抽象的指导性文件,其作用主要是"务虚"。作为基层,要将这些"粗线条"的文件精神落细落实,就必须结合自身工作实际,细化出台具有针对性的细则和做法,以平实具体的语言表达出来,其作用主要是"务实"。如果基层部门仅仅根据上级文件简单地"照猫画虎"出台文件、撰写文稿,这种"上下一般粗"的文章,对于解决个性化的具体问题毫无作用,实质上是一种形式主义。公文写作不是简单地遣词造句,更不是消遣地舞文弄墨,而是为了解决问题、传递信息。要做到这一点,就要把握好语言的抽象程度,用朴实的语言把工作说明白。

四、对 MECE 法则的补充说明

三年来，笔者在公众号推送视频评改，通过线上线下多种形式交流互动，对 MECE 法则有了更深入的思考。例如，在对《思想重视 严密部署 统筹指挥，区城管局出色完成各项保障工作》一文的评改中，对其工作要点进行自下而上归类分组，得出如图 3-21 所示的树状结构。

图 3-21　综合执法工作结构图

由此梳理出工作思路：综合执法部门做好重大活动保障工作，需要从"机制、措施、人员"三方面入手。有朋友对此提出疑问：机制也是措施，人员也是措施，岂不是违反 MECE 法则，存在交叉重复。笔者认为，可以从"质的多样性"的角度来回答这个问题，"质的多样性"是说，事物的性质往往是多样的、相对的，而不是唯一的、绝对的。比如，一个男人可能同时具有儿子、父亲、兄弟、丈夫、朋友等多种身份，至于要选择哪种身份，就要因时因地因人，看看侧重于哪种身份。

因为事物性质具有多样性，许多概念之间难以完全独立，就算是"政治、经济、文化"这组清晰有序、泾渭分明的概念，也可以说存在"交叉重复"，因为政治中有经济、经济中有政治、经济中有文化、文化中有经济……但是，这类概念有所侧重，能够"逻辑自洽、言之有理"，不会产生混乱和歧义。违反 MECE 法则，主要指概念的外延产生交叉杂糅，不能把"质的多样性"简单认为是交叉重复。

没有离开逻辑的表达，也没有离开表达的逻辑，归纳能力和语言积累相辅相成、缺一不可。例如，在对"香蕉、雪梨、苹果、葡萄"进行归纳时，如果没听说过"水果"这个概念，就难以做到精准提炼。以撰写党建材料为例，如果缺乏学习积累，就容易在"提高认识、思想建设、纪律建设、队伍建设"等老生常谈的框框中打转，很难写出有新意、有特点的材料。而且，这些概念往往分类不合理，容易违反MECE法则。在基层文稿写作中，建议朋友们坚持逻辑方法和日常积累两手抓，在精准"量体"的基础上个性化"裁衣"，写出条理清晰、表达生动的好文章。

第 4 章 方法应用

4.1 学会谋篇布局，用思维拼出"金字塔"

哲学上认为，世界观蕴含方法论。一个科学的定义和认识，往往包含一套合理的方法。史蒂芬·平克在《风格感觉》一书中的定义：**写作，就是把网状的思考，以树状的结构，用线性的语言表达出来。**其中就包含一套完整、科学的写作方法，即把写材料分为三个步骤：第一步，收集网状信息；第二步，搭建树状结构；第三步，做好线性表达。这三步做好了，就完成了一篇材料的构思与表达。

在此之前，笔者结合学习唯物辩证法和金字塔原理的思考和体会，把写材料的步骤归纳为"五子棋"：第一步，找料子，收集素材；第二步，梳辫子，归类分组；第三步，戴帽子，提炼标题；第四步，填肚子，表达内容；第五步，理面子，修改美容。其中，找料子、梳辫子属于构思；戴帽子、填肚子、理面子属于表达。2018年年底，看到史蒂芬·平克对写作的定义，自己内心倍感震撼和欣慰，这个观点跟"五子棋"写作法无缝对接、相互印证。接下来，笔者从实践唯物辩证法的角度，结合评改《××社区工作总结》，演示如何搭建文稿的"四梁八柱"。

一、认识源于实践：找料子，收集工作要点

一般来说，文稿开头段属于综合概述，比较抽象，很少有具体的工作内容，可以跳过去直接看第（一）大点。

（一）注重党委成员责任分工落实和素质能力提升。自社区党委选举换届以来，坚持以基层党建促进能力提升。完成新一届选举工作，顺利选出党代表20名，非户籍人员当选"两委"1人，新的党委班子成员年龄结构合理，能力特长突出。然后，明确社区各项工作具体分工和责任落实，齐心协力凝聚班子力量，打造团结协作、积极进取，适应基层服务新要求的干部队伍。

"找料子"，就是用一句话或者一个短语，把某项工作表达出来。"找料子"是为接下来的"梳辫子"作准备，并没有固定格式和具体要求。但是，如果找出的"料子"过于空泛抽象，就难以为下一步归类分组提供参考，使"梳辫子"找不到下手处。在实践中，笔者主要有两种"找料子"的方法。

第一种是找关键词。这种方法适用于比较简单的内容，抓住重点字眼，就可以把这项工作说明白。例如：上面这段话的关键信息就是"新的党委班子成员"。因此，可以把上面这段内容概述为**"抓社区班子建设"**。

第二种是做法＋成效。面对比较复杂的工作，难以用关键字词说明白，可以通过问"做了什么""为什么做"，得出对这项工作的整体认识。不过，并非任何情形都要遵循"做法＋成效"这种结构，如果工作成效不明显，就可以只把做法说明白。在做法和成效上寻找共性，是"梳辫子"的主要方法。

这两种方法可以结合实际，配合使用。把"找料子"的方法进行划分，只是便于初学者掌握学习，熟练之后就能随意自如。关键是自己能看明白，有助于合理归类分组。

笔者认为，写材料需要搞清楚"材"和"料"的区别。我们把大树砍下来，没有加工放成一堆，称之为"木材"。木材不能直接用于生产制造，只有根据产品要求，按照一定的形状和尺寸，把"木材"加工为"木料"，才能够进行组装生产。写材料中的"材"，可以理解为信息、简讯，通常用数百字、上千字介绍某项具体工作。但是，这类文字内容不能直接放入文稿，需要按照"做法＋成效"的思路，加工成简要表述，才能用在文稿中。

"找料子"是为了初步了解工作，在大脑中形成对工作的感性认识，以帮助我们把"材"加工为"料"，为下一步归纳概括，形成理性认识提供素材、打下基础。找出来的"料子"，只有客观、平实、清晰，才能通过归类分组，找出必然的内在联系。感性认识是理性认识的源泉，"找料子"是思维加工的基础。只有把一件事说明白，才能通过归纳提炼把几件事情、很多事情说明白。

"找料子"体现一个人收集、表达信息的能力，看似简单，操作起来并不容易，需要反复练习才能逐渐找到感觉。不管是线上分享还是线下交流，都有朋友容易把料子找漏、找错、找偏、找空。还有朋友会先入为主，带着"机制建设""做好保障""思想引导"等框框去"找料子"，这些是其实是一种隐性的"模板套路"，容易画地为牢、作茧自缚，把自己的思维绑住。

（二）强化党务规范管理夯实党建基础。依照区党工委的部署，强化党务规范管理。落实党员信息采集表工作，整顿软弱涣散党组织，开展"两学一做""三严三实"专题教育，严守党章党纪，让社区党员干部思想作风紧跟新形势要求。同时，完成两新组织党组织、团委集中换届工作，完成率100%。规范发展党员，2017年社区新成立两新组织党组织2个，确定积极分子9名，发展对象4名。加强新媒体传播党建文化，充分利用区政务网、"区发布"微信发布平台，强化思想引领，传播党建引领正能量。

在上面这段话中，关键信息是"落实党员信息采集表工作、整顿软弱涣散党组织、开展'两学一做''三严三实'专题教育""完成两新组织党组织、团委集中换届工作""确定积极分子9名，发展对象4名"。这些信息都在说明同一项工作，那就是**"做好基层党建工作"**。

（三）全方位配合做好全区创文工作。在区党工委和区办事处以及社区驻点干部团队的指导下，社区积极创文并做了大量工作。开展道路及其附属设施清洁行动，清理卫生死角、露天垃圾260处，面积约3 250平方米；清理"牛皮癣"3 000处（张）、面积约520平方米，排查发现道路及其附属设施破损问题42处（个），已整修42处（个），更换40处（个），拆除影响市容布幅广告39条；取缔违章摊点2个，开展河道综合整治，拆除违法占用河道、影响河水通畅及河岸环境的违章建筑物1个（处）；开展河道水面漂浮物和淤泥的清理行动2次，清理河（沟）道清理淤泥11吨。

这段话的关键信息是"社区积极创文并做了大量工作"，结合本段的其他内容，"找料子"的结果是**"创文工作抓好环境卫生"**。

（四）发挥党委班子示范带动和区干部驻点联系群众的作用，

推进各项工作落实。

1. 坚持联系群众解决民生问题，全年社区接待群众268人次，走访群众569人次，收集意见建议及问题632个，已解决609个。完成2017年民生实事工程，真正满足村民的实际所需。

这段话的关键信息是"联系群众解决民生问题"，根据这个认识，"找料子"是**"解决民生问题"**。接下来看看第二小点。

2. 落实维稳第一责任。一是化解矛盾促稳定，全面落实驻点干部团队带班接访机制，社区党政班子履职尽责；二是推进网格化管理，将出租屋管理、消防安全、台风应急、食品药品市场监管、河长责任制等融入社区各"小网格"，实行一支队伍网格巡查、一个团队联合执法的"大网格"管理。

这段话的关键信息是"化解矛盾促稳定""推进网格化管理"，找出来的"料子"是**"做好维稳工作"**。再来看第三小点。

3. 积极开展社会保障服务。针对社区残疾人较多、社区老龄人口逐渐增多的实际情况，社区大力开展帮扶活动，今年内多次走访困难家庭和居民群众，在党和政府的关怀下，积极配合区卫计局和区社区卫生服务中心，组织落实514名老人的免费健康体检，让他们感受到党的关怀和温暖。

这段内容的关键信息是"走访困难家庭和居民群众""组织落实514名老人的免费健康体检"，综合这些关键信息，得出的"料子"是**"做好社会服务助残助老"**。

4. 积极发动宣传妇女"两癌"筛查工作，对全社区 1 000 多名政策内对象进行电话、短信通知，并结合全面入户走访进行宣传发动。动员辖区 380 多名妇女参加区已婚育龄妇女免费生殖健康普查。上报 4 对"最美家庭"人员资料，组织"好父母""好媳妇"等五好家庭参加区"最美家庭"评选。开展一系列社区活动，如"爱心父母"行动、"失独家庭帮扶与关爱"行动、"和谐家庭·幸福之法"宣传教育课专场、家庭教育公益大讲堂进社区等。

这段内容介绍了多项工作，首先找到的关键信息是"动员辖区 380 多名妇女参加区已婚育龄妇女免费生殖健康普查"，找出来的"料子"是"**做好妇女保健工作**"。

剩下的关键信息是"上报 4 对'最美家庭'人员资料""参加区'最美家庭'评选"。很明显，这些信息都说了同一件事——"**做好最美家庭工作**"。

继续找出这段话中的其他关键信息，分别是"爱心父母行动""失独家庭帮扶与关爱行动""和谐家庭·幸福之法宣传教育课专场""家庭教育公益大讲堂进社区"，根据这些内容，通过归纳共性，可以得出的"料子"是"**开展社区公益活动**"。

5. 持续整治社区环境卫生，预防传染病和创建良好的卫生居住环境。社区集中力量，以流动人口和出租屋为重点，多次组织社区全体工作人员、计生专干、户管员、社区志愿者，在辖区内实施宣传和灭蚊等一系列爱国卫生行动。据统计，已清理卫生死角和积水 656 处，张贴、发放登革热防控海报、折页等宣传品 3 000 多份，出动专业防控人员 16 人次，消杀器械用量 24 台次，并批量向居民群众下发防蚊灭蚊药物。

这段话的关键信息是"持续整治社区环境卫生，预防传染病和创建良好的卫生居住环境""实施宣传和灭蚊等一系列爱国卫生行动""清理卫生死角和积水656处""出动专业防控人员16人次，消杀器械用量24台次""向居民群众下发防蚊灭蚊药物"。根据这些关键信息可知，这段话说了一件事情——"**抓好社区环境卫生**"。

6.加强落实安全生产巡查制度，联合经联社及企业落实安全生产责任制。针对社区安全生产和消防、道路交通安全等防范、巡查制度相对薄弱的情况，重点对社区、经联社的相关责任人和巡查员强调了责任意识、强化巡查制度执行，结合普法和安全生产举办了两场专场文化汇演。

这段话的关键信息是"落实安全生产责任制""结合普法和安全生产举办了两场专场文化汇演"。因此，找出的"料子"是"**做好安全生产工作**"。

经过这些步骤，通过"找料子"，完成网状信息的收集，结果如下所述。

抓社区班子建设、抓基层党建工作、创文工作抓好环境卫生、解决民生问题、做好维稳工作、做好社会服务助残助老、做好妇女保健工作、做好最美家庭工作、开展社区公益活动、抓好社区环境卫生、做好安全生产巡查。

上面的内容，就是该社区一年来的主要工作。公文是对工作（规律）的认识，写材料的根本是业务工作，离开实际工作材料内容就无从谈起。建议初学写材料的朋友，先不要急着琢磨写作技巧，而是先要熟悉工作、了解业务。把本单位、本部门最近三五年的重点、亮点、难点搞清楚，才能避免出现"巧妇难为无米之炊"的情况。认识源于实践，公文必须源于具体工作。正如《"稿子"的后话》（《人民日报》2017年3月27日）一文中强调的："说到底，文章尤其是应用文之类的文章，根底在工作。如果不真正投入工作，不在工作中有所思有所想，没有足够的实际工作内容、成绩与经验支撑，就难免无话可说，或者大话空话连篇了。"归根到底，想不明白，自然也不可能写明白。

二、认识指导实践：梳辫子，搭建树状结构

写材料的价值在于总结经验、指导实践，而不是简单地做表面文章、搞排比对仗。"找料子"找的是实实在在的具体工作，体现了"一切从实际出发""认识源于实践"的唯物主义立场。下一步要通过"梳辫子"，对一堆零散无序的工作进行归类分组，搭建树状结构揭示事物本质，从中找到工作方向和思路，做到"认识指导实践"。

无论是做事情，还是写材料都讲究收发自如。只发不收，会一盘散沙；只收不发，容易僵化固化。"发"是指发散思维，这一思维主要体现在找料子环节，把重要工作找齐。"收"是指收敛思维、归纳思维，主要体现在"梳辫子"环节，按照物以类聚的原则归类分组。这个过程就像女孩子梳辫子，很多时候不能一步到位，要分几步走。要么先把几条小辫子扎好了，再拼成一个大辫子；要么先扎好大辫子，再分别扎几条小辫子。接下来，对刚才找到的料子进行归类分组。

社区班子建设、基层党建工作，两者的共性很明显，都属于党建工作，如图4-1所示。

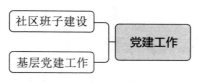

图 4-1　两项工作都属于党建工作

创文工作抓好环境卫生、抓好社区环境卫生，这两项工作的共同点，都是抓环境卫生。如图 4-2 所示。

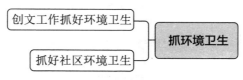

图 4-2　两项措施都属于环境卫生

做好维稳工作，做好安全生产工作，这两项工作都属于社区日常工作。抓环境卫生，也是属于社区日常工作（社区建设），可以合并在一起。如图 4-3 所示。

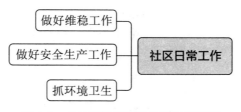

图 4-3　三项举措都属于社区日常工作

来看看剩下的内容，解决民生问题、做好社会服务助残助老、做好妇女保健工作、做好最美家庭工作、开展社区公益活动，这一堆工作的共同点，都是服务群众，如图 4-4 所示。

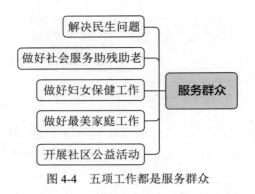

图 4-4　五项工作都是服务群众

最后,得出全文框架结构,如图 4-5 所示。

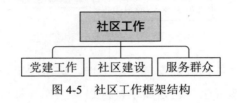

图 4-5　社区工作框架结构

现在,已经把三大块整理出来,把原来的二十多项工作,压缩为三大类,这就像玩拼图,先把最小块的,拼成大块一点。然后,又把大块一点的拼成更大块。由此类推,最后组合成一个有主题的完整图案。

归类时常常会遇到一个问题:这项工作可以放这里,也可以放其他地方,怎么办呢?哲学上认为,事物具有"质的多样性"。正如李瑞环同志在《学哲学 用哲学》一书中所说:"一块木头是什么?就是一块木头,这个回答并没有错,但它还是什么?这就要看具体情况。拿它来做家具就是原料,拿它来烧火就是燃料,拿它来挑水就是工具,拿它来和坏人斗争就是武器,拿它来行凶打劫就是凶器,拿到法庭就是证据,但还是那块木头。这就是质的多样性。"[①]

---

① 李瑞环. 学哲学 用哲学[M]. 北京:中国人民大学出版社,2005.

对同时适用于多个类别的工作内容，笔者采取的办法是"着眼全文，注重平衡"，向内容比较单薄的观点"倾斜"，尽量让各部分篇幅均衡协调。在归类分组过程中，"料子"通常都是"一事一用"，很少"一事多用"，以免交叉重复。

通过第一步归类分组，大辫子基本上成型，还要继续往下分，进一步合并同类项，看看在大辫子下面，能不能再分出几条小辫子。

党建工作这块很明显，它包括社区班子建设和基层党建工作两大部分，如图 4-6 所示。

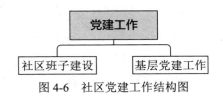

图 4-6　社区党建工作结构图

社区建设这一类的内容，可以继续分为抓好卫生、促进和谐、确保安全三部分，如图 4-7 所示。

图 4-7　社区建设结构图

服务群众这一块，可以分为三大部分：服务重点群体、开展公益活动、建设最美家庭，如图 4-8 所示。

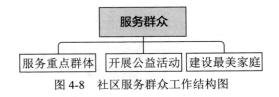

图 4-8　社区服务群众工作结构图

最后，该社区全年工作要点已经整体呈现，如图4-9所示。

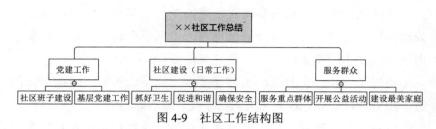

图4-9 社区工作结构图

大辫子、小辫子各就各位，到了这一步，文章架构已经基本完成，大标题、小标题也呼之欲出。就是说，整篇材料可以分为三大部分：第一部分是党建工作，第二部分是社区日常工作，第三部分是服务群众。这个结构像树的形状，又叫树状结构，也叫金字塔结构。三角形具有稳定性，金字塔结构自然也会让人感觉特别牢固稳定。通过自下而上归纳概括，把社区工作分为党的建设、社区建设和服务群众三大部分，体现了对社区工作的本质认识。就算是不懂社区工作的外行，看到这个树状图，也能很快从本质上认识这项工作，找到工作思路、方向和重点，这就是认识指导实践。

一般来说，经过自下而上归纳概括得出的文稿框架，会自然形成自上而下表达的树状结构，并符合"论、证、类、比"四个原则，如图4-10所示。

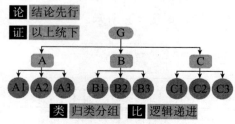

图4-10 "论、证、类、比"四原则

下面来逐一介绍这四条基本原则。

第一条原则是"论",就是结论先行。一次表达只支持一个思想,最好能够出现在开头,这叫结论先行。这个原则要求文稿开头段要有思想,什么叫有思想呢?就是要让读者通过短短几行字,就感觉到写这篇材料的人"有想法"——思路清晰、亮点突出,而不是堆砌空话套话。如何做好"结论先行",后文将详细介绍。

第二条原则是"证",就是以上统下。任何一个层次的要点,都必须是它下一个层次若干要点的总结概括,直到最后一个层级的内容是客观事实或数据为止。"以上统下"其实就是俄罗斯套娃模式,上下观点之间要层层相扣、结构清晰。

第三条原则叫"类",就是归类分组。每一组要点要属于同一范畴和类型,例如"长宽高""前中后""上中下"等,且标题之间应该符合 MECE 法则,不能交叉重复。这个"类",就是常说的小标题,标题既不能"帽子大脑袋小",显得空洞无物;也不能"帽子小脑袋大",使观点不能包含内容。

第四条原则叫"比",就是逻辑递进。每个要点,也就是小标题需要按照一定的逻辑顺序排列。在文稿写作中,除了时间、空间等既定框架之外,通常是按照重要性排序,把最重要的工作放在前面。

三、坚持唯物主义:学马哲,找到思维之钥

通过"梳辫子",搭建树状结构的过程,可以得出一个重要认识:**文稿标题不是编出来、憋出来的,也不是按照所谓的"模板套路"仿造、山寨出来的,而是经过自下而上归纳概括,搭建树状结构、认识工作本质的基础上形成的**。然而,现在一些材料没有坚持认识源于实践的唯物主义观点,文章观点不是源于实际中的具体工作,不是在思维加工基础上的真知灼见,而是生搬硬套、堆砌空话

的产物。用这种方式"生产"的材料,本质上属于唯心主义。虽然"看上去很美",实际上是"正确的废话",没有体现出工作特点和个人特色。这种文章大多讲究排比、对仗、工整、四六句,其实是典型的"削足适履"。正如《改改我们的文风》(《学习时报》2012年12月31日)一文所说"这种写法,不是以内容的需要来摆布文字,而是以文字上下前后工整的需要来裁剪内容,合之则留,不合则去,结果思想得不到伸展,观点得不到阐述,统统被割裂得七零八落。这种文章给读者留下的只是一个刻意雕琢的词句框架,很难留下深刻的思想启迪"。

"五子棋"写作法源于笔者对唯物辩证法的实践和思考,可以帮助我们更加生动、深刻地理解党的理论。例如,党的群众路线是"从群众中来,到群众中去"。"从群众中来",就是深入群众获取第一手信息,经过自下而上归类概括,总结提炼出本质认识,这个阶段需要"找料子、梳辫子"。"到群众中去",就是自上而下分类表达,运用归纳提炼出来的科学认识指导实践,这个阶段需要"戴帽子、填肚子、理面子"。"从群众中来"是理论源于实践,"到群众中去"则是理论指导实践。

"实事求是"也是如此,"实事"就是要把工作搞实、搞全、搞准,属于"从群众中来";"求",是研究分析、归纳提炼;"是",代表工作本质和规律。"实事求是",先要"从群众中来",收集翔实的第一手信息,进行归纳概括,得出规律性、普遍性认识;然后"到群众中去",运用科学认识指导群众实践。实事求是作为马克思主义活的灵魂,是中国共产党人认识世界、改造世界的根本要求,是我们党的基本思想方法、工作方法、领导方法,是从感性认识上升到理性认识,透过现象看本质的思想武器。

恩格斯指出:"马克思的整个世界观不是教义,而是方法。"

习近平同志到国家行政学院调研时，曾语重心长地要求国家行政学院学员都要读一点马列经典。他说："对马克思主义要真学真懂，真信真用。年轻的同志，有的过去没有读过经典的，要补上这一课。"[①] 笔者对此深有体会：新生代公务员大多有本科及以上学历，但跟许多原始学历并不高的前辈相比，一些同志写材料的能力并没有相应提高，甚至出现下降。其中重要原因，不是学历问题、知识问题，也不是文字问题，而是思维问题、认识问题，是因为有些同志学习马克思主义的热情下降，科学思维能力不足。想写好公文材料，就要补上马克思主义这一课。

4.2 搭建标题架构，"自下而上"还是"自上而下"

归纳提炼是综合文稿写作的主要方法，但是，写材料到底是自上而下，还是自下而上，一些朋友仍然存在疑问。其实，"自下而上归类"与"自上而下分类"看似不同，实则统一，这个问题不是非此即彼的单选题，而是一道彼此共融的思考题。下面，就一起来探讨搭建基层文稿架构的"上""下"问题。

一、分类的方式

分类方式主要有两种——开放式分类和封闭式分类。自下而上归类分组属于开放式分类；按照已有架构自上而下分类，属于封闭式分类。

在前文中，笔者用开放式分类搭建社区工作总结的框架结构，主要特点是自下而上归类概括。虽然，归类跟分类只有一字之差，

---

① 周文彰. 读一点马列经典[N]. 学习时报，2011-01-10.

但其含义相差甚远。顾名思义，"归类"就是"归而类之"，通过"归"得到"类"，归类是手段，分组（分类）是结果。其中最关键的就是"归"字——把几项性质相近或相同的工作归为一类。在归类的时候，事先并不知道属于哪一类，要通过寻找共性、归纳提炼、形成类别。

在日常生活中，有人会感觉自己并没有刻意"归类"，而是直接分类。笔者认为，这其实是一种错觉，下意识把"归类"当作"分类"。因为，有些概念（类别）早已无形中扎根大脑。比如前文"购物清单"中的"水果""蔬菜"，当处理的信息量少，信息之间关系简单的时候，大脑就会本能地把相关对象直接归类，以此来满足基本生活和简单沟通的需要。这种下意识反应，容易让人忽略"归类"过程，反将其当作"分类"。

当遇到写材料那样的情形，需要处理大量零碎、复杂、专业、抽象的信息，原有的概念（类别）就不够用或者不能直接用，也就难以直接分类。这时候，就需要有意识归类分组，提炼出新的概念（类别）。也就是说，处理"小数据"可以分类表达，处理"大数据"则要归类提炼。由此可以解释，为什么重要会议一般都要准备讲稿，很少完全脱稿。因为，面对庞大复杂的讲话信息，大脑很难直接做到一层层分类表达，而是需要参照稿子梳理思路、有序表达。平常看到的即席讲话或发言，大多是在比较简单的场合。因为信息量较少，大脑相对容易处理，如果发言者归纳能力较强，就能有条理地直接分类表达。

封闭式分类，就是常说的"分类"，是将信息归入已有的、固定的主题目录。或者说，按照固定的分类框架或模型，对号入座把工作放进去，其特点是自上而下，例如前文提到的"过程法""两分法""要素法"。两种分类方法各有长短，开放式分类属于建立模型，优点是组合灵活、易于创新，缺点是易懂难精，需要大量练习和积累；封闭式分类属于应用模型，优点是简单明了、易于操作，缺点是模式固化、缺乏新意。在归纳能力不够扎实的情况下，采用封闭式分类，直接自上而下搭建文稿框架，容易产生交叉重复，违反 MECE 法则。

前面提到，写材料，就是写"材料"，是通过归纳提炼进行"来料加工"，把一堆零散无序、低价值的信息，整合成为一篇整齐有序、有规律、高价值的文章。根据这个定义，除了综合文稿之外，撰写申论、学术论文、商业报告、综合类新闻报道等，本质上都属于写材料。"横看成岭侧成峰，远近高低各不同"。因为存在"质的多样性"，对于相同的工作，不同的人会有不一样的理解。所以，开放式分类更具有灵活性和侧重性，能够写出有新意、有特点的好标题。

相对自下而上"制造"的开放式分类，普通人更熟悉、更擅长、更喜欢平时写议论文那样的封闭式分类。其不需要花力气收集信息、归纳提炼，而是根据少量信息，或者直接围绕某个题目分类表达。封闭式分类的写作方法，主要讲究文字表述，较少涉及思维训练。基层文稿写作主要运用开放式分类，通过搜集材料、归纳提炼，形成合理独特、言之有据的观点。有些人到了工作岗位后，仍然像写议论文那样"创造"材料，喜欢堆砌文字、空泛议论，这是写不好材料的重要原因。

二、分类的误区

一是盲目借鉴"伪套路"。学习往往始于模仿，就像画画的会学描红，练书法的会学临帖一样，写文章也是如此。但是，在借鉴模型架构时，要按照 MECE 法则，看看标题之间是否存在明显的交叉重复，是"真套路"还是"伪套路"。所谓"伪套路"，就是存在交叉重复的标题框架；"真套路"，就是符合 MECE 法则，反映事物本质和发展规律的模型，笔者将其分为"确定型"和"相对型"两种。

确定型的"真套路"，特点是概念之间界限非常清晰，能够把一个事实性整体或概念性整体，合理划分成不同部分（要素），彼此之间不存在交叉重复。除了之前提到的"世界的七大洲四大洋"之外，还有按照时间顺序的"前中后"——事前谋划、事中监督、事后整改；按照层级结构的"高中低"——贯彻上级部署、抓好中间协调、强化基层落实；按照几何原理的"点线面"——点上突破、线上延伸、面上拓展；按照空间顺序的"长宽高"——站位上有高度、覆盖上有宽度、落实上有深度。

相对型的"真套路"，主要指在实践中总结提炼出来的规律性、普遍性认识，代表事物发展的一般规律，概念之间界限并非完全独立，但逻辑自洽，不会引发歧义，且得到人们的认可。例如，巡视巡察作为"政治体检"，主要针对"党的领导、党的建设、全面从严治党"三个方面；"一把手"的主要任务是"抓班子、带队伍、干事业"；人力资源管理包括"选人、育人、用人、留人"；开餐馆最重要的是"菜式出品、就餐环境、服务态度"；等等。这类结构大多是在实践中归纳提炼而成，代表一般规律，概念之间难以完全独立。

二是想当然"拿来主义"。再科学合理的模型架构，都有局限性，不能靠某个模型"包打天下"。在归类分组过程中，应该在练习思考的基础上借鉴参考，不要一开始就有路径依赖，一门心思往某个模型上靠，甚至生搬硬套，又陷入唯心主义误区。

曾在网上看到这么一句话：参考一篇文章写一篇文章是抄袭，

参考十篇文章写一篇文章是模仿，参考百篇文章写一篇文章就是创造，能参考更多的文章，然后融会贯通，再来创新一篇文章，那就是炉火纯青、出神入化的水平。笔者很赞同这个观点，提高归纳能力关键就是四个字"熟能生巧"，经过实战锻炼，熟练掌握一批常用标题模型之后，随着逻辑能力提升，就可以根据实际需要，进行重新组合、嫁接创新，提炼出富有新意的标题。总之就是一条：参考要广泛，引用不单一，模仿看不见。

不少朋友喜欢收集范文的标题架构，在写东西时直接参照模仿。在初学阶段，适当模仿是必要的，但在掌握方法之后，这类范文模板的价值就非常有限。因为，仅仅通过标题模板，只能"知其然"，却不能"知其所以然"。一个好的标题框架，核心价值不是形式上的整齐对仗，而是背后的思维加工过程。这条看不见的思维"生产线"，才是写好材料的根本。正如《把写作视为一种基本能力》（《人民日报》2018年6月8日）一文中强调的"写作的不知所云背后暴露的是思考的孱弱。如果将思维的训练拱手相让，那写作训练就只能是在格式与修辞的边边角角做文章"。

综合文稿是最讲究逻辑性、说理性的文章之一，然而，还是有不少人忽视思维训练，热衷于玩文字游戏，搞"模板套路"，不愿意下苦功夫去练习提高归纳能力，不能够把工作说明白。打个比方，"模板套路"就像是不能解决问题的假药，之所以会让许多人乐此不疲、愿意上当，因为良药苦口，而假药往往更吸引人。比如说减肥，真药就是要规律作息、锻炼身体，每天跑1万米，停止吃冰淇淋，不要吃宵夜等。总之，要本人作出痛苦的改变。但是，另外有人告诉你，只要吃这个减肥药，不用锻炼身体，接着吃甜食，也可以一天比一天瘦。如此忽悠之下，很多人都会相信后者，因为听起来更吸引人。任何值得看的风景都没有捷径，真药不容易找，找到了也往往很难吃；而假药可口、唾手可得，更容易一呼百应，让人产生身处捷径的幻觉，到头来却是一场水月镜花，与目标渐行渐远。

三是忘记用"学步车"的初衷。婴儿使用学步车，是为了学会走路，最终扔掉学步车，而不是一直待在学步车里面。同理，模仿模型架构，只是在写材料入门阶段，在归纳能力比较薄弱的时候，不得已而暂时借用的"拐杖"。千万不要忘记，"拿来"是为了减少依赖，逐渐做到自力更生、自主创新。我们不能因为借用了某个模型架构被领导表扬，尝到甜头后就沉迷其中，而忘记了练习和积累。单一的模仿借鉴，最多只能暂时、偶尔帮你写出小材料，不能帮你写好大材料。

这个过程正如科技发展，只靠模仿借鉴不能解决"卡脖子"技术问题，即使成为科技大国，也不能成为科技强国。对写材料来说，归纳提炼能力就属于"卡脖子"技术，只满足于"模板套路"，离开思维空谈写作，容易导致"熟练的无能"。如果归纳能力不足，就算有很好的标题架构，面对一大堆素材也会无从下手，不知道如何分门别类、对号入座，写出的材料还是混乱无序。

写材料要登堂入室，只有坚持"基于逻辑的学习积累"，才能实现从"自下而上"到"自上而下"的突破升级。入门可速成，提高无捷径。跟其他技能一样，写材料也是易懂难精，只有坚持思维训练和学习积累双管齐下，才能滴水穿石、融会贯通、信手拈来，制作出灵活多样、富有新意的好框架、好标题。

三、分类的进阶

归纳能力的进阶之道，可以分为"信、达、雅"三个阶段，形成"自上而下→自下而上→自上而下"的方法闭环。

第一阶段：信，自上而下参考借鉴。信，主要就是通过参考借鉴标题结构，把工作"说清"。需要注意的是，这里的"自上而下"，并非简单照套照搬所谓的"模板套路"，而是在掌握归纳提炼方法的基础上，借鉴参考合理的框架结构，属于"逻辑为本，拿来为用"。在这个阶段，初学者通过参考借鉴已有的合理架构，可以避免常见的逻辑错误，不至于把公文写成一团乱麻的"杂文"和不知所云的"散文"。

人不可能一口吃成胖子，任何能力都需要持续练习。提升归纳能力也难以立竿见影，需要高质量的练习与长时间的积累。在归纳能力没有质的突破之前，就算掌握了"找料子、戴帽子、梳辫子"的方法，也很难一下子成为高手。练习不是要一下子做好，而是做得一次比一次好。练习过程不但不美好，还很无奈，会让人接二连三产生挫败感，甚至动摇信心。在这个过渡阶段，初学者还是需要适当模仿来帮助完成任务，尽量让写材料的日子好过一些。就像还没有学会走路的孩子，需要在学步车或者大人的帮助下，在少摔跤、少受伤的状态下，逐渐找到走路的感觉和信心。

第二阶段：达，自下而上归类提炼。达，主要是指有逻辑、有条理、有思路的表达，达到"说服"的效果。如果说，自上而下参考借鉴是仿造，自下而上归类提炼则是制造。经过一定训练，写作者掌握了归类分组的方法，具备基本的归纳能力，可以进行自主生产，写出中规中矩，符合逻辑要求的材料。这个阶段的文稿，领导容易整体接受，较少被推倒重写，算是基本解决"温饱问题"，但是离"小康"还是有不小差距。

在这个阶段，写作者的积累还不够，对归纳法的感悟不深，难以写出让人眼前一亮，具有独特风格的文字，只能像生产流水线那样，制造出质量合格，但附加值不高的工业品。但是，这一步非常关键，因为这是从"仿造"到"制造"的跨越，代表着一个人真正入了门，开始走出"冰点、泪点、痛点、盲点"的恶性循环，会让人信心大增，实现从"怕写材料"到"接受写材料"的重要转变。

第三阶段：雅，自上而下个性表达。"雅"的层次，就是"内化于心，外化于行"，能够使用严谨的逻辑、生动的语言，形成个性化的文字风格，达到"说动"的效果。俗话说，功到自然成。随着写作者的学习积累、思维能力和工作认识不断提升，就会获得一种类似大数据的自动抓取能力，面对一大堆杂乱无序的素材，也能够一下子抓住重点、提炼观点、有序表达。这样的材料，熟悉的人一看，就知道是谁写的。

到了这个阶段，写作者可以灵活组合，挥洒自由，写材料已不仅是流水线制造，而是上升到个性化创造的层次。可以把自己对工作的思考融入领导的工作思路，以材料的方式表达出来，让人产生强烈的成就感、获得感、存在感。但是，这跟第一阶段"自上而下参考借鉴"已经不可同日而语。就像一个因为贫穷饥荒而瘦弱的人，跟一个生活富裕减肥成功瘦下来的人，两者看似体形差不多，生活环境和内心世界却有着天壤之别，前者是"要我瘦"，后者则是"我要瘦"。放在写材料上，前者是"山寨"，后者则是创新。

"信、达、雅"分别代表着仿造、制造和创造三个阶段，三者看似不同，实则统一，彼此之间紧密相连、相辅相成。仿造是制造的开始、制造是创造的途径、创造是制造的积累。用简单的话来说，"熟读唐诗三百首，不会作诗也会吟"，仿造练习多了，慢慢就会制造；制造积累多了，逐渐就会创造。三者之间只是学习力度、思考深度和熟练程度不同而已。然而，不管处于哪个阶段，写作路上的任何一点点进步，都是反复高质量练习后的熟能生巧和水到渠成。借用一句话，要在别人面前显得毫不费力，就要在背后非常努力。

4.3 制作标题之"规定动作",如何让表达完整有力

俗话说:"秧好一半谷,题好一半文。"写出神形兼备、独具特色的小标题,是众多文字工作者孜孜以求的心愿和目标。下面笔者将从"规定动作"和"创新动作"两个方面,来介绍如何写好文稿小标题。先来聊聊"规定动作"——小标题如何避免常见错误,让表达完整有力。

一、认识"完整型"小标题

基层文稿小标题常用的完整表述是:总+结=做法+成效=原因+结果,这种形式符合线性表达的要求。以下面两组标题为例:

第一组标题:

"小身板"牵动"大闭环"
——市委外办参与新冠肺炎疫情防控工作阶段性总结

一、人员转运闭环,坚决把境外输入病例控制住
二、信息传递闭环,重点人群管控精准到位
三、人文服务闭环,展示城市开放博爱精神

第二组标题:

一、老侨和新侨两头并重,凝聚侨心从"迎来送往"到
"平台聚集"转变

一是创新乡情联谊平台,做好海外新生代"留根工程"
二是搭建国力助侨平台,探索可复制、可推广的海外侨团工作经验

三是完善网络互动平台，打造"24小时不下班"的侨办

上面两组标题都采用做法+成效、原因+结果、总+结的表达形式，上下文之间具有清晰严谨的因果关系，具有逻辑性和说服力。需要说明的是，对于"完整型"标题的认识和表述，只是笔者在基层写作实践中的思考和建议，不代表标准答案，还是要结合实际情况具体分析。

二、认识"残缺型"小标题

在基层综合文稿中，"残缺型"标题通常有以下三种类型。

（一）有"总"无"结"

原标题：

二、加强党风廉政制度建设，营造勤政廉政工作氛围

1. 开展反腐倡廉学习教育
2. 严格落实反腐倡廉制度
3. 切实保障党员权益

上面的大标题属于有"总"有"结"，但小标题出现残缺，属于有"总"无"结"。就是有做法，没有成效；有原因，没有结果。"开展反腐倡廉学习教育""严格落实反腐倡廉制度""切实保障党员权益"，这三项措施的效果怎么样？没有交代清楚。写材料，关键要突出成效。上面的标题只有做法，没有成效，只有一个孤立的"点"，没有达到"两点一线"的效果，缺乏因果性和说服力。笔者进行了补充，使之成为有"总"有"结"的完整形式，较有逻辑性和说服力，改进后标题如下：

二、加强党风廉政制度建设，营造勤政廉政工作氛围

一是开展反腐倡廉教育，强化"不想贪"的意识

二是落实反腐倡廉制度，扎牢"不敢贪"的笼子

三是切实保障党员权益，营造"敢干事"的氛围

（二）有"结"无"总"

例如：

××市友好代表团出访日本长崎市的情况汇报

一、传承友谊有新起点

二、文化交流有新进展

三、教育国际合作有新成果

这是一篇出访报告的标题结构，存在问题是有"结"无"总"，也就是有效果，没有做法。"传承友谊有新起点""文化交流有新进展""教育国际合作有新成果"，都是属于工作效果，缺少工作措施。撰写文稿时，往往从工作措施入手，来提炼和体现工作特点。缺了工作措施，材料就容易缺乏特点，说服力也会打折扣。修改后的标题有三个"首次"，让材料更有特点和亮点。这种有"总"有"结"的表述方式，也让读者更加信服，如下：

××市外事局关于组织友好代表团出访日本长崎市的工作报告

一、首次组织我市中学生入住友城家庭，传承友谊有新起点

二、首次组织两市中学生同台汇演，文化交流有新进展

三、首次建立校际定期交流机制，教育国际合作有新成果

（三）无"总"无"结"

例如：

二、积极开拓业务，不断提高服务水平

1. 市社会工作行政管理培训项目
2. 市禁毒社会工作知识普及宣传工作
3. "博爱行动"评估及督导项目
4. ××镇工会培训项目
5. ××镇司法调解员培训项目

在标题结构中，大标题属于"做法+成效"的完整表述。但是，五个小标题则是无"总"无"结"，只是把具体项目名称摆上去。例如，"市社会工作行政管理培训项目""市禁毒社会工作知识普及宣传工作"……这些项目名称既不是做法，也谈不上成效，孤零零摆在那里，没有什么说服力。笔者对上述标题进行归类合并，并按照线性表达的方式进行修改，如下：

二、积极开拓业务，不断提高服务水平

一是抓培训，提升业务深度
二是抓普及，提升业务广度
三是抓评估，提升业务权威度

三、认识"打架型"小标题

如果说"残缺型"标题是"形"的缺失，"打架型"标题则是"神"的混乱，主要问题是违反MECE法则，导致逻辑混乱、交叉重复，让文章成为神形俱散的"散"文、相互杂糅的"杂"文。下面这篇述职述廉报告的标题框架，就存在严重的交叉重复。

2017 年度述职述廉报告

　　一、坚持党建引领，推动经济建设再上新台阶
　　二、加强改革创新，推动企业发展迈上新征程
　　三、强化内部管理，推动生产效率晋级新档位
　　四、增强纪律意识，推动干事创业形成新风尚

　　在这一组标题中，"党建引领"与"内部管理"存在交叉重复，党建工作包括内部管理，内部管理中也有党建工作；"党建引领"跟"纪律意识"存在交叉重复，"党建引领"包括"纪律意识"，"纪律意识"中也有"党建工作"；"经济建设"与"企业发展"存在交叉重复，"经济建设"包括"企业发展"；"企业发展"与"生产效率"存在交叉重复，"企业发展"包括"生产效率"。标题之间如此交叉重复，里面的内容就会一团乱麻。

　　不管线上还是线下，"打架型"标题都屡见不鲜，例如：

班子述职报告

　　一、强化学习意识，不断提高政治理论水平
　　二、坚持忠于职守，尽心尽力履行岗位职责
　　三、抓好队伍建设，推动业务工作科学发展
　　四、坚持廉洁奉公，营造风清气正的干事环境

　　这篇《班子述职报告》是笔者十年前写的一篇材料，这组标题看上去整齐对仗，但是用 MECE 法则分析，还是存在诸多问题。

例如,"忠于职守"与"队伍建设"存在交叉重复,"队伍建设"就包括"忠于职守";"忠于职守"与"廉洁奉公"存在交叉重复,两者基本就是一回事;"学习意识"和"队伍建设"存在交叉重复,"队伍建设"就包括了"学习意识";"队伍建设"跟"廉洁奉公"存在交叉重复,"队伍建设"就包括了"廉洁奉公"。标题交叉重复如此严重,文稿内容也会混乱,难怪当年自己写的材料,经常被领导要求推倒重写。

在经验交流材料、汇报材料等文稿中,经常看到"一二三四"逐一对仗的标题结构,例如"一个主题、两大措施、三大保障、四大成效"。如果用 MCEC 法则分析,这类标题看似整齐对仗、朗朗上口,彼此之间却容易缺乏内在联系,且存在交叉重复。以笔者十年前写的另一篇材料为例,如下:

2012年市外事侨务局党支部工作总结

一、突出"一个核心",把班子做强

二、推进"两项工程",把党建做新

三、完善"三项机制",把队伍带好

四、实现"四个突破",把品牌擦亮

写这篇汇报材料的时候,自己还不懂得自下而上归类提炼,想了好久才编出这样一个框架,在领导那里过关后,还自我感觉良好。现在看来,那只是一种错觉。用 MCEC 法则分析可知,标题之间还是存在问题。例如,第二点"把党建做新","党建"就包括"把班子做强"和"把队伍带好",三者之间存在明显交叉重复。这种写法还让第四大点业务工作显得孤立,变成党建和业务"两张皮"。对于刚学习写材料的新人来说,刻意追求标题对仗整齐,就像给初学跳舞的人戴上脚镣，不仅容易摔跟头，而且难以提高水平。外行看热闹、内行看门道。评价一组标题，不能仅看语句是否华丽整齐，而是要看内在逻辑是否合理。基础不牢，地动山摇。如果逻辑不合理，基础有问题，再华丽整齐的标题也没有意义。

导致标题"打架"的主要原因，通常是写作者没有经过自下而上归类概括，而是直接自上而下分类表达，导致违反MECE法则，产生交叉重复。在基层文稿写作中，如果没有掌握归类提炼的方法，只在标题表述上咬文嚼字，那是本末倒置，只会事倍功半。所以，找料子、梳辫子、戴帽子三个步骤不能缺少、不能打乱。

开通公众号之后，不时会有朋友发来标题框架，希望帮忙提出修改意见。对此，笔者都会表示：如果没有看到整篇文稿，没有动手归类分组，很难对标题提出意见。这就像是判断一栋建筑是否合格，如果不顾地基结构，只管瓷砖好看，这样的建议价值非常有限。因为制作标题不仅是"面子工程"，更重要的是"里子工程"，要靠科学精准的归纳提炼，才能从内到外体现逻辑的力量。

4.4 制作标题之"创新动作"，如何写亮点睛之笔

"规定动作"是基础，让标题完整有力。但是，做到这一步只是"熟手"阶段。写出让人眼前一亮的"点睛之笔"，才是"高手"的追求。要达到这个目标，就要掌握"创新动作"，让标题"秀外慧中"。"秀外"就是高颜值，表达生动、富有特色；"慧中"就是有气质，归类合理、逻辑正确、体现本质。下面，笔者结合实例，分享做亮小标题的"八大攻略"。

一、"求同存异"法

在综合文稿写作中,出现频率最高的可能就是"提炼"二字。所谓"提炼",就是求同舍异,把相关内容归类打包,用一个概念准确表达事物的属性和特点。奇妙的是,"求同"则"存异",如果可以准确提炼出共性,思路特点往往就会水落石出。下面,以之前评改的社区工作总结为例,分析如何以"求同"来"存异",让共性突出个性。

首先,经过梳辫子,归类分组,得出图 4-11。

图 4-11 社区工作结构图

这个树状图已经将两级标题结构清晰呈现,三个大标题的主题分别是:党建工作、社区建设、服务群众。其中,党建工作包括两个方面,分别是社区班子建设、基层党建工作;社区建设包括三个方面,分别是抓好卫生、促进和谐、确保安全;服务群众包括三个方面,分别是服务重点群体、开展公益活动、建设最美家庭。根据归类分组的结果,制作标题如下:

××社区"三个升级"促基层强筋壮骨

一、加快党建升级,提升组织引领力

一方面,抓班子建设,强化核心示范

另一方面,抓一线党组织,建设战斗堡垒

二、推动社区升级,提升基层影响力

（一）做好"清洁工"，打造美丽社区
（二）做好"稳压器"，建设和谐社区
（三）做好"预警器"，构建安全社区
三、促进服务升级，提升社区凝聚力
（一）在"点"上下功夫，确保重点群体得实惠
（二）在"线"上下功夫，唱响和美家庭主旋律
（三）在"面"上下功夫，促进公益服务全覆盖

所谓"公文"，就是要把对公（工作、规律）的认识，用文字表达出来，认识第一位，表达第二位。也就是说，写材料＝认识＋表达，如果认识不正确、不准确，文字再华丽也是"花拳绣腿"。上面的树状结构图，体现了对工作的本质认识，为下一步制作标题打下了坚实基础。

好标题应该做到"共性认识的个性化表达"，既要反映对工作的本质认识、普遍规律，也要体现个性特点、地方特色。共性认识需要逻辑加工、归类分组，正确合并同类项，这就是"求同"。"求同"则"存异"，就是通过"找相同"来"显不同"。经过正确的归类提炼，特色的标题结构就会呼之欲出，体现出"同"和"异"之间的对立统一。这个思维加工过程，是制作标题的"关键一跃"，是看不见的"从0到1"的过程。要做到这点，除了要有良好的思维能力，还需要调动平时的积累和思考，发挥想象力和表达力，这样才能说出工作该有的味道和领导想要的感觉。

通过归纳提炼，完成对工作的共性认识，做到了"慧中"。笔者在实践中发现，"慧中"大多"秀外"，就像一位气质上佳的女孩子，给人的总体感觉不会差。就是说，如果归纳提炼到位，标题（概念）自然而然就容易整齐对仗。标题对仗是合理思维、精准提炼的

结果，不必生搬硬套、绞尽脑汁。"求同存异"属于"慧中"之法，接下来的七种方法则是基于逻辑、突出个性的"秀外"之法，是"从1到N"的过程，让标题散发出思想之美、逻辑之美、文字之美。

二、引用套路法

"套路"原本是中性词，只是现在被污名化。真正的"套路"，是指在一般教科书上找不着，由行业前辈总结出的宝贵经验，这些经验不仅能反映事物发展规律，而且简单、易懂、实用。打个比方，大人教孩子过马路的常见套路是"一停二看三通过"（后来被中国男足长期占用）；出国"老司机"总结出来的套路是"伸手要钱"——要带好身份证、手机、药品、小额现金。这些都是精简、凝练、实用的"真套路"。具体到写材料，就是要掌握一些反映事物发展规律、通俗易懂、过目不忘的表达方式。例如，代表事物发展规律的"点、线、面"——点上突破、线上延伸、面上拓展；代表事物空间顺序的"上、中、下"——落实上级部署、加强中层协作、抓好基层落实；代表时间顺序的"前、中、后"——做好事前教育、抓好事中执行、强化事后落实；为工作提供保障，要从"人、财、物"三方面入手；要成就一件大事，要讲究"天时、地利、人和"……跟假大空的"伪套路"相比，这些"真套路"反映事物本质，大而不空、通而不俗，属于有用、实用的参考模型。

笔者曾参考中医诊断方法"望闻问切"，帮朋友制作了下面的标题结构。

从熟知到真知
——赴法国参加首期校园足球教练员培训班学习报告

一、主动"望"，这是一次开阔眼界的考察之旅

二、认真"闻",这是一次提升理论的学习之旅

三、虚心"问",这是一次取长补短的交流之旅

四、用心"切",这是一次"把脉开方"的启发之旅

"望闻问切"不仅是中医诊断方法,而且是具有普遍性、规律性的工作和学习方法,放到社交、学习等其他领域也同样适用,属于"真套路"。

下面这组标题,则是参照"天时地利人和"这个"套路",如下:

关于在××市建设进口观赏鱼转口流通基地的报告

一、××市建立进口观赏鱼转口流通基地的突出优势

(一)天时——中国进口观赏鱼市场迅猛发展,但国内真正符合国家标准的进口观赏鱼转口流通基地非常匮乏。

(二)地利——××市具有良好的观赏鱼养殖基础,优越的交通区位优势以及完善的产业配套,非常适合发展观赏鱼转口贸易。

(三)人和——××市拥有丰富的观赏鱼专业人才资源,建立了全国领先的进口观赏鱼隔离检疫中心。

二、相关建议(略)

在2020年抗疫时期,笔者在网上看到下面这组"真套路"标题,过目难忘:

面对"大考"领导干部要做好"戒""定""慧"

一、决胜疫情关头,领导干部要足"戒"

二、决胜疫情关头,领导干部要思"定"

三、决胜疫情关头,领导干部要通"慧"

"戒定慧"又称三无漏学,是佛家克服贪嗔痴的三项训练方法。修戒是完善道德品行,修定是致力于内心平静,修慧是培育智慧,三者是循序渐进的逻辑关系。这套标题结构借用"戒定慧"这一"真套路",感觉通俗易懂、富有深意。

笔者曾借鉴"真善美"这个常用表述,综合领导的意见,帮其草拟审议全市《政府工作报告》的发言材料,如下:

审议《政府工作报告》发言材料
一是真,报告真实客观,敢于直面问题
二是善,报告体现了满满的民生情怀和发展抱负
三是美,报告体现了建设美丽家园的"颜值担当"

"真善美"这个耳熟能详的惯用语,多用来形容人的道德操守和事物的良好品质。笔者将其用来评价该年的《政府工作报告》,让人感觉新颖、印象深刻,体现出一种严谨的工作思路。跟"戒定慧"一样,"真善美"三者之间也存在着先后次第和因果关系。首先求"真",体现唯物主义立场;其次求"善","善"要建立在"真"的基础之上,离开客观实际的"善",往往是形式主义;最后求"美","美"是在"真"和"善"基础上的更高追求,是"立足当下"基础上的"放眼长远"。

有的朋友对"套路"缺乏鉴别能力,喜欢照搬照套,容易以盲引盲、误入歧途。笔者从某公文写作网站推荐的所谓"范文"中,随手摘录几组标题,都是严重交叉重复的"伪套路"。

党委书记述职述廉报告

一、围绕中心,认真完善发展思路
二、狠抓落实,亲力推进务求实效
三、做好表率,不断加强干部队伍建设
四、严于律己,确保共产党员清廉本色

这组标题中,"围绕中心"跟"狠抓落实"存在交叉重复,因为"围绕中心"就包括了"狠抓落实";"做好表率"与"严于律己"存在交叉重复。

政府正职述职述廉报告

(一)做市委决策的坚定执行者
(二)做改革发展的奋勇实践者
(三)做群众利益的忠实守护者
(四)做和谐风气的积极推动者

上面这组标题也是相互"打架","市委决策"和"改革发展"存在交叉重复,"市委决策"就包括了"改革发展";"群众利益"跟"和谐风气"存在交叉重复,"群众利益"必须要"和谐风气"。

纪委书记述职述廉报告

一、提高认识、学以致用,深入落实中央"从严治党"要求
二、履职尽责、创新方式,全面促进纪委"监督责任"落实
三、坚持原则、敢于担当,持之以恒纠正"四风"方面问题
四、公道正派、廉洁自律,自觉维护领导干部自身形象

在这组标题结构中,"从严治党"跟"监督责任"交叉重复,"从严治党"就包括"监督责任";"监督责任"和"纠正'四风'"存在交叉重复,"监督责任"包括"纠正'四风'";"纠正'四风'"跟"维护干部形象"存在交叉重复,"纠正'四风'"就是要"维护干部形象";而且,"从严治党"就包括"监督责任""纠正'四风'""维护干部形象"。这种大范围的交叉重复,会让内容表达混乱无序。

"引用套路法"最重要的,是要找到体现工作本质和规律的"真套路",而不是逻辑错误的"伪套路"。建议朋友们培养"跨界能力",跳出材料看标题,掌握更多经济、管理、互联网、营销等领域的"模块框架",这往往能帮助写出别开生面、眼前一亮的好标题。

三、草船借箭法

问渠哪得清如许?为有源头活水来。中央和省市领导讲话,特别是里面的好词好句,是制作标题非常重要的"源头活水"。笔者喜欢"草船借箭",借用、整合、修改好词好句,用于制作标题。例如:

全市华侨权益保护工作情况汇报

一、做好侨房和侨捐的"保安",让旅外侨胞放心

二、做好侨资企业的"保姆",让全市侨商开心

三、做好困难侨胞的"保镖",让归侨侨眷舒心

这一组被誉为"吉祥三保"的标题,汇报时得到省领导表扬。其实,这一组标题的源头,来自当年《政府工作报告》的一句话——政府部门要成为企业家的保姆、保安、保镖。把"三保"借用到这

篇材料恰到好处、无缝对接。除了拿"市长的",笔者还拿"中央的",再来看这组"借来"的标题。

擦亮"侨乡文化"打造"文化侨乡"
——"侨乡文化保护理论与实践"现场会经验发言材料

（一）为使命担当，创新乡情文化品牌，筑牢侨务工作可持续发展的"根"

（二）为发展担当，唱响华侨精神强音，构建与旅外乡亲携手发展的"梦"

（三）为时代担当，推动中华文化"走出去"，凝聚中华儿女心心相印的"魂"

在这组标题中，"根""魂""梦"是表达的思路和亮点。这个表述源于习近平总书记的重要论述。总书记指出，团结统一的中华民族是海内外中华儿女共同的根，博大精深的中华文化是海内外中华儿女共同的魂，实现中华民族伟大复兴是海内外中华儿女共同的梦。这篇材料既"接地气"，又"架天线"，把总书记的重要指示精神，与地方侨务工作相结合，做到了对"共性认识"的"个性化表达"。

再来看一篇"草船借箭"的例子：

三、带头廉政修身，培养一支具有政治定力、
执行能力和学习动力的干部队伍

一是做好学生，构建思想共同体
二是做好导师，打造成长共同体
三是做好老师，成为事业共同体

这是一篇《"三述"报告》的标题框架，看到"思想共同体、成长共同体、事业共同体"这三个表述，有些朋友会感觉"似曾相识"，因为这种表述在关于"一带一路"的文章里经常出现。笔者对原来的"利益共同体、命运共同体、责任共同体"进行修改，根据材料特点改为"思想共同体、成长共同体、事业共同体"。

再如下面这组标题：

树立辩证思维　　加强统筹协调
——探索打造因公渠道服务"走出去"新机制

一是管，落实管理制度全覆盖，推动全市对外交往有序发展

二是放，建立开放的动态调节机制，以弹性调控促进精准管理

三是服，搭建APEC商务旅行卡服务企业新平台，利用因公渠道做好"惠企惠民"

这组标题的特点是"管放服"，这个表述源于"放管服"。"放管服"改革是党中央、国务院提出全面深化改革、转变政府职能的重要内容，是简政放权、放管结合、优化服务的简称。把"放管服"作为框架，让材料显得有高度、深度和力度。

四、蹭热点法

一方面，可借用流行语、热点词，制作别具一格、富有生活气息的标题。在互联网时代，每年都会冒出一堆生动、有趣、形象的网络热词，例如"高大上""主要看气质"……笔者曾经借鉴这些网络流行语，制作出特色小标题。

有一年，组织部门来单位进行班子考察，随机抽到笔者作为谈话对象。在评价班子成员时，笔者归纳为"气质型班子"，把五位

班子成员的特点分别概括为——"大气""才气""人气""和气""正气"。其中,"大气"是指"一把手","才气"是指一位善于学习的副职,"正气"是指纪检组长,颇为简洁、贴切,一个有凝聚力、有战斗力的领导班子形象跃然纸上。

2017年,笔者跟网友交流修改一篇党建工作信息,原稿如下:

××镇"四项举措"高标准完成党组织和党员基本信息采集工作

一、多层次传达培训,传导压力
二、高标准摸排采集,打牢基础
三、严要求校核汇总,提高效率
四、全方位检查验收,保证质量

这篇信息提纲感觉四平八稳、整齐对仗,但难以给读者留下印象。细致分析可发现,第二点"高标准摸排采集,打牢基础"与第四点"全方位检查验收,保证质量",可以合并为一类,都是讲信息采集。在重新归类分组的基础上,笔者借用"高大上"三个字,对信息标题进行修改,如下:

××县"高大上"三步走做好党组织和党员信息采集工作

第一,高,就是高标准审核,确保工作规范化
第二,大,就是大面积采集,确保工作全覆盖
第三,上,就是上轨道运作,确保工作常态化

在海量信息中,想让领导对文稿"眼前一亮",标题是关键。好标题不是矫揉造作、哗众取宠,更不能断章取义、以偏概全,而

是要通俗易懂、特点鲜明，让人过目不忘，真正成为"点睛之笔"。

另一方面，文字工作者要对生活中的文字信息，哪怕是电梯里的广告都要保持敏感，这样才能在关键时刻"随手拈来"。

有一次，笔者在饭后散步时看到，小区外的理发店贴着一张价目表——"洗剪吹30元"。不知为啥，往日平淡无奇的"洗剪吹"三个字，却让自己"眼前一亮"。那一刻，"职业病"又犯了，心里开始琢磨——这个能否拿来做小标题？想一想，还真的可以。

例如，"洗剪吹"如果用在作风建设的文稿上，可以表述为：洗——就是抓好学习，清洗错误观念；剪——就是把权力关进制度"笼子"，剪除不良行为；吹——就是抓好整改落实，吹顺工作机制。这种表述朴实无华、贴近群众，又不失俏皮可爱、生动活泼，容易给人留下深刻印象。

有段时间，笔者一直在冥思苦想，能否用凝练生动的几个字，来概括制作标题的方法步骤。某天，在电视上听到一句话，里面有三个字"配得上"，自己豁然开朗，得出制作标题的"三字诀"，如下：

如何"配得上"好标题

第一步，配对子，合理归类

第二步，得主题，精准提炼

第三步，上颜色，生动表达

"养兵千日，用兵一时"，好标题属于有准备的人。"气质型班子""洗剪吹"之类的表述，灵光一现的背后是积累和思考。我们要向蜜蜂学习，对周围的花粉气息保持高度敏感，在生活中善于观察、用心淘"宝"，这样才能像良医那样"百草皆可入药"。

五、巧用同音字法

汉语中有许多同音字、近音字，如果平时多加留意、积累，可以为制作标题提供许多启发和灵感。如下面两组标题：

"红色灯塔"引领"绿色发展"
——××镇党建工作经验交流材料

第一，"是非"的"是"，坚持把党的建设摆在首位，明辨大是大非

第二，"市场"的"市"，用"看得见的手"服务"看不见的手"，红色灯塔引领绿色发展成效突出

第三，"干事"的"事"，用心用情用力做实事惠民生，用党建引领解好基层治理"方程式"

个人年终述职报告

第一个是安静的"静"，沉下心来研究业务

第二个是用劲的"劲"，全力以赴投入工作

第三个是干净的"净"，廉洁奉公不忘初心

六、字词新解法

古汉语跟现代汉语有个明显区别，古汉语多单音节词，现代汉语多双音节词。就是说，古汉语通常一个字对应着现代汉语一个词。例如，休—休息、算—计算、造—制造、声—声音、本—根本、周—周到、忘—忘记、师—老师、户—窗户、睡—睡觉。古汉语通常一个字就代表一个词。也就是说，由若干个字组成的现代词语中，通

常包含若干个有某种内在联系的独立词义。如果将其中的内在联系挖掘、表达出来，或根据一定语境逻辑，赋予相关内涵，就能为制作标题提供丰富养分。

2013年，笔者参加副科长竞争上岗，在问答环节就用了这一招，围绕"副科长"三个字阐述自己竞岗成功后的工作设想。

如何做好"副科长"发言提纲

副，就是要摆正位置，协助科长开展工作
科，就是要提升本领，在业务上独当一面
长，就是要履行责任，在工作中敢于担当

此类"字词新解"的表述还有许多，例如，在年终述职或者自我介绍时，可以围绕"三心二意"进行介绍，"三心"就是有责任心、有进取心、有恒心；"二意"就是对团队有爱意，对同事有情意。曾有朋友要起草县领导参加某商会成立仪式的致辞，笔者建议他围绕"商会"两个字展开：商，就是要营造商机、合作共赢；会，就是要加强沟通，资源共享。此外，"联谊会""恳亲会""同学会"等词语，都可以开展类似的联想和阐释，制作与众不同的标题。

七、辩证结合法

有时候，在"梳辫子"这个步骤中，会发现各项工作之间的共性并不明显，难以进行归类分组。笔者在开展公众号视频评改时，就曾遇到这种情形，例文标题是《实施乡村分类转化提升行动 推动乡村组织振兴》，归类分组结果如下：

找料子，收集要点

成立县乡工作领导小组、县委多次召开会议研究落实、开展后进村班子成员"健康体检"、推动村党组织书记和村委会主任"一肩挑"、"县内现场观摩+外地参观考察"抓好乡镇党务工作者培训、村组干部培训全覆盖、建立县乡村三级农民工服务站点储备农民工后备力量和提供返乡创业担保基金、逐乡逐村建立优秀农牧民青年人才库、开展国庆主题党日活动、深入开展"戴党徽、亮身份、作表率"活动、实施阵地标准化建设、抓好"一定两议三监督"引导党员群众作村级事务管理的主人、健全机制规范集体经济运行、推进创建平安和谐乡村工作提升群众自治能力

梳理上述工作要点时，笔者从几个角度尝试归类，效果都不满意。最后，尝试运用辩证结合的方法，看看彼此之间是否存在"大与小""内与外""高与低""多与少"等辩证关系。通过反复观察分析，终于发现"蛛丝马迹"。例如，"建立县乡村三级农民工服务站点开展农民工摸排和提供返乡创业担保基金"，具有"县"和"乡"的上下关系；"改造提升村党群活动中心提升服务保障水平"和"抓好'一定两议三监督'引导党员群众作村级事务管理的主人"，两者之间具有"管理"和"服务"的辩证关系；"'县内现场观摩+外地参观考察'抓好乡镇党务工作者培训"，里面蕴含"内"和"外"的辩证关系。根据这些理解，制作如下标题：

××县"三力"合一提升乡村分类转化成效（修改稿）

一、县乡共振，提升工作合力

二、内外结合，提升工作推力

三、管服融合，提升工作引力

实施乡村分类转化提升行动 推动乡村组织振兴（原稿）
一、强化政治责任，扎实部署推动
二、聚焦班子建设，选优配强工作力量
三、聚焦队伍建设，凝聚工作合力
四、聚焦规范有序，推动基层治理

相对于原稿的标题架构，修改稿的标题比较清晰、新颖，"合力""推力""引力"分别代表力的不同方向，三个概念基本处于同一类型和层次，给人感觉比较生动形象。

笔者曾运用辩证结合的方法，制作出一组文稿标题，如下：

主动加快转型升级，跨入服务发展第一方阵
——全省侨务工作会议经验发言材料
一、引智与促贸齐头并进，服务全市中心工作从"幕后配角"向"台前主角"转变
二、老侨和新侨两头并重，凝聚侨心从"迎来送往"向"平台聚集"转变
三、体育与文化双轮驱动，侨务公共外交从"走出去"向"走进去"转变

辩证结合法类似于《金字塔原理》中的"两分法"，运用这一方法的入手处和关键处，是要在零散无序的工作要点中，找到辩证、相对关系，并以此进行归类分组，制作出有思想、有特点的文稿标题。

八、摘录启示法

党报党刊是重要的政治课堂、知识课堂和写作课堂,这里汇集了最权威的声音、最优秀的"笔杆子",堪称最好用、最实用的思想库、标题库和资源库。以下面两组标题为例:

2017 年抓基层党建工作述职报告

(一)党建融入发展,解决"重业务、轻党建"问题

(二)党建融入民生,解决"历史遗留问题"

(三)党建融入群众,解决基层党建"最后一公里"问题

2018 年抓基层党建工作述职报告

(一)坚持思想的"时针"不能偏,"政治建党"在××镇落地生根

(二)坚持行动的"分针"不能慢,××镇绿色发展实现"三级跳"

(三)坚持作风的"秒针"不能停,以党建引领基层治理创新

这两篇党建述职报告都在当年全市镇区党(工)委书记现场述职中名列前茅,两组标题既显大气又接地气,制作灵感均源于党报。

第一组标题源于《中国组织人事报》,原型如下:

"融入式党建"做活服务文章

党建融入发展

组织融入区域

党员融入群众

服务融入民生

第二组标题源于《中国纪检监察报》，原型如下：

对表应做到"分秒不差"

坚定信念，思想的"时针"绝不能偏
撸起袖子加油干，行动的"分针"绝不能停
防微杜渐，作风的"秒针"不可忽视

十年来，笔者每天的必修课就是阅读、摘抄《人民日报》《光明日报》《中国纪检监察报》等党报党刊，每天少则几句，多则半页一页，**逐渐成为制作标题、写好材料的营养库**。读报摘报用报是写材料的必修课，也是技术活。因此，笔者专门补充撰写《乐于读报积累，像小蜜蜂那样博采约取》一文，把三百多页的《读报摘要》精华，浓缩在十几页纸里面，希望对读者朋友有些帮助。

4.5 开头段"讲故事"，让读者"一见钟情"

古人把文章的开头比喻为凤头，说明文章开头要像凤头一样美丽动人。写材料也是如此，开头是工作思路的起点，用于引领全篇、引出下文。我们要开门见山，用简洁清晰的文字，让读者迅速了解整体情况、工作特点和写作意图。下面，就来谈一谈，如何用"讲故事"的方法，写出让人"一见钟情"的开头段。

一、为什么要讲故事

畅销书《人类简史》有个核心观点：人类作为一种并没有什么身体优势的动物，变成主宰这个地球的万物之灵，因为人会讲故事。通过一个故事，能让彼此陌生的人建立某种信任，建立一个相互协作的游戏规则。比如,我们面对一个陌生人,开始可能没有感觉,但当对方说自己也是××省××县的,你一听还是老乡,彼此之间很自然就有一个合作的愿望,这个所谓的"老乡",跟之前提到的"族谱"那样,都是一个故事。这个故事可以让人在瞬间从陌生人变成合作者。

人类有了编故事、讲故事的能力,就能够建立起一种信任体系。当大家都相信某个故事的时候,再陌生的人都能够建立合作,从而聚集巨大的陌生人群进行大规模协作。10个大猩猩可以合作,100个大猩猩就不容易合作,1 000个大猩猩、1万个大猩猩就会打起来,人类10万人可以坐在一个体育场里和平相处,10万个大猩猩坐在体育场里是完全不可能的,这就源自讲故事的力量。

包括综合文稿在内的实用写作,都是为了传递信息、沟通情感,得到他人的认可,从而让人产生协作意愿。一篇材料如果空话套话连篇,让人看不下去、读不进去,不仅难以促进合作,还会引起群众反感,影响党委政府形象。习近平总书记在《努力克服不良文风 积极倡导优良文风》一文中指出:"党的历史经验证明,文风不正,危害极大,它严重影响真抓实干,影响执政成效,耗费大量时间和精力,耽误实际矛盾和问题的研究解决。不良文风蔓延开来,不仅损害讲话者、为文者形象,也降低党的威信,导致干部脱离群众,群众疏远干部,使党的理论和路线方针政策在群众中失去吸引力、感召力、亲和力。"[①] 文风体现作风、政风和党风。在基层文稿写作中,我们要善于"讲故事",把比较抽象、专业的内容,用通俗、生动的语言清晰表达出来,成为凝心聚力、干事创业的"黏合剂"和"助推器"。

---

① 习近平.努力克服不良文风 积极倡导优良文风[J]. 求是,2010-05-16(10).

二、什么是"讲故事"

《金字塔原理》是麦肯锡经典培训教材,被众多世界五百强企业和国际知名院校用作培训内容,出版四十多年依旧畅销。该书介绍了写好开头、讲好故事的方法——"SCQA法则",又叫"讲故事法则"。"SCQA"分别是四个单词的首个字母。

S=Scene 情景或场景——先用简短的两三句话,描述一个大家比较熟悉的情景或场景,该情景或场景具有稳定性。

C=Conflict 冲突——在上述情景或场景中,表现出来一个或多个矛盾或冲突。

Q=Question 引出问题——面对上述矛盾和冲突,该如何解决呢?

A=Answer 答案——解决上述矛盾和冲突的观点。

"SCQA法则"之所以叫作"讲故事法则",不是因为其能创造曲折离奇的情节,而是通过情景、冲突、疑问、回答四个环节,产生丝丝入扣、引人入胜的效果。下面,以《小马过河》故事为例,来说说什么是"讲故事"。

情境——妈妈让小马送一包粮食到外婆家;

冲突——小马来到河边不知河水深浅,小牛和松鼠的回答截然不同;

疑问——小马忐忑不安,不知所措,然后回去问妈妈;

回答——妈妈让它亲自试一试。

这四个环节构成一个完整的"故事链条",相对于平铺直叙的写作方式,这种写法无疑具有更强的吸引力和可读性。

现在,通过一篇商业报告,来说明"SCQA"法则的运用。

小王在集团负责融资工作,随着集团发展脚步越来越快,对资金的需求越来越大,资金缺口大成为制约集团发展的瓶颈。为此,小王专门做了一个金融解决方案,准备写下来呈报给老板。为了让繁忙的老板能够对报告"一见钟情",小王使用了"SCQA法则":

S- 情景,集团今年发展快,产量提高,得到政府扶持;

C- 冲突,集团资金缺口日益明显;

Q- 疑问,如何拓展融资渠道?如何降低融资成本?如何提高资金使用率?

A- 回答,设计全方位的创新金融服务支持方案,以改善资金缺口过大的问题。

该方案开头如下:

集团近年来发展速度快,产量逐年提高,众多项目被列为市重点项目。然而,集团资金缺口日益明显,已成为限制企业快速发展的主要难题。如何拓宽融资渠道?如何降低融资成本?如何提高资金使用率?这些都是解决资金缺口的关键所在。为此,特设计全方位的创新金融服务支持方案,以改善资金缺口过大的问题。

《毛泽东谈文章写作之道》一文中说到:"对于文章的开头,毛泽东主张应开门见山,首先提出要点或者中心思想,引起读者注意,'即于开端处,先用极简要文句说明全文的目的或结论,唤起阅者注意,使阅者脑子里先得一个总概念,不得不继续看下去',然后再作阐释论述。他反对一些文章一上来就大段引用经典论述,给人以距离感,认为'先讲死人、外国人,这不好,应当从当前形势讲起'。"[①] 笔者认为,开头段"讲故事",通过简单有序的开场白,能够让人迅速了解整篇文章的基本内容和重点工作,产生阅读下文的强烈冲动。

① 吕臻. 毛泽东谈文章写作之道[N]. 人民网-中国共产党新闻网,2017-04-06。

三、写材料如何"讲故事"

讲故事对写材料有着重要意义,尤其是"讲故事"的开头段,能让读者一见如故,甚至一见钟情,主要有以下三种技巧。

技巧之一:提升"信噪比"。"信噪比"是一个通信学概念,是指一个电子设备或者电子系统中信号与噪声的比例。也就是说,交流沟通的效果,受到信号和噪声的双重影响。在高噪声的嘈杂环境里,哪怕说话音量很大,旁边的人也可能听不清楚。反之,在安静的环境里,即使说话声音很小,比较远的人也能够听清楚,甚至"落针可闻"。

"信噪比"原理体现在文稿写作中,就是读者对文章的接受程度,不仅与内容的信息量有关,还与文字表达密切相关。一篇蕴含丰富信息的文章,如果逻辑错误,有太多空话、套话、废话,让人看不下去、听不进去,也会影响信息传递效果,就像把24K黄金淹没在一大堆沙砾里。反之,一篇信息量不是特别大的文章,如果做到观点鲜明、思路清晰、语言平实,也能让人一目了然,准确高效传递信息。

信号与噪声是此消彼长的关系,只有提高"信噪比",才能做到"信号最强、噪声最小、传递最优"。下面是一段"高噪声、低信号"的文字,是笔者曾经的作品。

2010年市外事侨务局党建工作总结

2010年,在上级党委的正确领导下,市外事侨务局党支部坚持以邓小平理论和"三个代表"重要思想为指导,深入学习实践科学发展观,围绕加强党的执政能力建设这个重点,全面推进党的思想、组织、作风和制度建设,为推动外事侨务港澳工作科学发展提供坚强的思想、政治和组织保障。

上面这个开头段空话套话较多，唱高调多，读完整段内容，对工作思路、措施和成果还是一无所知，这就是典型的"高噪声、低信号"。分析了反面例子，再来看一个正面例子。有一次，笔者帮市领导起草一篇在全省会议上的经验发言材料，自己照例在开头写了几句话"感谢省委省政府的重视和信任……"。结果，这位领导把这些客套话全部删除，只用一句大白话——"根据会议安排，现在由我汇报……"显得干脆利索，没有一句废话，这就是高信噪比的典型例子。

《金字塔原理》中"SCQA法则"主要用于撰写商业报告，商业报告与机关文稿都属于"写材料"，两者大同小异——在思维方法上"大同"，在表达形式上存在"小异"。所以，"SCQA法则"需要经过改造，才适用于综合文稿写作。五年之后，笔者运用"五子棋"写作法，写出了"讲故事"的开头段，达到了"低噪声、强信号"的效果。如下文：

市外事侨务局党风廉政建设第一责任人述责述廉述德报告

2015年，本人严格落实"一岗双责"要求，确定"党风廉政+""外侨港澳+"两条主线，既把党风廉政建设贯穿于工作的各个环节，又把外事侨务港澳资源"嫁接"到全市各个领域，充分释放廉政红利，使党风廉政建设"软实力"转化为工作"硬成效"。现将履责和德廉情况报告如下：

这个《"三述"报告》开头段没有穿靴戴帽，没有固定套路，而是开门见山、直入主题，以简明扼要、条理清晰的语言，把思想认识、工作措施、主要成效表达出来。现就该段文字作如下分析。

说明思路——2015年，本人严格落实"一岗双责"要求；

说明措施——确定"党风廉政+""外侨港澳+"两条主线，既把党风廉政建设贯穿于工作的各个环节，又把外事侨务港澳资源"嫁接"到全市各个领域；

说明成效——充分释放廉政红利，使党风廉政建设"软实力"转化为工作"硬成效"。

这段内容在短短130多个字里面做到"三有"——有认识、有措施、有成效。这是笔者首次对"SCQA法则"进行公文化改造，即是在开头段做到"三有"（四有）——有背景、有思路、有措施、有成效。这段开场白不拖泥带水、不穿靴戴帽，全文只有1 200字，给现场领导留下深刻印象，有的单位把这篇材料作为党建材料范文。

技巧之二：营造"舒适噪声"。某天，笔者跟一位通信行业的技术专家喝茶聊天，谈到"信噪比"这个概念。对方告诉我，在通信技术中，除了要控制"信噪比"，还有更高的要求——制造"舒适噪声"，就是让人感觉到舒服的噪声。

还有让人感觉舒服的噪声？有！比如，夜深人静独自走在偏僻的公园或者小路上，过于寂静的环境容易让人感到恐惧不安。这个时候，如果传来行人聊天或者警察巡逻的声音，心里就会感到轻松舒服，这些就是"舒适噪声"。同样，在打电话的时候，如果太安静了，反而会让人感觉不舒服，需要有一些"舒适噪声"。后来听别的朋友说，现在的音乐软件里有"白噪声"，专门用来在学习、睡眠时播放，营造一种更加舒适、不受干扰的环境，大概也是这个道理。

听了这位专家的话，笔者深受触动，开始思考写作上的"舒适噪声"。情感是人与人之间天然的黏合剂，对写材料而言，"舒适噪声"就是要在逻辑清晰、表达准确的基础上，增加情感温度，让文章可读、可信、可亲。把"舒适噪声"融入材料，可以在晓之以理的基础上动之以情，让使用者与接受者更容易同频共振，在"一言中的"的基础上，实现"一语动心"。文稿不是无情物，真情流露亦动人。跟大家分享一段具有"舒适噪声"的文字。

班子述职报告

刚刚过去的 2015 年，对我们局，对在座每位同事来说，都是不容易、不寻常、不平凡的一年。一年来，我们并肩作战共同成长，顺利完成全市招商引智系列活动、国际友好合作交流会、华侨活动日等重头戏，在促贸、引智、招商等方面取得显著成效，得到省、市领导批示近 20 次。丰收来之不易，我知道，一点一滴的成绩都凝聚着同事们的辛劳、心血，甚至是泪水。其中的困难、艰难和曲折，难以用文字来表达。每次看到加班加点、十分疲倦的同事，我都非常感动和不忍心。能有这么一群可爱、可亲、可敬的伙伴，是我和班子最大的幸运和幸福。在这里，我代表班子，向每位同事，并通过大家向默默付出的家属们表示由衷的感谢和敬意。下面让我们一起分享携手走过的 2015 年。

领导讲话不是为了摆架子、摆官威，而是动员群众解决难题。要动员群众，就要打动群众的情感，要让大家感觉到，这项工作、这个团队跟自己有关系。也就是说，"讲故事"的关键，就是里面要有一面镜子，让受众看到自己、找到自己。当群众感觉到故事中有"我"，尤其是有"我们"的时候，就更容易引起共鸣、增强共识、形成合力。这段文字不仅思路清晰、措施得力、效果突出，还注入了讲话者真挚浓郁的情感，字里行间流露出对下属、同事的关切。会后，有几位同事都跟笔者说"在那篇材料里看到自己的影子"。

公文材料是传递信息的载体,不仅要让使用者满意,还应该让接受者喜欢。一篇文章再有高度和信息量,如果让人听了无感,觉得跟自己没有关系,效果也会大打折扣。笔者有一条评价文章质量的标准,就是当大家看完或者听完这篇材料之后,能不能记住点什么,哪怕一两句话也行,否则就很难说是一篇优秀的文章。

2020年3月,笔者所在单位牵头统筹全市输入性疫情防控工作,同事们毫不退缩、迎难而上,集翻译员、服务员和战斗员于一身,坚持冲在前面,夜以继日、无休无眠,特别是几位女同志在严重透支、身体虚肿的状态下,仍然坚守一线。怀着深深的敬意,笔者在单位防控疫情工作阶段性总结中写下这段开头。

"小身板"牵动"大闭环"
——市委外办参与新冠肺炎疫情防控工作阶段性总结

新冠疫情发生以来,在市指挥部的部署和省委外办的指导下,市委外办顾大局、敢担当,举全局之力深入全市抗疫主战场。特别是在防输入架构和机制尚未完善的阶段,以连续一个月超常规、超负荷、超极限的工作状态(在家28人,25人投身此项工作,占比达90%),不惜一切代价,在战斗中学习战斗,牵头开辟境外旅客接运、市内中转对接、镇区承接安置"三大战场",实现从内防扩散到外防输入的"三个闭环"——人员转运闭环、信息传递闭环、人文服务闭环,在最危险、最紧急、最重要的岗位上,以上战场的大无畏精神,深刻诠释了外事干部作为"不穿军装的解放军"的初心与使命。

共情力就是传播力、感染力。参加抗疫防控战斗的同事看了这篇材料后,不仅感同身受,产生强烈共鸣,还深受鼓舞、深感自豪,这就是文字的力量。其实，不管是文学创作，还是综合文稿写作，思想和情感都是文章的灵魂。正如那些伟大的文学作品，会让读者觉得自己和主人公有关联，从而产生代入感。公文材料也是如此，特别是撰写述职报告、讲话稿，切莫一厢情愿、高高在上，满足于自我感觉良好，而是要切身考虑受众因素，让文章有理有情、入耳入心。一言概之，就是要让听众在镜子里看到自己，感觉这篇文章跟自己有关系。

技巧之三：营造"场景"。现场述职报告、总结汇报材料、经验交流材料是基层经常用到，也是领导非常重视的三种文稿。撰写这三种材料应该因"文"而异，根据不同的场景，用不同的方法"讲故事"，写好开头段。

第一，现场述职"讲故事"，要简洁新颖、开门见山。上文列举的《班子述职报告》，是"一把手"代表班子在单位会议上的内部述职，有比较宽裕的时间营造"舒适噪声"，向同事们流露心声。其实，在工作中更重要的，也是领导更重视的，是向上级领导现场述职。例如，镇区党委书记每年都要向市（县）四套班子做抓基层党建工作述职报告。这种现场述职往往只有十分钟，甚至更短时间，而且信息量大、述职者众多。想让文稿脱颖而出，就要善于"讲故事"，做到简洁新颖、开门见山，让听众耳目一新。如下文：

抓基层党建工作述职报告

2018年，本人坚持学懂弄通做实党的十九大精神，认真贯彻落实习近平总书记视察广东重要讲话精神（**认识**），针对上一年查摆出来的突出问题，从"党的建设、绿色发展、基层治理"三方面入手（**思路**），自觉、主动、经常向党中央对表看齐，不断校准思想的"时针"、行动的"分针"、作风的"秒针"（**做法**），努力

做到"分秒不差",推动"红色火车头"牵引"绿色动车"加速度发展(**成效**)。现将相关工作汇报如下:

撰写这篇文章时,笔者深刻体会到,"文章不写半句空"不是一句口号,而是紧迫的要求。因为,在短短十分钟的述职时间里,要把一个镇区全年的基层党建工作说明白、说精彩,只有字字如金,才能争分夺秒。这个开头段用短短的174个字,做到有认识、有思路、有做法、有成效,达到了线性表达的效果,而且从思想的"时针"、行动的"分针"、作风的"秒针"三个方面,提出向党中央对表看齐的政治站位,既有高度又有新意,让与会者印象深刻、津津乐道。

第二,总结汇报"讲故事",要思路清晰、以理服人。在总结汇报材料中,好的开头是成功的一半,甚至不止一半。下面,通过对比修改前后的两段文稿,来帮助理解如何"讲故事"。

××社区2017年工作总结(修改稿)

2017年,××社区深入学懂弄通做实党的十九大精神,坚持以习近平新时代中国特色社会主义思想为引领,认真贯彻落实上级工作部署和要求(**有认识**),坚持"党的建设、社区建设、服务群众"三位一体(**有思路**),把党建工作贯穿于社区治理全过程,着力解决群众关切的重点、难点问题(**有措施**),实现基层党建、社区建设和服务群众三个升级,基层党组织的引领力、影响力、凝聚力显著提升(**有成效**)。一年来,社区党委顺利完成换届工作,接待群众和走访群众900人次,收集民意632件,办结率95%以上;清理卫生死角面积约4 100平方米,荣获全市文明安全社区、区先进党组织、先进集体等荣誉(**有实例**)。现将工作总结汇报如下。

××社区2017年工作总结（原稿）

2017年，在区党工委、办事处的正确领导下，××社区全面贯彻落实党的十九大精神，两委班子严格抓好治理"四风"活动，狠抓"三严三实"专题教育，继续开展领导干部驻点普遍直接联系群众工作，年度民生实事工程已全部完成，重点加强党建引领社区管理模式创新工作，开展"两学一做"学习教育活动，认真细致地做好社区综治维稳工作，促进社区的和谐稳定。

原稿开头段缺乏逻辑、零散无序，看不出工作思路、特点和成效，这也是基层文稿的常见问题。修改后的文章开头，具有较强的逻辑性和代入感，读者如果没有时间看完全文，只看开头段，也能基本了解该项工作的背景、思路、措施和成效。同时，也会激起读者阅读全文的兴趣。实践证明，经过公文化改造的"SCQA法则"，对改进文风，写短文、写好文具有重要价值。

第三，经验交流"讲故事"，要坚持问题导向、聚焦重点。方向比脚步更重要。一篇材料在动笔之前，首先要搞明白"用在哪里""讲给谁听""想达到什么效果"。比如，撰写一篇经验交流材料，先要弄清楚，上级部门为什么要安排介绍工作经验？笔者认为，主要是这个单位解决了该行业、该领域具有代表性、普遍性的难题，且在工作中取得了较好的成效，可为兄弟部门或其他地区提供参考借鉴。所以，经验交流材料要开门见山，直接把这个具有普遍性、代表性的问题点出来，然后以问题为导向，介绍思路、做法和成效。以下文为例。

全省外事工作会议经验交流材料

近年来，我市因公出国管理工作面临新时期前所未有的机遇和挑战。一方面，大湾区时代对优质国际资源的需求前所未有；另一方面，因公出国管理之严格前所未有（**有认识**）。因此，我局树立辩证思维，依托"市委外事工作领导小组办公室"这一统筹协调平台，做好"三个结合"——严守红线与提升上限相结合、坚持原则性与把握灵活性相结合，严格管理与精细服务相结合（**有思路**），围绕"外事服务地方经济社会发展"这条主线，积极利用因公渠道服务政府和企业"走出去"，逐步探索以"管、放、服"为一体的工作机制（**有举措**），推动全市对外交往更加规范、更加活跃、更有实效（**有成效**）。

    上面这段开场白，做到了以问题为导向，开门见山提出两个"前所未有"，点出资源需求和供给之间的现实矛盾，这也是当时地方外事部门都面临的共性问题，具有代表性、普遍性。现实中，许多材料之所以成了"语言垃圾"和"公文旅行"，主要就是没有突出问题导向。在一些人看来，所谓"写材料"，就是归纳几个司空见惯，平淡无味的观点，堆砌一些无关痛痒、时髦词语的空话。这样写出来的材料，只能是一堆"正确的废话"。

    这篇材料比较特殊，由于各种原因，需要在春节假期完成，初七上班后就要交到省里印制会议材料。当时自己因为眼睛不适在家休养，除夕那天接受任务后，从大年初一开始的四个日夜，都独自在办公室冥思苦想写初稿，剩下两天与领导一起修改打磨，终于顶着眼睛干涩和疼痛完成任务。这些年来，不管是紧急任务要加班加点，还是身体不适需振作坚持，笔者都会全力以赴写好每一篇文稿。这样做并不是自己有多么高的境界，只是觉得，努力把同事们的辛劳付出和工作成果表达呈现出来，是身为文字工作者的责任、价值和荣耀。

4.6　做好线性表达，把文字写实写透写活

写好一篇材料，离不开写重点、写特点、写亮点。但是，不少"新手"，甚至是"熟手""老手"都容易遇到一个"老大难"问题——稿子容易被领导批评为"流水账、太空、重点不突出"，但又不知道如何解决这些难题。下面，笔者结合例文修改，从五个方面演示如何通过线性表达，写出平实有力、严谨清晰、重点突出的文字内容。

一、合并精简法

常见的"流水账"，就是简单按照事情发生的时间顺序，罗列堆砌素材，如下文：

三是把握安保工作的整体节奏。局党委在年初部署全年工作中突出党的十九大安保维稳工作重要性的基础上。6月8日又召开全市局长政委会议进行了动员部署；7月27日在新业务大楼举行了"喜迎十九大、忠诚保平安"升国旗、宣誓词的动员誓师仪式；9月7日召开全市公安局长政委会议作了再动员再部署；9月25日举行了全市公安机关党的十九大安保维稳决战决胜誓师动员大会，对组织开展为期四十天的"护安十月"攻坚行动作出具体部署，向全市公安机关和广大民警发出决战决胜的动员令。10月15日副市长、市公安局局长主持召开全市公安机关"护安十月"攻坚行动调度会，在党的十九大安保维稳决战决胜的关键时期，对做好各项安保维稳工作进行了再动员、再部署。

这是笔者从网上文稿中摘录下来的一段内容，主题是某市公安部门关于迎接党的十九大安保工作部署。这段文字是典型的"流水

账"——按照事情发生的时间,像流水那样逐一列举,啰唆冗长、缺乏条理,虽然干了不少工作,但难以给人留下印象。笔者采用的修改方法是"合并同类项",把性质相同相近的工作合并表达。先来看看,有哪些工作可以合并。

首先,"6月8日又召开全市局长政委会议进行了动员部署""9月7日召开全市公安局长政委会议作了再动员再部署",这两项工作除了时间不同,性质内容都是相似的,都是"召开全市局长政委会议",对安保工作进行再动员、再部署,这两项工作可以合并表达。如图4-12所示。

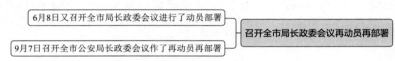

图4-12 两项工作都属于动员部署

其次,"7月27日在新业务大楼举行了'喜迎十九大、忠诚保平安'升国旗、宣誓词的动员誓师仪式""9月25日举行了全市公安机关党的十九大安保维稳决战决胜誓师动员大会",这两项工作主题都是"举行动员誓师仪式",这两项工作可以合并表达。如图4-13所示。

图4-13 两项工作都属于誓师仪式

这段文字合并后表达如下:

三是做好动员部署,确保安保工作节奏整齐有力。局党委把党的十九大安保维稳任务作为全年工作的重中之重，在关键阶段两次召开全市局长政委会议，两次举行党的十九大安保动员誓师仪式。副市长、公安局局长主持召开全市公安机关"护安十月"攻坚行动调度会，对各项工作进行再动员、再部署，确保安保工作整体节奏有序有力。

相对于原稿，修改后的内容比较简练，篇幅缩短三分之二，内容表达也更有条理性，达到了线性表达的效果。

二、工笔写实法

在基层文稿写作中，与"流水账"相对的另一个常见问题就是"糊涂账"，前者因堆砌素材而感觉乱，后者因泛泛而谈而感觉空，两者都不能把工作说明白，难以准确传递信息。例如，下面这段文字，虽然文字表达流畅，却是空泛的"糊涂账"：

另一方面，做到全面保障，让群众"放下心"。我镇把城乡居民医疗保险和养老保险作为助力脱贫攻坚的一项重要举措，通过精准识别建档立卡户、催缴一系列工作、不断扩大覆盖面等方式，进一步织密民生保障"安全网"。截至目前，建档立卡户参保率达100%，实现了参保全覆盖。

基层文稿表达的首要问题，就是要把工作说明白，能够准确传递信息。要做到这点，就要把做法和成效说明白，形成因果衔接、逻辑紧密的线性表达。需要注意的是，"两点"构成的"线"，应该是具体清晰的"实线"，而不是空洞模糊的"虚线""空线"。例如，在上面这段文字中，"通过精准识别建档立卡户、催缴一系列工作、不断扩大覆盖面等方式,进一步织密民生保障'安全网'",从表面上看,这句话也属于"做法+成效"的表达方式。但是,"精准识别建档立卡户、催缴一系列工作",这种概述表达比较笼统模糊,难以让人清晰了解做了什么,效果如何。"精准识别建档立卡户"到底是怎么精准识别?"催缴"又是怎么催缴?"一系列工作"还包括哪些内容?工作效果分别怎么样?读者都不能从中获取具体信息,自然就难以留下印象。

在基层文稿写作中,可以通过"工笔写实"的表达方式,来解决文字内容空泛的问题。工笔画,亦称"细笔画",属中国画技法类别的一种,主要特点是以精谨细致的笔法如实描绘事物。体现在文稿写作中,就是用实实在在的文字,把某项工作的做法和成效说明白。例如下面这段修改后的内容:

> 另一方面,做好全面保障,让群众"放下心"。我镇把城乡居民医疗保险和养老保险作为脱贫攻坚的"兜底项目",动员各村联点领导、包村干部、村"两委"干部逐户进行催缴,确保工作任务细化到户到人。对常年外出务工人员,通过打电话、亲友代缴等方式做好收缴。针对年老体弱行动不便、出门困难的村民,村干部主动上门,利用微信帮助老人缴费,进一步织密民生保障网。截至目前,建档立卡户参保率达100%,实现了参保全覆盖。

相对于原稿,修改稿基本把"催缴""代缴"等工作说清楚,形成比较严谨的线性表达,更有逻辑性和说服力。虽然这些只是常规的基础工作,并不属于创新和亮点,但只要思路清晰,把"规定动作"写实写准写透,同样能够让人印象深刻。不过,要做到这点并不容易,需要写作者费大力气去了解具体工作,且前期所用功夫往往比动笔写作多得多,说是"九分调研,一分写作"毫不为过。还是那句话"认识不到位,表达肯定不到位"。很多时候,文稿内容空泛无物,主要原因不是文字能力,而是认识问题。

在 2018 年全国宣传思想工作会议上,习近平总书记明确要求广大宣传思想工作者要不断增强脚力、眼力、脑力、笔力。没有调查就没有发言权。笔者认为,不管是写新闻,还是写公文,"脚力"都是"四力"之首,离开"脚力"支撑,其他"三力"就无从谈起。实践是认识之源,深入调研、掌握工作是写好材料的根本和前提,离开了实际工作,写材料就是无源之水、无本之木。

三、归纳提炼法

写材料的本质就是通过归纳提炼做到"化零为整"——把零散的素材,整合成为一个有机整体。所以,要把归纳意识贯穿于写材料的全过程,而不仅仅是用于搭建架构和制作标题。以下文为例:

三是形成廉政谈话经常性,时刻绷紧纪律这根弦。开展党政主要领导与班子其他成员廉政谈话 22 人次,班子成员与分管站所负责人和联系村(社区)领导干部廉政谈话 126 人次,镇纪委书记约谈各村(社区)党总支书记、监委会主任 3 次 39 人次,开展任前廉政谈话 7 人次。立案查处给予严重警告处分 1 人次、工作约谈 3 人次,函询谈话 3 人次,警示约谈 3 人次,开展批评教育 4 人次,推动全面从严治党向基层延伸,有效推进干部队伍不敢腐、不能腐、不想腐机制建设发挥积极作用。

"党政主要领导与班子其他成员开展廉政谈话""班子成员与分管站所负责人和联系村(社区)领导干部开展廉政谈话""镇纪

委书记约谈各村（社区）党总支书记和监委会主任"，对比分析上述三点内容可知，三者在层级上存在从上到下的递降关系，可以归纳为"构建上中下廉政谈话机制"。如图4-14所示。

图4-14　三项工作的逻辑关系是"上中下"

因此，这段话可以修改为：

三是加强廉政谈话，沟通从"心"开始。建立"党政班子、中层领导、村干部"三级谈话谈心机制，做到主要领导与班子成员深入谈，班子成员与分管站所负责人、村（社区）领导干部经常谈，镇纪委书记和各村（社区）党总支书记、监委会主任定期谈，确保谈话教育常态化、制度化。此外，通过做好任前廉政谈话、工作约谈、函询谈话、警示约谈、批评教育等方式，建立干部队伍不敢腐、不能腐、不想腐机制，推动全面从严治党向基层延伸。

这段话经过修改后，重点比较突出、思路比较清晰，表达也更为简洁有力，使各项工作成为一个整体，达到了1+1+1+…=1的效果。通过对比可看出，"归纳提炼法"属于"合并精简法"的"升级版"。"合并精简法"侧重于"归类"，修改后的内容跟之前相同，只是缩短了篇幅；"归纳提炼法"侧重于"归类"后提炼概念，以形成更高的抽象层次，前后内容大不一样，就像是把"原料"做成了"美食"。

再来看一段关于抗击疫情工作的文字,理解如何通过归类提炼,做到线性表达:

三是强化保障,做到疫情防控有效。疫情防控工作经费的落实,确保了各项工作平稳有序开展。通过成立临时党员志愿者服务员队,全员全天候疫情防控值班,党员佩戴党徽、亮明身份,勇于打赢疫情防控阻击战,让党旗在疫情防控一线高高飘扬。

这段文字思路不清、表达空泛,零零碎碎讲了经费和党员志愿服务者两项工作,缺乏逻辑性和说服力。按照归类提炼的方法,经费属于"钱"、党员志愿服务队属于"人"。一般来说,工作保障包括"人财物"三个方面,可见里面还缺了一个"物"。这种思考问题的角度,也是体现了演绎思维——从大前提推导出小结论,其可以使思路更加缜密。根据这个思路,原文作者修改如下:

三是强化保障,做到疫情防控有效。首先是确保人员到位,成立临时党员志愿者服务队,全员全天候疫情防控值班,党员佩戴党徽、亮明身份,全力以赴打赢疫情防控阻击战,让党旗在疫情防控一线高高飘扬。其次是确保物资到位。镇政府协调卫生健康委员会、民政局、西城区等单位,将口罩、体温枪、消毒液等疫情防控物资发放至各临时党支部登记点,并建立健全相关台账记录,精准发放疫情防控物资。再次是确保经费到位,划拨专项经费采购抗疫物资。临时党支部对防疫工作的急需、必需物品,实行先记账后报账制度,促进疫情防控工作有序开展。

修改后，从"人财物"三方面介绍，文章内容比较充实、思路比较清晰。原稿之所以表达不到位，是因为执笔者对保障这块工作不熟悉、不了解，只能泛泛而谈。在笔者建议下，这位同志回头向相关部门详细了解情况，重新对内容进行补充，文字表达也就比较到位。总而言之，写材料的根本在于工作，对工作认识不到位，表达肯定不到位，容易写出不知所云的空话大话，因为连自己也不知道写什么。还是那句话，一个人不可能向别人清楚描述自己都不认识的陌生人。

四、以点带面法

著名的"二八法则"告诉我们，最重要、起决定性作用的只占一小部分，约20%；其余80%的尽管是多数，却是次要、非决定性的。该法则不仅在经济、管理等领域起着重要作用，也是指导文稿写作的重要方法，可以帮助我们找准关键少数，发挥关键作用，避免"眉毛胡子一把抓"。以下文为例：

一是看着世界地图找生意，开拓海外新兴市场有新突破。 在欧美日等传统出口市场持续低迷的新常态下，我市以新兴国家市场为突破点，促成在南非设立"南非产品展销中心"，吸引100多家家电、灯饰五金企业抱团入驻，两家大型灯饰企业与当地企业签署了6 000万美元供货合同，这是国内企业首次在南非设立展销中心，也是我市企业首次以"抱团"的形式在非洲"扎营"。市委书记专门给予批示表扬。此外，还组团赴巴西、厄瓜多尔、古巴参加产品展销会或举行投资推介会，现场成交金额1 718万美元；联合市观赏鱼协会赴印尼、马来西亚、泰国等主要产鱼国，推动观赏鱼产业国际交流合作，不断扩大我市的国际市场版图。

这段话较好地把握了重点与非重点、详和略、多与少的关系，不仅在句子内部形成线性表达，还在整体上强化了因果性和说服力。文中用较大篇幅介绍"南非产品展销中心"这个重点项目，力争把这个要点说实、说深、说透，虽然用墨不少，但不会感觉啰唆。其他非重点内容则概述略说，作为面上铺垫，也不会显得空泛。这种"点面结合"的表述，让读者感觉既有红花，也有绿叶，主题突出，内容丰满。

"关键少数"要不惜笔墨，"一般多数"也不能忽略。因为，主要矛盾和次要矛盾之间不是割裂对立关系，而是相辅相成、有机统一。亮点工作是鲜花，日常工作是绿叶。如果缺少日常工作的铺垫，亮点工作就会显得孤立无助。同时，也容易让读者觉得，原来一整年就干了这么几件事。比较常见的表述方法是，亮点重点要写深写透，日常工作则用综述方式概略介绍。如果工作亮点不够突出，建议用"工笔写实法"，以朴实具体的文字，把常规工作的做法和成效逐一说明白，让读者感到思路清晰，工作扎实。如果只是蜻蜓点水，空泛概述，只会是言之无物，难以留下印象。

"以点带面，整体推进"反映了事物发展的一般规律，无论是写作方法，还是重要的思维方法和工作方法，从大自然进化繁衍来看，都是从单细胞生物进化为丰富的物种；从商业运作来看，苹果公司先是在 iPod 上取得突破，聚集粉丝群，形成引爆点，然后带动 iPhone、iPad 等后续产品全球畅销；从改革开放来看，中央首先以深圳、珠海特区为试点，积累经验后带动其他城市对外开放，取得辉煌成就。上海自贸区试点也是如此，在一个点上积累经验后，再陆续推出广东、福建等地自贸区，达到串珠成线，连线成面的效应。同理，撰写综合文稿也要用好"二八法则"，善于抓准主要矛盾，做到"写重点、重点写；抓重点、重点抓"。

五、凸显个性法

很多时候，特点就是亮点。一篇材料想要有特点、有个性，就需要在表达中把握共性与个性、抽象与具体。以下文修改为例：

一是"大道理"对准"小日子"，宣讲让老百姓"听得懂""看得见"的"十九大"。盛会闭幕第二天，我就召开党政班子联席会议，集体学习党的十九大报告，带头到所在党支部、驻点村居宣讲。除了邀请市讲师团授课，还组建镇宣讲队，深入村居、校园、企业，结合身边人、身边事、身边理，让群众对党的十九大精神入耳入脑。把"大道理"对准群众的"小日子"，迅速摸清辖区因病致贫、因病返贫残疾人、精神病人等弱势群体底数，把原本"撒胡椒面式"的补助金，集中向最困难的群众倾斜，并大幅提高补助金额，让群众对党的十九大精神看得见、摸得着。

这段话摘自一篇《抓基层党建述职报告》。这篇材料有两个版本：一个是上交市委组织部的完整版，全文约有 5 000 字，这段话摘自完整版；另一个是现场述职版，发言时间为 10 分钟，大约 2 000 字。在把完整版删减为现场版的过程中，笔者就运用了"概述共性、突出个性"的方法，修改如下：

一是"大道理"对准"小日子"，把党的十九大精神落到实处。高标准做好宣讲党的十九大精神"规定动作"，同时，把"大道理"对准群众的"小日子"，把原本"撒胡椒面式"的补助金，向最困难的群众集中倾斜，并大幅提高补助金额，让群众对党的十九大精神看得见、摸得着。

从完整版到精简版，删减幅度达60%，还要让报告保持原汁原味，这是一个挑战和学习的机会。经过一番思考对比，笔者发现，上下文之间存在"共性"与"个性"的关系。例如：

"盛会闭幕第二天，我就召开党政班子联席会议，集体学习党的十九大报告，带头到所在党支部、驻点村居宣讲。除了邀请市讲师团授课，还组建区宣讲队，深入村居、校园、企业，结合身边人、身边事、身边理，让群众对党的十九大精神入耳入脑。"

这段内容属于共性，是大家都要完成的"规定动作"。"大幅提升补助金额度，向最困难的群众倾斜"，这是该地区的个性做法，属于"创新动作"。在有限的篇幅中，可以将共性做法概述为"高标准做好宣讲党的十九大精神'规定动作'"。这样修改既不会影响整段内容的完整性，还让个性动作更加突出。

在实际工作中，许多基础性工作都属于"规定动作"，各个地方、部门差异不大。述职报告篇幅有限，如果在"规定动作"上花费太多笔墨，容易千篇一律、缺乏新意。因此，在说明共性的基础上，更要注重突出个性、写出特点，做到"人无我有、人有我优"，现场才能有抬头率、点头率。

文稿要做到简洁凝练、言简意赅，首先应该从解决"流水账""糊涂账"开始。在这方面，笔者也走过一段长长的弯路。当时，自己觉得把文章写短，就要像《政府工作报告》那样，大量使用高度抽象的概括性表达。结果，文稿篇幅是缩短一些，却往往变成空洞无物的"夹生饭"，没有把工作说明白，屡屡被领导批评为"太空洞，没说到位"。后来才逐渐认识到，啰唆的"流水账"和空洞的"糊涂账"是文字表达的两个极端，都没有把握好表达的抽象层次。前者是侧重于点，失之于面；后者是侧重于面，失之于点，都不符合线性表达的要求。

其实，文章长短不是关键，关键是把工作说明白。正如《毛泽东谈文章写作之道》中说到："当然文章要短些，但也不能绝对，'并不是说可以省略必不可少的词类''也不是说可以不顾文字的形象性和鲜明性''重要的是要使人懂'为了使人懂，毛泽东提出'长一点也不要紧'。有些文章'虽然篇幅颇长，却能引人阅读，使人不厌其长'，有些文章'虽然篇幅不长，却使人难看'，'这里的区别，就在于是否有条理，是否说空话和是否合文法'。"①笔者的体会是，"简短"不等于"精练"，应该在"说清楚"的基础上"说精彩"。如果暂时还做不到简洁凝练，宁可啰唆一点，写长一些，也要先把工作说明白，而不是片面追求所谓的"高度概括"，让文章变得空洞无物。在基层文稿写作中，要把握好虚与实、点与面、个性与共性的辩证统一关系，这样才能写出简短有力、富有新意、信噪比高的文字。

简洁不等于简单，要提高文字表达水平，也不是掌握一些方法，看看别人的文章就能做到的。笔者曾在《中国纪检监察报》上看到这样一句话："动员千遍，不如问责一次。"写材料也是如此，看一百遍别人写的文章，不如自己写的文章被大改一次。只有经过一次又一次实战修改，在刀刀到肉的切肤之痛中反复咀嚼体会，才能真正明白"什么是空话大话""什么是多余的话"，并毫不犹豫将其删去，把文章写实、写活、写亮。

---

① 吕臻. 毛泽东谈文章写作之道[N]. 人民网-中国共产党新闻网，2017-04-06.

第 5 章 练习积累

5.1 善于精准练习，像运动员那样专业训练

一位跨界高手这样介绍自己的学习心法——用 20% 的时间，掌握一个领域 80% 的内容；剩下 20% 的内容，则需要 80% 的时间，那是专家要干的事情。在基层文稿写作中，如何用好 20% 的关键时间，顺利入门提高呢？答案就是"精准练习"。简单来说，就是要学会把一篇合适的材料写许多遍，而不是简单以完成任务为目的，匆匆忙忙去写很多篇材料。

一、为什么要精准练习

写好材料为什么难？笔者认为，重要原因可能是"学"偏了——练习不够精准。由于缺乏必要的入门培训，在实际工作中，写材料主要靠"干中学"，靠一篇又一篇完整材料的实战来感悟提升。这就像士兵没有接受训练就直接上战场一样，往往要付出惨重代价。初学者挑灯夜战写完一篇材料，不但没有被表扬，往往还被改得面目全非，甚至被批评，长期缺乏正向激励，很难坚持下去。

很多时候，文稿都是在时间紧、要求高、任务重的情况下，"白加黑""五加二"完成的。在如此紧张的时间里，大家最关心的问

题，是如何尽快完成任务。这种"过关""任务式"心态，让写作者很难抱着学习的心态去写作。由于赶时间，领导在修改时，也往往注重"怎么改"，难以详细说明"为什么这样改"。

这种以结果为导向的练习模式，或许可以提高工作效率，学习效果却往往难尽人意。对提高写作水平而言，真正重要的不是写很多篇材料，而是要把一篇材料写很多遍。在修改的过程中不断体会、感悟，每改一遍都不一样，每改一篇都有收获。这样才能做到有效积累，每一步都朝着同一方向前进，而不是像狗熊掰苞米那样，掰一个丢一个，写了很多、干的很累，最后算总账，收获寥寥无几。

"一篇文章写很多遍"，本质上就是加快迭代周期，别人花好几年，写几十篇文章才能纠正几个错误。通过这种"精准练习"，用一篇文章就可以纠正好几个错误，效率自然成倍增长。就跟做生意一样，同样的资金和利润，周转率越高，赚到的钱就越多。比如，在练习"五子棋"的时候，可以选择合适的文章，在一段时间内反复练习归类分组、搭建架构、制作标题。相对于写一篇文章要好几天，完成一次这种练习只需要二三十分钟。就像玩游戏，刺激强度大，操作频率高，反馈激励快，挫败感不强，有助于顺利入门。

开设公众号后，笔者跟一些朋友评改交流写材料，在实践探索中，自己不断改进练习方法——不再让大家每次都写整篇文章，而是按照"五子棋"步骤，把一篇材料分解为几个环节，逐一反复练习。这种较为精准的练习方法，能够帮助学习者绘制出一幅"麻烦地图"，就是把一个比较笼统的痛点放大，变成一个个小痛点，组成一串"痛点群"。这个地图标尺越精细，练习越精准，效果就越好、进步就越快。

刚开始分享"五子棋"的时候，我觉得"戴帽子"有难度，就把练习聚焦在制作标题上；随后，发现不少朋友对"梳辫子"感觉吃力，往往归类不到位；接着，发现自己认为最简单的"找料子"，也很容易找偏找漏找空，往往需要几个月，基于大半年的反复练习……于是，在"五子棋"这个大痛点之下，找到越来越多的小痛点，绘制成了一幅越来越精细的"麻烦地图"。而且，这些痛点之间相互联系，例如，"戴帽子"有问题，往往是因为"梳辫子"不合理；"梳辫子"有问题，往往是因为"找料子"找偏了。自己逐渐理解到，写材料需要解决的不是一个点，而是一个面，在这个面上有大大小小、林林总总的各种痛点。只有破除一个个痛点，才会有一次次感悟，逐渐从量变到质变。经过这种精准练习，几位参与分享的朋友进步明显，他们不时会发来微信，告知写材料又有进步，受到领导表扬。

二、什么是精准练习

精准练习，又可以理解为专业练习。在此，笔者以踢足球为例，来分析业余和专业的区别。业余球员，就是我们这些从小踢野球，没有受过专业训练的足球爱好者，一到球场就喜欢射门，然后踢比赛，想怎么踢就怎样踢，感觉爽就行。专业球员不是这样，教练会把技术动作科学分解、逐一训练，练习过程非常枯燥。专业球员在训练时很少踢全场比赛，踢比赛主要是为了整合技术动作、熟悉战术打法。甚至，职业球队都会有规定，不允许球员私下踢野球，防止受伤。

为什么要分解技术动作？因为，一场足球比赛90分钟，每位球员在场上的平均触球时间，只有3分钟左右，当前的世界最佳球员梅西估计也很难超过10分钟。如果只靠这种有限的触球频率和刺激强度，很难练出特别好的球感和习惯。所以，只有把技术动作分解，反复精准练习，才能有效进步。巴西球员之所以普遍技术特别细腻,重要原因是从小踢五人制比赛。在狭小的空间里,触球时间长、动作频率高,自然技术好、球感好。罗纳尔多、罗纳迪尼奥等世界巨星都是如此。

畅销书《异类:不一样的成功启示录》([加拿大]马尔科姆·格拉德威尔著)中提出"一万小时定律",作者认为,人们眼中的天才之所以卓越非凡,并非天资超人一等,而是付出了持续不断的努力。按照这个理论,要成为某个领域的专家,大约需要10 000小时,按比例计算就是:如果每天工作八个小时,一周工作五天,成为一个领域的专家至少需要五年。

但是,另一本畅销书《刻意练习:如何从新手到大师》([美]安德斯·艾利克森著)则认为,成功与练习时间不成正比,练习成果主要取决于练习方法;最重要的不是10 000小时的时间,而是花时间去刻意练习,这才是真正的进阶之道。其实,生活中有许多常见例子,都可以对"一万小时定律"提出质疑。例如,很多人骑自行车十几年、几十年,车技也没有多大提高;许多人踢了十几年的球,球技也还是很业余;有些人下了一辈子的象棋,棋艺还是不怎么样;等等。

刻意练习理论认为,天才只是掌握了刻意练习方法的普通人。比如天才莫扎特四岁谱曲,六岁巡回演奏,天生完美音高。但真实情况是,莫扎特并非天才,他爸爸本身就是作曲家,在莫扎特很小时就专职培养他,经过成千上万小时的刻意练习,才把他培养成了最棒的人。一般人学习,很容易陷入机械式的低水平重复。刻意练习也需要不断重复,但绝不是机械重复,而是高水平重复。

高水平重复有以下三个特点:第一是有精准目标的练习。把目标分解为多个小目标,越细化越利于逐个突破;第二是有一定挑战的练习,难度适中,要跳起来摘苹果;第三是有及时反馈的练习,就是有人帮你指出不足、指明方向。这三个步骤形成闭环，才能构成有效学习。就基层写材料而言，只要走心进行刻意练习，坚持逻辑训练和实践积累双管齐下，通常一两年就能成长为文字骨干。

刻意练习中最重要，也是最不容易的，就是找到一位好的导师。因为，方法只是方向，只有在老师的精准指导下，才能从大方向里面，逐渐找到一条适合自己的精准路径。精准练习的关键环节，就是及时反馈，要有人帮你修改。我们在电视上看到，李娜这些世界顶尖的网球选手，还专门请私人教练。当局者迷旁观者清，教练的主要作用，是作为第三方来帮助运动员观察技术动作存在的问题，然后针对性帮助纠正。就像健身和练瑜伽，想要真的有效，往往要请私教，也是这个道理。好材料是改出来的，但不是自己埋头苦干改出来的，是在高手的指导、启发下改出来的。

俗话说："师傅领进门，修行靠个人。"基层写材料最重要的就是入门，关键是学会归纳概括、搭建架构。在入门阶段，来自他人的指导和经验非常关键，可以让初学者少走许多弯路。至于入门后能把材料写得多好，就主要靠个人的积累和练习了，别人的作用会越来越小。其实，写材料作为一门技能，或者说是"手艺"，在入门阶段更多靠实践，靠练习，跟学历高低、知识多少没有必然联系，有高中文化程度就基本可以做到。

三、如何做到精准练习

认知心理学认为，我们的大脑分为三个区域：舒适区、学习区和恐慌区（见图5-1）。处于"舒适区"，做事情会感觉很顺利；处于"学习区"，做事情虽然感觉难受，但经过一番努力还是可以做好；处于"恐慌区"，则是觉得这些事情自己根本不可能做好。随着"学习区"扩大，"舒适区"也会随之增大，"恐慌区"则会随之缩小。而且，只有在"学习区"的行为，才算是真正有效的学习。"学习区"更贴切的说法是"刻意练习区"，就是难度适中，需要"跳起来摘苹果"的区域。

图 5-1　大脑认知的三个区域

在日语里面，"学习"的意思就是"勉强"，这个说法很形象。互联网时代，越来越多人喜欢碎片化学习，喜欢刷微信微博，看短视频，这些算不算学习？从严格意义上来说，这些都不属于真正的学习，因为没有"勉强"自己，停留在舒适区，不会觉得难受。以写材料为例，不要满足于写通知、请示、函、简讯这些相对简单的公文，要主动挑战自己，找不自在，去接触难度较大的综合类文稿。当然，也不建议让一位新手直接写年终工作总结、经验交流材料、调研报告这些大材料，否则，一下子进入"恐慌区"，惨遭打击和挫败，可能导致信心崩溃。

不管是简短的综合类信息，还是长篇的综合性文稿，核心方法都是归纳概括。归纳概括的信息量越大，提炼难度就越大，对思维能力的要求就越高。初学者在归纳能力不足的情况下，如果一下子面对几十项甚至上百项工作，大脑思维系统就可能直接"死机"。无助之下，只好去找一些所谓的"模板套路"，靠山寨仿造来完成任务。这个道理就像学数学，只有先学会加减乘除，才能去做混合四则运算,再到解答更复杂的多元方程。

前文讲到,写材料就像玩积木,先把最小的,拼成大块一点的;再把大块一点的,拼成更大块的,以此类推,最后组合成一幅有主题的完整图案。笔者的体会是:综合类信息最适合作为入门练习的"拼图"。综合类信息篇幅较短,大多在1 500字左右,里面的信息量比较少,一般会有10项左右的工作,可以让新手在难度较低、挫败感较少的情况下,找到归类提炼和文字表达的感觉,进而循序渐进、由易到难,顺利从普通的综合类信息,过渡到重要的综合类文稿。

"手中有粮、心中不慌",在工作中多写、写好综合类信息,不仅可以有效提高思维水平和写作能力,还可以积累丰富的半成品,增强对工作的认识。几篇重要的综合类信息,可以组成一篇年终工作总结、经验交流材料、汇报材料的主体内容。有了这种积累,遇到紧急、重要的写作任务,也能够从容应对、事半功倍。当初,笔者之所以能找到写材料的感觉,主要就是因为修改了大量的出访报告(其是综合类信息)。

找到适合的练习载体,该怎么样"精准练习"呢?建议拜好三位"师傅"。

一是拜书报为师,掌握方法。 方法如方向,方向错了,做得越多偏得越远。开展精准练习,首先就是要掌握方法,具体到写材料,最核心的方法就是归纳概括。在这点上,马克思主义哲学是最好的教材。邓小平同志精辟地提出了读马列的原则:读马列要精,要管用的。"精",说的是要读经典;管用,说的是要结合工作实际,要有针对性,学以致用。基层同志可从通俗易懂的书籍入手,掌握唯物辩证法的基本原理。例如《习近平新时代中国特色社会主义思想三十讲》《实践论》《矛盾论》《大众哲学》《学哲学 用哲学》

《辩证法随谈》等。同时，要用好党报党刊这一重要的政治课堂、知识课堂和写作课堂，用心读报、摘报、用报，做到"养兵千日用兵一时"。此外，建议读一些逻辑与写作方面的书籍，比如《金字塔原理》《结构思考力》，对培养逻辑能力帮助甚大。

二是拜实践为师，反复练习。 俗话说"熟能生巧"，其实未必，只有熟"对"了，才能真正生巧，否则就会变成"熟练的无能"。这个"熟对"，就是要掌握自下而上归纳概括的方法。写材料的方法其实很简单，就是那么几招，但是，知易行难，搞懂不等于学会，知道不等于得到，因为知道跟得到之间，隔着非常遥远、艰难的做到。现在流行一种"学习焦虑症"，学习者因为焦虑而学习，结果却是越学越焦虑。其中原因，就是学而不练或者练的不够。要知道，再简单的方法，也要在一遍又一遍的练习和纠错中才能真正掌握。就连婴儿吃奶、翻身、爬行、走路都需要反复练习。孩子虽然一出生就有吃奶的本能，但刚开始总是用嘴巴乱拱，很难找到目标。在妈妈的帮助下，经过几天的练习，孩子才慢慢找到感觉，一下子精准命中。精准练习的基础是"练习"，关键是"精准"，如果缺乏足够的练习，精准也就是一句空话。在写材料的入门阶段，关键是多写多练多改，不能修"口头禅"、玩"空手道"，不要用求知的快感，来替代练习的痛感。否则，就会陷入"一看就会，一做就废"的窘境。一个人不下水呛水，不可能学会游泳。任何一位优秀的"笔杆子"，都是用一篇篇稿子"喂出来"的。

三是拜领导为师，加速成长。 大道多歧。在学习写材料的过程中，会遇到许许多多的岔路口、疑惑点。如果盲目跟着感觉走，很可能会走弯走偏。这就需要及时反馈修改，来树立起一块块路标，引导学习者纠偏前行的道路。在实际的文稿写作中，最好、最重要的老师就是身边的领导。笔者体会到，修改材料是向领导学习知识和吸收思想养分的重要渠道。领导的工作思路、人生思想和写作能力等珍贵养分，都会经过文稿修改传递给写作者。所以，对于写作者而言，文稿最大的价值就在于修改，修改越多、收益越大。我们要以小学生的态度，以文稿修改为纽带，虚心向领导学习。在一遍又一遍的修改中，逐步理解领导的所思所想，做到同频共振、精准服务。笔者采用的办法，就是自己营造"反馈场景"——通过制作"错题本"，把领导修改过的稿子整理装订，经常对比、学习、体会，一次次形成反馈效应，让自己受益匪浅。

学习一项技能（包括写材料），做到六七十分，主要靠正确的方法和适当练习；要做到八九十分，主要靠大量练习和学习积累；要做到九十五分以上，才谈得上一点儿天赋。就像网上有句话说的那样，"以大多数人的努力程度之低，根本轮不到拼天赋。"基层写材料真的不需要天赋，掌握正确方法之后，只要坚持精准练习，不用特别辛苦，就能顺利入门，不断提高。

5.2 乐于读报积累，像小蜜蜂那样博采约取

"养兵千日，用兵一时"，很大程度上，写材料源自积累。更形象来说，积累与写作就如吸与呼，离开学习积累，写材料就是无源之水。笔者的体会是，写材料的活水源头在于读报摘报用报，党报党刊是最好的理论课堂、知识课堂和写作课堂。下面，就从"写作课堂"的角度，分享"六摘"读报法。

一、摘标题框架

制作标题是文稿写作中最重要的"技术活"之一，许多人都为找到贴切生动的好标题而费尽脑汁。其实，世界不是缺乏美，而是

缺少发现,党报就是我们身边一个取之不竭的标题宝库。笔者读报纸的第一步是看标题,先打开各个版面扫一遍,寻觅让人"怦然心动"的好标题。除了显眼的大标题,还要留意里面的小标题,这些都是制作标题的"好帮手"。来看两组笔者撰写的文稿小标题:

开拓"新海上丝绸之路"市场取得"开门红"
——我市经贸代表团出访巴基斯坦、斯里兰卡、印尼工作报告
一、工作成效
一是打开"新海上丝绸之路"沿线国家市场之门
二是打开我市与"新海上丝绸之路"沿线国家广泛合作之门
三是打开了我市开拓"新海上丝绸之路"系列经贸活动之门
二、工作体会(略)
三、相关建议(略)

市外事侨务局翻译工作经验交流材料
一、全方位锻炼,解决"多面手"的问题
二、社会化整合,解决"资源少"的问题
三、梯队式竞争,解决"提高难"的问题

上面两组小标题的框架原型都源于党报,笔者加工后为我所有。先来看第一组标题的原型:

文化迈过"三重门"
大众文化打开"回归"之门
公共文化打开"惠民"之门
文化融合打开"创新"之门

再来看第二组标题的原型:

分段式培训助推新警顺利起航

多元化熏陶锤炼,解决"难融入"
一体化培训教学,解决"难胜任"
立体化团队精神,解决"难提高"

这种在许多人眼中的"稀缺"资源,在党报上数不胜数,例如:

做好人生的"选择题"

不图"背景",当有辛苦勤劳的"背影"
可以没有奇迹,得有奋斗向上的轨迹
不可"出事",得有可堪回味的故事
不慕权力,得有正向影响力

监督权力不留盲区

立体化公开,让群众"看得到"
标准化服务,让群众"看得懂"
全方位参与,让群众"信得过"

识别选任干部要有"立体坐标"

要看党性、品性和个性
要看能力、魄力和魅力
要看风度、气度和力度

这样"升级城市"

城市"升级",统筹城乡做规划

家园"净化",扫除脏乱做减法

城乡"美化",增美添绿做加法

管理"序化",建章立制保长效

善解民忧的"诊疗师"

"会诊"问计找富路

"出诊"问需办实事

"急诊"问安解民忧

"复诊"问效促落实

组织强起来　村民富起来

把支部建在产业链上

把能人聚在产业链上

让农民富在产业链上

走好人生"特殊路段"

"转弯路段"谨防偏离正确道路

"上坡路段"谨防思想松懈麻痹

"障碍路段"谨防险情事故

"监控薄弱路段"谨防侥幸心理

"党建联合体"画好基层治理"同心圆"

瞄准"圆心"固根基

扩大"半径"强服务

延展"周长"聚合力

把警钟敲进心里

"大片"常看,警钟长鸣
"大会"常摄,警示常在
"大课"常上,警醒有力

"牛人"李保国

点石成金的"科技财神"
攻坚克难的"太行愚公"
助农致富的"农民教授"

干工作要用"绣花"功夫

一是精细,细如发丝,一丝不苟
二是精准,百步穿杨,毫厘不差
三是精心,心无旁骛,专心致志

大考中展示城市应有的治理能力

秩:齐心协力临危不惧
智:防疫有力复工有序
治:把政策转化为生产力
挚:这个城市有温度

念好战贫"实"字诀 激活致富"红"细胞

"送饭碗",就业帮扶户户受益
"造饭碗",产业帮扶处处开花

"稳饭碗",医疗教育人人用心

生态绿网点亮湖城银川
聚力治水,护好"城市之肾"
聚合治污,康健"城市肌体"
聚焦增绿,养好"城市之肺"

报纸汇聚了上上下下、方方面面的重要信息,涉及面非常广。一般情况下很难直接找到完全吻合的标题框架,这就需要博观约取,选择合适的标题原型进行修改整合。对于初学者而言,从报纸上摘抄文章框架,不失为有效的起步之策。但是,当积累多了、思路活了,从"仿造"阶段进入"制造"阶段,借鉴标题框架的价值就降低了。

二、摘对仗排比

除了显而易见的标题框架,还有一种较为"隐蔽"的标题框架,主要是一些对仗排比的表达。这种框架通常隐藏在文章里面,往往蕴含着某种工作思路,需要进一步去思考和挖掘其中的内在联系,才能为我所用。其实,这也是提升结构思考力和文字敏感度的好方法。

例如,根据"亮点、支点、高点",可以制作标题为:

××局"连点成面"开拓工作新格局
一是超前谋划,打造工作高点
二是突出特色,打造工作亮点
三是找准重心,打造工作支点

根据"晓之以情、束之以法、用之以长",可以制作如下标题:

××局"情理法"相融打造成长型团队

一是晓之以情,加强人性化关怀

二是束之以法,加强制度化管理

三是用之以长,加强个性化引导

根据"明白人、开路人、贴心人",可以制作标题:

××局局长述职报告

一是精于学习,做政治的明白人

二是敢于担当,做发展的开路人

三是乐于沟通,做群众的贴心人

四是善于团结,做班子的带头人

根据"工作餐、自助餐、营养餐",可以制作标题:

××局以"三餐制"打造学习型团队

一是做好"营养餐",抓好理论学习

二是做好"工作餐",抓好业务学习

三是做好"自助餐",抓好兴趣学习

报纸上经常可以看到这类言简意赅,蕴藏着某种内在联系的对仗式表达,例如:

立体化、多元化、制度化

共商、共建、共享

高度、广度、深度、力度
公信力、传播力、影响力、引导力
美乡村、富乡亲、留乡愁
作风提纯、效能提升、服务提速
精心部署、精细指导、精准落实
俯下身子、甩开膀子、迈动步子
跟跑、并跑、领跑
红色、古色、绿色
增品种、提品质、创品牌
借船出海、拼船出海、造船出海
起点、燃点、沸点
政味、辣味、品位
激发活力、挖掘潜力、展示能力
造林、护林、用林
热土、净土、厚土、乐土
竞争优选、专家评选、政府比选、动态筛选
宜居、安居、乐居
寻航、护航、远航
抢位、卡位、补位
绝燃体、半导体、导体
温差、色差、偏差、落差
治水、护水、兴水
机制活血、产业造血、智力养血
自治、法治、德治
绿色生态、绿色生产、绿色生活
自燃型、可燃型、不燃型

生产、生态、生活

富态、常态、动态

政相通、企相融、民相亲

一条鱼、一个村、一座城

产业化、规模化、国际化

模仿也有高低之分，从借鉴看得见的标题结构，到整合看不见的标题结构，就是一种可喜的进步。要做好这一步，需要有一定的归纳能力和想象力，这样才能通过类比寻找共性。但是，不管是哪一种模仿，都要以归纳提炼为基础，否则就容易写出标题整齐对仗，内容空洞混乱的文章。

三、摘生动表述

党报可谓"全身都是宝"，除了标题框架，里面的文字表达也藏着许多"宝贝"，不仅能帮助制作标题，还能提高表达能力，写出"红苹果"那样形象生动的文字。先来看看，如何借鉴生动表述来制作标题。

2015年市外事侨务局工作总结

一、运用资源融入中心，突出"国际搜索引擎"作用，引导优质国际资源与全市招商引智促贸精准对接

一是看着世界地图找生意，开拓新兴市场有新突破

二是创新国际招商方式，重大项目国际招商有新作为

三是抢占全球"智高点"，服务全市创新发展有新成效

主动加快自身转型，跨入服务全市发展第一方阵
——2016年全省侨办主任会议经验交流材料

一、引智与促贸齐头并进，服务全市中心工作从"幕后配角"向"台前主角"转变

二、老侨和新侨两头并重，凝聚侨心从"迎来送往"向"平台聚集"转变

一是创新乡情联谊平台，做好海外新生代"留根工程"

二是搭建国力助侨平台，探索可复制、可推广的建设和谐侨团工作经验

三是拓宽网络互动平台，打造"24小时不下班的侨办"

三、体育与文化双轮驱动，侨务公共外交从"走出去"向"走进去"转变

第一组标题中的"看着世界地图找生意"，源于一篇报道《厦门：看着世界地图做生意》。笔者所在单位主要是牵线搭桥，不负责具体外贸业务，就把原标题的"做生意"改为了"找生意"。"抢占全球'智高点'"的标题原型，源于《中国组织人事报》的一篇报道《人才引领"智高点"》。

第二组标题中，"24小时不下班的侨办"，其标题原型是"24小时不下班的政府"；"侨务公共外交从'走出去'向'走进去'转变"，标题原型是《中华文化：从"走出去"到"走进去"》，都是源于日常读报摘录。

2015年10月，笔者撰写的一篇新闻稿刊登于本地报刊，标题是《从"城市开放"到"开放城市"——激活国际资源全方位提升城市对外开放水平》，其标题原型是《变"旅游城市"为"城市旅游"》。还有一篇标题为《把粤澳合作"粘"在产业链上》的新闻

稿，其标题原型是《把人脉资源"粘"在产业链上》。2015年10月，单位承办主题为"逐梦同行，圆梦共赢"的国际友好合作交流会，活动主题创意源于标题《寻梦·追梦·圆梦》。

除了制作标题，党报上的精彩表述也能大大增强文字的"亮度"，把大众化的共性工作写活，让读者感觉与众不同。来看下面这段话：

四、坚持问题导向，主动念好"紧箍咒"，让党风廉政建设成为最好的"护身符"。今天的报告既是"成绩单"，更是"体检单"。经过深入分析，本人在党风廉政建设方面还存在以下不足：一是学习政治理论的深度不够，认识宏观政策还存在"知其然不知其所以然"的问题；二是制度笼子扎得不够紧、不够密，在细节问题上还存在"以信任代替监督"的问题；三是面对新形势、新群体，廉政教育手段创新不够，有时存在"老办法不管用、新办法不会用"的问题。

文中的"紧箍咒""护身符""成绩单""体检单""以信任代替监督""老办法不管用、新办法不会用"，这些生动表述让严谨朴实的公文语言，有了一些散文语言的味道。

再来看一段文字：

二是构建铸魂补钙的精神"防护林"。做好意识形态工作第一责任人，引导党员干部做"莲藕"不做"浮萍"。深刻查摆剖析反面典型案件的恶劣影响，绝不允许"圈子"毒害班子。全力配合纪工委开展工作，聚焦中央巡视和前三轮市委巡察发现的问题，让纪律探照灯照到每个角落，确保政治生态和自然生态一样山清水秀。

"精神'防护林'""做'莲藕'不做'浮萍'""不允许'圈子'毒害班子""让纪律探照灯照到每个角落",这些生动表述都摘自党报。党报是个巨大宝藏,我们要学会从中"淘宝",每天花的时间不长,坚持下来就会有意外惊喜。下面,再列举一些既有颜值,又有气质的表述,如下:

绿水青山常在 金山银山不愁
"紧箍咒"是最好的"护身符"
24小时不下班的政府
信任不能替代监督
把训练场上的"水分"拧干
"临时工"服务不临时
从"土里土气"到"土色土香"
做"莲藕"不做"浮萍"
生活中要记住性别,工作中要忘记性别
侥幸是不幸的开始
多刨坑不如深挖井
赢得口碑还须放下酒杯
学习则日新月异,不学则寸步难行
制度上墙不如干部上心
学习成为常态,工作才有状态
年终总结:从"成绩单"成为"体检报告"
消化书而不只是消费书
跟男人一样拼,更像女人一样美
时间像一张网,你投在哪里,收获就在哪里
教育是脱贫的起跑线

反腐字典里没有"清水衙门"
援藏干部：西藏不是镀金天堂，是百炼熔炉
"欲"超过一定限度就会变成"狱"
有了"乌纱"勿忘党徽
实干是最好的"定心丸"
让"稻草人"无处遁形
最好的支持是"容错"
"实干者"没有"失宠时"
"半边天"开辟"一片天"
权力出了笼子，人就会进"笼子"
一生清才能一身轻，一生廉才能一生贤
不在组织面前"耍能耐"
有事向组织说一声
一"点"降低"家"变"冢"
共产党员就是"金字招牌"
法律面前没有"自己人"
纪检要做高清"探头"
别跟纪律"捉迷藏"
酒杯不深，却可以淹死人
为少年儿童筑起"精神防护林"

四、摘党言党语

初学者在写材料，特别是撰写党建材料时，经常会感觉"无从下笔"。从表面上看，这是因为词汇积累不够，缺乏"党言党语""纪言纪语"。从更深层次看，是对党建工作认识不深，理论基础不够扎实。其实,这两个问题都可以在读报摘报用报中找到答案。

单位订阅了十几二十份各级党报党刊,很难做到每一份都详细阅读。笔者的读报方式是"三一一"——"三",在众多报纸中,把《人民日报》《光明日报》《中国纪检监察报》三份报纸作为"必读报",其他报纸只作为浏览;"一",是把《人民日报》这一份报纸作为精读报,是重点中的重点;最后的"一",就是把《人民日报》"人民论坛"里面的好文章读深读透、用好用活。下面,列举一些笔者摘录的党言党语:

没有离开政治的经济,也没有离开经济的政治。

党内上下级是同志:志同道合,虽然职位不同,为群众谋福祉的目标相同。

党的力量来自组织,组织能使力量倍增。

党的力量源于组织,党自身强大的战斗力和凝聚力,来源于党严密的组织结构和全体成员一致的行动。

组织是最大的靠山,纪律是最可靠的保险。

只有把党章作为"指南针",把党纪党规作为"坐标系",才不会在"入乡随俗"中"迷了路"。

共产党员在拼死战场上是高人一头,在待遇荣誉面前总是低人一头。

《党章》规定:"党的基层组织是党在社会基层组织中的战斗堡垒,是党的全部工作和战斗力的基础。"

推进党建和业务工作融合,就是要以党的政治建设统领中心工作,以中心工作促进党的政治建设,让党建和中心工作同向同行,相互促进,实现党建和业务双促进、双提升。

党建和业务工作融合不是形式上的生拼硬凑,而是有其内在规律和规范严谨的工作要求，需要建立健全完备的工作机制。党员干部既是业务骨干，又是先锋模范，更是推进党建和业务融合的关键。

破解党建和业务工作融合难题，我们要发挥党委政治核心作用、基层党支部的战斗堡垒作用和党员的先锋模范作用，深入推进党建和业务融合常态化、制度化。

没有规矩，不成方圆。党员最大的规矩就是党章。开展"两学一做"学习教育，要把学习党章、遵守党章、维护党章作为终身必修课，用党章规范自己，以党章约束自己，恪守政治规矩和纪律。

各级党组织不仅要搞清楚"两学一做"学什么、做什么，更要弄明白怎么学，怎么做。"两学一做"从字面上看是"学"在"做"的前面，但是"学"和"做"是并行不悖的过程，绝不是先学后做，学完再做。"学"和"做"是同一阶段的两个方面，不是两个不同阶段。全体党员必须灵活对待"学"和"做"，时刻保持危机感和紧迫感，将学到的理论知识、科学方法及时有效地运用到工作中，通过实践不断检验、补充所学知识，着力提升党性修养，做合格党员。

做合格党员，不在一时而在时时，不在一阵子而在一辈子。"合格"二字不仅在内容上涵盖了党员的一言一行，在时间上也将持续党员的一生一世，需要一辈子坚守。对广大党员来说，只有一辈子做合格党员，才能永远擦亮共产党人这块金字招牌。

干部的党性修养、思想觉悟、道德水平不会随着党龄的积累而自然提高，也不会随着职务升迁而自然提高，而需要终生努力。

一定程度上可以说，党性教育不是木桶理论中常说的短板，而是桶底，它决定的不只关乎盛水多少，更决定了能不能装水。

勇于自我革命，是我们党最鲜明的品格，也是我们党最大的优势。

讲党课必须识乡音，懂乡话，讲乡话，接乡气。

把复杂枯燥的理论术语转化为简明生动的百姓话语，从语言上解决党课对接广大党员"最后一公里"的问题。

党课可利用党员身边发生的事例，讲身边人、身边事、身边理，以小见大，使党课听起来亲切、新鲜、有趣，达到"润物细无声"的效果。

抓好党建是最大的政绩，不重视政治理论学习，很难真正写好材料。对文字工作者而言，熟党建、通理论、有站位，远比单纯琢磨文字表达技巧更重要。党报除了是写作课堂，还是重要的理论课堂，这里不仅汇集了权威的声音，还有许多深入浅出、通俗易懂的政策解读、理论分析和时政新闻。坚持用心学报摘报用报，促进"理论课堂"与"写作课堂"合二为一，能够帮助我们写出有党味、有政味、有品位的好材料。

五、摘哲言金句

广东人煲汤的时候，通常最后会放一些葱花、香菜、胡椒粉作为调味，把食材的香味、甜味"引"出来。同理，写材料可以适当引用哲理金句来"调味"，让文章更有气质、更有味道、更有力度。在此，笔者列举一些摘录的哲言金句。如下：

思想的先进是本质的先进，观念的落后是最根本的落后。

如果一个人靠别人的鼓励才能发光，最多只能算个灯泡。

努力才是你最好的天赋。

学习不止于狭义求学本身，做事并始终琢磨把事做好，更是一种学习。

不学习，打不开思路；不学习，提不高境界；不学习，难以胜任本职工作；不学习，原有的知识会折旧，最终会折旧到"零"。

我们变得无所不知，却无一精通；我们看似很忙，实则很盲；我们没有遇见更好的自己，而是失去了自我。

对于不知足的人，没有一把椅子是舒服的。

学问一是做出来的，二是走出来的。

有了"信"，才有"任"。

精神上的瘦骨嶙峋，比外貌上的面黄肌瘦更让人心痛。

一个人如果不是真正有道德，就不可能真正有智慧。

理想不明确的时候，就好好学习。

"被人重用"有局限，自己重用自己则"上不封顶"。

放下功利心，带着修行的心去工作，才能把品质从99%，提高到99.99%。

一个人的人生能抵达多远，并不是由他的腿决定，而是由他的心决定。

思考是勤奋的一部分，最大的懒惰是思想的懒惰。

所有不为人知的努力，都被旁人称之为"幸运"。

一盏灯点燃了一盏灯，却不会因此减弱自身光芒，世界则会更加光明。

不经过战斗的舍弃是虚伪的，不经劫难磨炼的超脱是轻佻的，逃避现实的明哲是卑怯的。

女排精神不是赢得冠军，而是有时候知道不会赢，也竭尽全力。

没有每天的积累，拿什么精神去拼。

科学哲学家波普尔把科学发现归结为"从错误中学习"。

严谨的失败尤为可贵。

人生处处有青山。无论在哪里，缺的不是工作岗位，而是过硬的素质能力。

什么是灵感？灵感就是长期积累，随意得之。

大家都在走的捷径，其实是最难走的路。

最慢的步伐不是跬步，而是徘徊；最快的脚步不是冲刺，而是坚持。

六、摘典故比喻

在领导讲话稿中，如果只有一些空泛无物的场面话和老生常谈的大道理，很难有说服力和吸引力。在读报摘报中积累新颖、深刻、生动的典故或比喻，能够帮助我们用"大白话"讲透"大道理"，让干部群众听得懂、记得住、传得开、用得上。例如下面这些内容：

"常在河边走，就是不湿鞋"，时间久了思想懈怠，被糖衣炮弹击中后，想法变成了"常在河边走，哪能不湿鞋"；等到开始伸手了，又变成"既然湿了鞋，不如洗个脚"，越走越远之后，则是"既然洗了脚，不如洗个澡"，彻底滑入贪腐深渊。

风筝，只有在线的牵引下才能越飞越高，如果线断了，风筝失去了主线的牵引，就只能随风飘摆，最终坠落到地面。同理，干部只有在铁纪的约束下，才能茁壮成长，如果没有了纪律的约束，权力就会失控，干部就会一步一步走向腐化深渊。

一辆好车，光有好的驱动器不行，还要有好的制动，否则就会刹车失灵，甚至车毁人亡。有油水的地方容易滑倒，真管真严可以"刹车制动"，防止"摔跟头"，"吃苦头"。要拉下脸来批，横下心来管，硬起手来抓，宁可管得严了听骂声，也不能等进了监狱听哭声。

有这样一则寓言：玻璃抱怨窗框的束缚，总想挣脱它。有一天，它终于如愿，但没有想到，刚离开窗框就掉到地上，"哗啦"一声摔成碎片。这则寓言生动地说明，人生在世，总要受某种社会规范的制约。没有自律就没有自由，要想自由必先自律，这对党员干部尤其是领导干部有着特殊重要的意义。

在足球和篮球运动中，有一种战术叫"无球跑动"：球员在不持球的状态下，持续跑位，从而"摆脱防守球员""创造进攻空间"。"无球跑动"在外行看来意义不大，实际上却很有价值。它需要每个人发挥最大能力，或是找机会接传球，或是为队友作掩护，使对手总觉得场上到处有人跑动，从而不断换防、补位。如此一来，我方球员就能利用时机给对方造成更多更大的威胁。

爱因斯坦说过：我不能容忍这样的科学家，他拿出一块木板来，寻找最薄的地方，然后在容易钻透的地方钻许多孔。科学研究中，立志"朝最厚的地方钻孔"，方能做真学问、大学问。抓工作落实也应事不避难，敢于在关键问题上寻求突破，在短板问题上打开局面，既不回避矛盾，遇到问题绕着走，也不争功诿过，出来问题藏着掖着。

用来捕鸟的落网，尽管最后捕到鸟的只是其中某一个网眼，但假如仅用一个网眼，是无论如何也捕不到鸟的，只有将众多网眼组成一张大网，局部才能在整体中发挥作用，显现自身利益和整体利益的平衡。

一只蜜蜂要酿造一公斤蜂蜜，须在一百万朵花上采集原料，得飞上几十万公里，其可贵之处在于勤勉、博采、奉献。

有人说，培养一个飞行员需要用同等质量的黄金。事实上，国家培养一个领导干部比培养一个飞行员的花费要多得多。

有一种毛竹，在最初的几年，它几乎没有变化。但几年之后，它会在短短几个月内疯狂生长，很快超过其他竹木。之所以如此，是因为在前几年的时间里，毛竹都在深深地扎根，在不断积蓄迸发的力量。根往下扎，枝往上长，是植物生长的规律，也是人才成长的规律。大凡成功者，无不是把根深扎实践的土壤中，汲取大地的营养，积蓄向上的力量。

晾衣竿问笛子：同为竹子，为什么我一文不值，而你却备受欢迎？笛子答："因为你只挨了几刀，我却经历了千雕万凿。"这则寓言蕴含的道理进一步启示我们，成才的过程，不只是吃苦磨砺的过程，也是"千雕万凿"的过程。一个人在成长过程中，不仅要战胜各种困难，经历挫折和失败的考验；而且要不断战胜自我，勇于给自己"修枝打杈"，这样人生之树才能长得挺拔而健壮。

合抱之木，生于毫末；九层之台，始于累土。有些工作不能急于求成，一蹴而就，太想成功就会造成"速生林"，那是成不了大器的。比如提升一支部队的打仗能力，需要做大量地平线以下的工作，幻想"一口吃成大胖子"，只能打败仗。

所有的学都是为了用，读报摘报也不例外。看得再多摘抄再多，如果不用也只是摆设，就算死记硬背下来，很快也会忘记。那么，摘报之后怎样才能记得住、用得上呢？笔者的办法是"以抄为记、以用为记"。其实，抄写可以促成深刻记忆，专心致志抄一遍，记忆效果好过看十遍。此外，学以致用也是非常有用有效的记忆方式。刚开始的时候，每次撰写重要文稿之前，笔者都会根据文章要求，打开读报本浏览一遍，把可能用上的好词好句摘下来，整理成文档打印出来。然后，边写边看边揣摩——如何把适合的金句放在需要的地方。但是，要注意"适合""需要"两个关键词，讲究"恰到好处"。千万不要抱着"不用太浪费"的想法，为放金句而放金句,那样反而会适得其反,把"调料"变成"食材"。一篇文章能有三五处文字表达的闪光点,就足以起到"调料"作用。

"知识仓库"丰盈之时,便是文章血肉丰满之日。写作问题,归根结底是学习问题,肚子里要有墨水,才能倒出墨水。就如曾国藩所言,学习积累就如种树,"日见其大而不觉",积累进步总是在不知不觉中完成。自己很少专门去记忆摘报本里面的内容,每写一篇文稿就用上几句、记住几句、理解几句,经过十几篇材料的锻炼积累,就能记住好几十个好词好句,加上平时闲暇时翻一翻,又能记住一些,词汇"匮乏症"在不知不觉间就得到解决。现在报纸基本都有了电子版,但笔者还是喜欢看纸质版,因为有一种难以替代的仪式感、亲切感和获得感。

养兵千日,用兵一时,学习积累重在经常和平时。本文旨在提供一份实用的读报摘报用报指引,分享自己看什么、摘什么、怎么用。在实际操作中,不一定要特意分门别类,可以跟着感觉走,看到好东西就赶紧抄下来。笔者的体会是:坚持摘抄一到两年,效果才能逐渐凸显。只要尝到甜头好处,摘抄就会成为一种自觉自发的习惯和享受。一言以概之,党报是一本包罗万象的超级百科全书,蕴含着用之不竭的巨大宝藏,是帮助打开写作之门、工作之门、成长之门的"金钥匙"。

实战篇

本篇分为实操演示、实例点评、实战延伸三个部分，分别从入门、提高和拓展的角度诠释写作方法的实战应用。在实操环节，通过演示"自下而上归类概括"的详细步骤，勾勒出清晰的写材料入门"思维导图"。在点评环节，结合笔者撰写的五篇文稿，浓缩呈现基层文稿写作的进阶轨迹，分析如何让文稿有特点、有气质、有温度。在延伸部分，把"五子棋"写作法拓展至申论，分享一套简单易懂、即学即用的申论写作方法，帮助考生在起跑线上培养结构化思考和表达的核心竞争力。"当局者迷，旁观者清"，在"实例点评"一章，笔者邀请写作路上的引路人——郭岱云同志共同完成，避免了"自评自说"的尴尬，在此表示衷心感谢。

第6章 实操演示

6.1 评改《××市围绕"三自一化"提升社区党建活动效果》

原文阅读

××市围绕"三自一化"提升社区党建活动效果

2018年3月以来，××市针对社区党组织党建活动形式单一、活动吸引力不强等问题，着力提高各社区党组织自主培训、自主设计、自主实施能力，并对活动开展情况进行规范化考评，有效提高了党建活动的质量和水平。

一是推行自主培训，提升社区工作者专业技能。鼓励各社区充分利用好社区志愿者中的师资队伍，就写作、摄影、PS制作、移动新媒体应用等实用技能对社区工作者展开专题培训，解决部分社区工作者业务技能缺失、知识储备不足的问题。（**利用社区志愿者师资开展培训**）幸福镇胜利社区充分发掘党员队伍中的技能人才，多次邀请退休党员到社区讲授书法绘画知识，课程内容深受欢迎。（**邀请社区退休党员做好培训**）

二是强化自主设计，丰富社区党建活动方式。指导社区党组织广泛联合帮扶单位和驻区单位，围绕传统节日等时间节点，研究设计特点鲜明的党建载体活动，解决部分社区党建活动缺乏创意、活动质量不高的问题。富强区各社区联合驻区单位采取资源共享、活动共办的方式，举办元宵节猜灯谜、"粽香端午，情暖邻里"联欢活动和迎"七一"文艺汇演、专题讲座等各类活动24场，活动主题突出，内容充实，社区党建活动吸引力显著增强。（**社区党组织联合帮扶单位和驻区单位开展党建活动**）

三是提倡自主实施，激发社区党组织生机活力。要求各社区在充分考虑人员组织、设施配备、资金成本等因素的基础上，按照制定活动方案、精心组织实施、积极宣传推广、收集评价反馈的步骤有序开展党建活动，解决社区干部组织策划能力不强、党组织活力不足的问题。富强区文明社区党委创作了以"弘扬红船精神"为主题的楼院党课，以五个基层党支部书记联合讲演的方式把党课送到社区党员家门口，党课累计宣讲30余次，有效调动了各党支部主动参与谋划的积极性。（**基层党支部书记联合讲党课**）

四是实施规范化考评，推动工作扎实开展。市委组织部制定了《关于对社区党组织开展党建活动进行规范化管理的实施方案》，采取社区周报表，镇区月点评，全市季调度的方式，对活动开展情况进行量化赋分，通过定期调度考核，全面提升社区党建活动效果。（**制定社区党建活动考核机制**）<u>截至目前，××市37个社区党组织共开展各类党建活动600余场次，参加各类活动的党员群众达9 000余人次，逐渐形成了党建活动规范开展、党员群众自觉参与的良好氛围。</u>（**这句话属于工作成效，建议放开头段**）

实操参考

一、找料子,收集要点

"找料子",就是用一句话或者一个短语,把某项工作概述出来。经过自上而下"找料子",该社区开展党建活动有以下工作要点:

利用社区志愿者师资开展培训、邀请社区退休党员做好培训、社区党组织联合帮扶单位和驻区单位开展党建活动、基层党支部书记联合讲党课、制定社区党建活动考核机制

二、梳辫子,归类分组

接下来,按照事物之间的共性(共同点),对找到的"料子"进行归类分组。

社区资源: 利用社区志愿者师资开展培训、邀请社区退休党员做好培训,如图6-1所示。

图6-1 社区志愿者和退休党员属于社区资源

外部资源: 社区党组织联合帮扶单位和驻区单位开展党建活动,如图6-2所示。

图6-2 帮扶单位和驻区单位可归类为外部资源

组织资源： 基层党支部书记联合讲党课，如图 6-3 所示。

图 6-3　基层党支部书记联合讲党课可理解为组织资源

对比之下，"制定社区党建活动考核机制"属于工作保障，跟具体的活动措施有所差别，放到文稿的开头段更为适合。因此，本文的架构如图 6-4 所示。

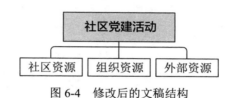

图 6-4　修改后的文稿结构

这个标题结构，把社区党建活动分为社区资源、组织资源、外部资源三大块，体现了对这项工作本质性、规律性的认识，为接下来制作标题、写好开头段打下了基础、提供了依据。

三、戴帽子，制作标题

完成梳辫子、归类分组之后，标题的整体结构已经基本成型，各项工作的共性就是制作标题的主要依据。接下来要做的，就是用比较生动的语言，把这些认识表达出来。

××社区巧打"资源牌"做活基层党建活动（修改稿）
一、挖掘社区资源，解决"师资少"问题
二、引进社会资源，解决"创意差"问题
三、整合组织资源，解决"活力低"问题

××市围绕"三自一化"提升社区党建活动效果（原稿）

一、推行自主培训，提升社区工作者专业技能

二、强化自主设计，丰富社区党建活动方式

三、提倡自主实施，激发社区党组织生机活力

四、实施规范化考评，推动工作扎实开展

四、讲故事，写好开头

××社区巧打"资源牌"做活基层党建活动（修改稿）

2018年以来，××市按照中央及省对开展社区党建活动的部署和要求（有认识），抓好量化考核、创新活动形式，打活"社区资源、组织资源、外部资源"三张牌（有思路），较好解决了社区党建活动"师资少""创意差""活力低"等老问题，有效提升了社区党组织的凝聚力、战斗力和影响力。（有结果）截至目前，全市37个社区党组织共开展各类党建活动600余场次，参加各类活动的党员群众达9 000余人次。（有证明）

××市围绕"三自一化"提升社区党建活动效果（原稿）

2018年3月以来，××市针对社区党组织党建活动形式单一，活动吸引力不强等问题，着力提高各社区党组织自主培训、自主设计、自主实施能力，并对活动开展情况进行规范化考评，有效提高了党建活动的质量和水平。

修改解读

这是一篇名副其实的"小材料"，全篇只有五个"料子"。虽然信息量很少，但是这张"小板凳"可以绊倒很多人。如果不懂归

类分组，就能把人折腾到"欲哭无泪"。这类"线"状公文，特别适合写材料入门之用。

原稿文字表达顺畅，基本把每项工作都说清楚了。但是，把五项工作合在一起，就让人感觉少了点什么，好像没有把工作说明白。里面到底少了什么？笔者觉得，原稿少的是"逻辑"，也就是条理性。用 MECE 法则分析可知，原稿标题结构中的"培训""设计""实施""考评"四个概念不在一个维度和层次上，而且存在交叉重复，"培训"就包括"设计"和"实施"，"考核"属于制度的范畴，不属于具体活动，不适合并列一起。可以看出，原稿的标题框架没有经过自下而上归类提炼，而是想出几个概念后，直接"自上而下"分类表达，容易让人感觉混乱，难以把社区党建活动这项工作说明白。笔者也经历过这个阶段，这种写法不但不轻松，而且会更累，因为要绞尽脑汁想标题框架，即使想出来了，心里也没底。

修改稿的标题结构，通过自下而上归类分组，以"资源"为主线，分成"社区资源、组织资源、外部资源"三个部分，三个概念基本属于同一类型、同一层次，相互之间不会交叉重复。可以看到，整齐对仗的标题结构，是合理归类提炼的自然结果，不需要生搬硬套、刻意为之。最后，笔者根据"社区资源、组织资源、外部资源"这一工作思路，重写这一综合信息的开头。修改后的开头段思路比较清晰、重点比较突出，基本做到"四有"——有认识、有举措、有效果、有干货证明，较有逻辑性、层次感和说服力。

6.2 评改《××市坚持问题导向积极创建非公党建示范点》

原文阅读

××市坚持问题导向　积极创建非公党建示范点

近年来，××市按照解难题、创特色的工作思路，因企施策，积极创建非公党建工作示范点，通过六家示范点的示范引领作用，以点带面，推动全市非公领域党支部规范化建设水平提升。

从灵活学习方式入手，解决党员工学矛盾问题。针对一些党组织存在的党员难集中、学习难开展的情况，市委组织部指导其采取灵活分散的方式，借助QQ、学习强国等平台开展学习活动。××医院党支部利用党员微信群和医院公众号开展线上学习，利用周会时间开展"微党课"，抓实党员学习教育，被评为省严格党内组织生活制度示范点。（建立互联网学习平台）

从服务人才成长入手，解决人员流动性大问题。××市坚持"三向培养"模式，采取加强思想教育，开展技术培训和搭建孵化平台的方式为企业培养人才，留住人才。盐业有限公司党支部聘请技术专家每年到企业授课，为员工"加油充电"，同时，由每名党员负责联系三名职工，发挥传帮带作用，定期沟通交流，提高普通员工的党性认识和综合素质。（建立传帮带成长机制）

从加强思想作风建设入手，解决党建业务两张皮问题。为实现党建工作和业务工作的联动推进，市委组织部指导非公企业党组织积极发挥谋划引领作用，把党员职工团结在党组织周围，将党建工作与中心工作同部署、同推进、同谋划。矿业有限公司党委在公司改制重组的关键时期，号召全体职工在停产期间坚守岗位，帮助公

司顺利渡过难关,连续多年跻身市10强企业行列。(**倡导集体主义正能量**)

从培育企业文化入手,解决品牌特色不突出问题。××市从党建引领的角度出发,结合行业特点深入挖掘企业特色,着力做好企业文化品牌的培育和打造,帮助企业在市场竞争中赢得主动权。××集团有限公司党支部把"碧草蓝天,百年企业"作为公司企业文化,在生产中坚持绿色发展理念,克服污染难题,被市政府评为"环保先进企业"。(**树立先进企业文化**)

从拓展党建载体入手,解决活动内容单一问题。广泛开展"党员先锋岗""党员示范区""共产党员诚信店评选"等载体活动,切实增强党组织的凝聚力和吸引力。××制衣有限公司党支部找准切入点,开展了职工技能比武、党员议事献策、爱心助学帮困等活动,通过丰富活动方式,进一步激发了党支部的生机活力。(**以丰富活动激发支部活力**)

从强化经费保障入手,解决党建资源不足问题。自党支部规范化建设活动开展以来,全市累计投入近10万元强化非公企业和社会组织党组织阵地建设,丰富党建资源,营造浓厚的党建氛围。种业有限公司党支部先后投入300多万元建设党员活动室、篮球馆等场所,每年投入专项经费14万元用于开展党建活动,党员每月另发100元学习资料费,为加强党员学习教育提供了有力保障,被评为省非公有制经济组织党建工作示范点。(**投入经费开展党建活动**)

一、找料子,收集要点

通过阅读原文,列出要点如下:

建立互联网学习平台、建立传帮带成长机制、倡导集体主义正能量、树立先进企业文化、以丰富活动激发支部活力、投入经费开展党建活动。

二、梳辫子,归类分组

加强思想建设：建立互联网学习平台、倡导集体主义正能量、树立先进企业文化,如图6-5所示。

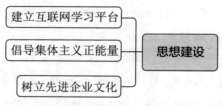

图6-5　三项措施属于思想建设

完善成长机制：以丰富活动激发支部活力、建立传帮带成长机制,如图6-6所示。

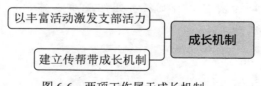

图6-6　两项工作属于成长机制

落实经费保障：投入经费开展党建活动

图 6-7 "投入经费开展党建活动"属于经费保障

综上所述，得出文稿框架如图 6-8 所示。

图 6-8 修改后的文稿结构

三、戴帽子，制作标题

××市"软硬结合"做亮非公党建示范点（修改稿）
一、加强思想建设，打造非公党建"导航仪"
二、完善成长机制，打造非公党建"强引擎"
三、落实经费保障，打造非公党建"硬支撑"

××市坚持问题导向 积极创建非公党建示范点（原稿）
一、从灵活学习方式入手，解决党员工学矛盾问题
二、从服务人才成长入手，解决人员流动性大问题
三、从加强思想作风建设入手，解决党建业务两张皮问题
四、从培育企业文化入手，解决品牌特色不突出问题
五、从拓展党建载体入手，解决活动内容单一问题
六、从强化经费保障入手，解决党建资源不足问题

四、讲故事，写好开头

××市"软硬结合"做亮非公企业党建示范点（修改稿）

近年来，××市把非公企业党建作为基层党建工作的重要内容（**有认识**），坚持问题导向，注重"软硬结合"，从思想、机制、保障三方面入手，因企施策、以点带面推动创建非公企业党建工作示范点（**有思路**），推动全市非公领域党支部规范化建设水平明显提升（**有成效**）。

××市坚持问题导向 积极创建非公党建示范点（原稿）

近年来，××市按照解难题、创特色的工作思路，因企施策，积极创建非公党建工作示范点，通过六家示范点的示范引领作用，以点带面，推动全市非公领域党支部规范化建设水平提升。

修改解读

写材料的关键不在文字，而在思维。原稿的文字表达没有问题，问题在归纳概括上。在基层文稿写作中，加工的信息量大小与归纳能力要求成正比，需要处理整合的"料子"越多，对归纳能力的要求就越高。所以，笔者不建议初学者一开始就写大材料，那样实在太"残忍"，可以先用"小材料"练手，循序渐进找到感觉。这篇原稿只有六项工作，对归纳能力要求不高。但是，要求不高，不代表容易做到，同样需要大量练习和积累。

"梳辫子"的本质就是连点成线，通过自下而上归类概括，建立本质性、规律性的工作模型，属于"从0到1"。如果这个归类错了，其他"从1到N"的内容都毫无意义。因为，如果没有那个"1"，再多的0堆在一起也是0。通过MECE法则可以发现，原稿标题结构存在交叉重复，没有从 0 走到 1，难以把工作说明白。例如，"学习方式"与"人才成长"存在交叉重复，前者就是后者的一部分；"思想作风建设""企业文化""党建载体"也会存在交叉重复。相互杂糅的标题结构，会导致文章内容杂糅混乱。出现这种问题的主要原因，是原文作者没有经过自下而上归类概括，而是直接自上而下分类表达。

修改稿经过自下而上归类概括，自然形成了自上而下分类表达的金字塔结构，把非公企业党建工作分为思想引领、成长机制、经费保障三个部分，体现出本质性、规律性认识，为做好这项工作提供思路借鉴。修改稿的开头段在合理归类分组的基础上，采用了"三有"——有认识、有思路、有成效的表达方式，思路清晰，让整篇文稿有了主线，取得了"串珠成线"的效果，也让读者对文章的思路、重点和亮点一目了然。

6.3　评改《发挥"银发"人才优势 谱写科技工作"夕阳红"》

原文阅读

发挥"银发"人才优势 谱写科技工作"夕阳红"

今年以来，××市委组织部全力抓好人才培养工作，创新性地将老年科技工作者队伍纳入全市人才队伍建设体系，充分发挥"银发"人才优势，为助力全市科技创新创业提供了有力支撑。

发挥专业优势，广泛开展科普活动。据统计，我市现有老年科技人员 6 000 余人，被吸纳为老科协会员的有 3 000 余人。在市委组织部人才办和市老科协的组织发动下，选聘了 23 名老专家作为科普报告员，组建农业、蚕业、畜牧、医疗、法律五个科普讲师团，深入乡村、社区进行科普培训和技术推广。截至目前，共建立推广示范点15个，推广种植、养殖等新技术26项，举办各类培训班600多场，开展现场指导600多次，累计培训5万余人次（**选聘老专家组建科普讲师团**）。

发挥资源优势，推进专家工作站建设。近年来，市老科协组织科技人员以领办、协办、指导办的方式共建立了13个产业示范服务基地，在产业项目发展方面发挥了很好的引领带动作用（**市老科协建立产业示范服务基地**）。市委组织部鼓励老年科技工作者充分发挥资源优势，在建立示范基地的基础上，帮助农业科技企业深耕优势项目，发现问题短板，对接技术专家，突破发展瓶颈。在相关人员的共同努力下，我市农业科技有限公司、羊业有限公司分别与农学院教授、畜牧研究院院长进行了合作对接，积极筹建绒山羊饲养和生物酵素专家工作站（**牵线搭桥推动产学研合作**）。

发挥技术优势，深入开展科技扶贫。在全市确定63户贫困户作为帮扶对象，组织老年科技工作者发挥专业技术优势，定期入户走访，每年为每户贫困户提供20斤优良玉米种子，并根据每户实际情况，帮助确定产业项目，提供技术指导（**组织老年科技工作者开展技术扶贫**）。组织老年医疗专家对帮扶对象中因病致贫的21户贫困户进行义诊和健康咨询服务，目前已累计开展服务30余人次，资助医疗费用10万元（**组织老年医疗专家开展医疗扶贫**）。通过开展科技扶贫，引导帮扶对象进一步解放思想、自力更生，切实带动了贫困群众增收致富。

发挥经验优势，积极建言科学决策。老年科技工作者的经验优势是助力我市经济社会发展的智慧宝库，市委组织部积极设计载体活动，为老年科技工作者和相关部门、科研院所之间互联互动搭建活动平台，引导他们围绕经济发展，民生改善，乡村建设，企业技改等内容深入调研，献言献策（**搭建老年科技工作者调研献策平台**）。近年来，全市老年科技工作者共提出各类意见建议210余条，市老科协矿业有限公司分会科技人员就升级更新项目提出技术改良建议，为公司节省工期35天，创造直接效益100多万元（**提出技术改良建议创造效益**）。

<u>近年来，市委组织部立足全市经济社会发展和重点工作，实施积极、开放、有效的人才服务发展政策，人才队伍建设工作取得一定成效。目前已建立增压器、食用菌、锅炉、硼化工、小浆果5家产业技术创新战略联盟，成立8个院士专家工作站，共引进院士5人，"千人计划"专家1人，名老中医4人，各类教授专家80余位。同时，采取"走出去、请进来"、技能竞赛"大练兵"等方式加强人才教育培训，本土人才队伍素质得到有效提升，形成了优势联动的人才工作合力，为推动××振兴发展贡献了积极力量。</u>（**划线内容与文稿主题关系不大，建议删除**）

实操参考

一、找料子，收集素材

通过阅读原文，列出要点如下：

选聘老专家组建科普讲师团、市老科协建立产业示范服务基地、牵线搭桥推动产学研合作、组织老年科技工作者开展技术扶贫、组织老年医疗专家开展健康扶贫、搭建老年科技工作者调研献策平

台、提出技术改良建议创造效益

二、梳辫子，归类分组

科普推广： 选聘老专家组建科普讲师团

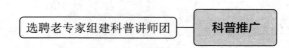

图 6-9 "选聘老专家组建科普讲师团"属于科普推广

服务产业： 市老科协建立产业示范服务基地、牵线搭桥推动产学研合作、提出技术改良建议创造效益、搭建老年科技工作者调研献策平台，如图 6-10 所示。

图 6-10 四项工作都是为了服务产业

精准扶贫： 组织老年科技工作者开展技术扶贫、组织老年医疗专家开展医疗扶贫，如图 6-11 所示。

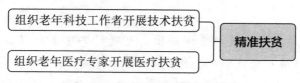

图 6-11 两项举措都属于精准帮扶

综上所述，得出文稿框架，如图 6-12 所示。

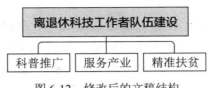

图 6-12　修改后的文稿结构

三、戴帽子，制作标题

××市"三建"并举盘活"银发"人才宝库（修改稿）
一、建平台，科技普及有广度
二、建基地，服务产业有准度
三、建机制，精准扶贫有温度

发挥"银发"人才优势 谱写科技工作"夕阳红"（原稿）
一、发挥专业优势，广泛开展科普活动
二、发挥资源优势，推进专家工作站建设
三、发挥技术优势，深入开展科技扶贫
四、发挥经验优势，积极建言科学决策

四、讲故事，写好开头

××市"三建"并举盘活"银发"人才库（修改稿）

科技人才资源是制约我市转型发展的一大瓶颈（有背景）。我市工业基础好、发展早，有一大批科技人才退休赋闲，这是得天独厚的科技人才资源库（有认识）。2018年以来，我市从"建机制、建基地、建平台"入手，打好科普推广、服务产业、精准扶贫三张牌（有思路），把离退休科技工作者纳入全市人才队伍建设体系，让"银发"人才存量转化为创新驱动增量（**有效果**）。

发挥"银发"人才优势　谱写科技工作"夕阳红"（原稿）

今年以来，××市委组织部全力抓好人才培养工作，创新性地将老年科技工作者队伍纳入全市人才队伍建设体系，充分发挥"银发"人才优势，为助力全市科技创新创业提供了有力支撑。

修改解读

可以看出，原文表达流畅、叙述清晰，说明作者具有扎实的文字功底，薄弱之处在于思维"卡壳"，让良好的文字表达能力无处安放。这就像有一大堆优质的建筑材料，但不懂建房子的方法。这种遗憾在基层大量存在，笔者也曾有多年处于这种无奈之中。不足就是方向，遗憾也是福音。这个阶段缺乏的是"临门一脚"，只要针对性加强归类分组的思维训练，就能精准打通入门"瓶颈"。

按照MECE法则，标题之间必须做到"相互独立"。如果标题之间概念界限不清晰，出现交叉重复，就容易导致文稿内容表达混乱。原稿标题不符合这一原则，"专业优势"跟"技术优势""经验优势"其实就是一回事。修改稿分为"科普推广、服务产业、精准扶贫"三大块，概念之间界限比较清晰，基本不存在交叉重复，也为整合"银发"科技人才资源提供了思路和重点。

原稿的开头段比较空泛，特点不突出、思路不清晰，属于"放之四海皆可"的"通用型"文稿，也就是说，只需要改改地名，放到哪个地方都可以用。相对来说，修改后的开头段做到了"四有"——有背景、有认识、有思路、有成效，思路清晰、逻辑严谨，比较有说服力，容易让读者产生继续阅读下文的冲动。由此可以看出，文章的结构、标题、开头是一个有机整体，只是属于思维加工流水线中的不同环节，其本质是 1+1+1+…=1。

有朋友提出，在"牵线搭桥推动产学研合作"这个"料子"的表述中，自己想不出"产学研"这个概念。其实，"找料子"虽然跟积累有关，但影响并不大，关键是找准这项工作的本质属性和主要作用。如果想不出"产学研"这种表述也没关系，用"老年科技工作者服务企业（经济）发展"，同样不会影响后面的归类分组。

6.4 评改《××区"人民至高无上，患者是我亲友"活动总结》

原文阅读

××区"人民至高无上，患者是我亲友"活动总结

自今年3月开展"人民至高无上，患者是我亲友"专项能力提升活动以来，为提升医疗单位窗口服务水平，我区坚持以问题为导向，从优化服务流程，提升服务水平等方面入手，帮助群众"好看病、看好病"，促进患者就医体验明显改善，营造了和谐的医患关系，达到了专项能力提升活动预期目的。

一、全面动员部署、确保活动顺利开展

（一）加强组织领导，压实工作职责。为确保活动顺利开展并取得成效，我委高度重视，制动了活动方案及领导小组，并迅速召开活动动员部署会，要求委属各单位按照活动方案要求落实工作职责，成立单位活动领导小组，制定专人负责，做到责有人担、事有人做，以群众的视觉设身处地查找服务中可能存在的问题，做到想群众之所想、急群众之所急、解群众之所困，不断提高群众对医疗服务的满意度，努力营造温馨友好的就医环境（**成立领导小组**）。

（二）强化服务理念，开展专题学习。在活动初期为牢固树立"人民至高无上，患者是我亲友"的服务宗旨，各单位纷纷组织全体医务人员重点学习了《医疗机构从业人员行为规范》《医疗机构从业人员违纪违规问题调查处理暂行办法》等管理规定，组织观看2013年1月11日和3月29日中央电视台播放某市人民医院医生收受药品回扣问题的《焦点访谈》等警示教育视频（**抓好纪律教育**）。

二、开展专题宣传、营造活动氛围

（一）在系统内营造氛围。4月我委组织开展了以"人民至高无上，患者是我亲友"为主题的演讲比赛，来自临床一线的14名医务人员参加了比赛，参赛选手们立足自身岗位职责和实际工作，用饱满的情绪、生动的语言讲述了自己对本职工作的热爱和感人事迹，展现了医务人员的良好精神风貌（**举办演讲比赛**）。为激发卫计系统职工爱岗敬业的热情，结合"5·12"国际护士节对全区各医疗单位的9名优秀护士授予了荣誉表彰（**授予荣誉**）。

（二）在社会上形成影响。各单位结合卫生下乡、健康义诊、卫生计生行业节日纪念日，积极开展了"人民至高无上，患者是我亲友"主题宣传教育活动，通过张贴标语、宣传画、悬挂横幅等方式广泛开展宣传教育，大力宣传我区医疗惠民政策及乡村医生李家、王银等先进人物事迹，展示我区卫生计生的良好执业精神（**加强宣传**）。

三、查找整改问题、改善就诊环境

为保障活动取得成效，我委活动督导组对各单位活动的开展情况及改善就医流程服务进行了明查暗访，并将暗访检查情况在系统内进行了通报批评，各单位事后根据通报出的问题及自查出的患者就医不方便的问题进行了逐一整改。

（一）完善"硬件"服务设施：在随着就诊患者逐年增多，院内候诊椅不能满足需求的情况下，区卫生院急群众所急、解群众所困，在4月购置添加了一批新的候诊椅，及时为就诊患者提供了一个舒适的就诊环境。区疾控中心也进一步完善了体检科的引导指示牌，精简了体检流程，缩短了各种等候和各项检查的预约时间（**添置服务设施**）。

（二）提升"软件"服务能力：针对群众反映的执法态度严厉，××区卫生计生综合监督执法局立即组织召开了全体卫生监督员参加业务培训并开展了文明礼仪培训，从动作、语言、神态、表情等各个细微方面进行了强化培训，要求卫生监督员时刻牢记"人民至高无上，患者是我亲友"的服务宗旨，在今后的卫生执法中做到微笑执法（**举办礼仪培训**）。

四、全面优化服务，做到"三心"工程

（一）建立医疗帮扶，让患者"开心"。足不出区就能享受到省级三甲医院专家们的诊疗服务。市第四医院特邀请了6名省中西医结合医院的主任专家来院开展业务帮扶，之前电子胃镜检查项目因医院人员紧张，此项诊疗技术工作一直未能固定时间接诊，现在在省中西医结合医院主任的带领下此项检查项目由之前一、三、五接诊时间固定为全周接诊，而且在专家们的技术帮扶下我区已开展了首次三伏灸贴（冬病夏治）工作，让有需求的患者在家门口就能享受到三甲医院的服务，真正做到方便患者就医（**邀请专家支持**）。

（二）建立服务中心，让患者"舒心"。在今年6月，区民政局婚姻登记处迁入区妇幼保健计划生育服务中心，与免费婚前检查联合办公，设立"婚育全程一站式服务中心"，为每一对前来登记结婚的适龄男女提供方便快捷的婚前卫生指导、婚前卫生咨询、婚前医学检查与结婚登记"一站式"服务（**设立计生服务中心**）。市第四医院在门诊二楼筹建了一个便于备孕期、怀孕期和哺乳期的女性使用的"母婴服务室",为她们在公共场所提供一个私密、干净、舒适、安全的休息场所,为群众带来了"贴心"的环境(**设立母婴室**)。

(三)建立绿色通道,让患者"暖心"。"人民至高无上,患者是我亲友"不是简简单单的一句口号,除了让病人"看好病,好看病"外,各医疗单位坚持以病人为中心,建立了急救"绿色通道",出现紧急情况时立即启用。例如今年4月,有位男性患者在骑山地自行车游玩时不慎摔倒,腹痛难忍来到市第四医院就诊,在得知这名患者身无分文,手机关机联系不上亲友的情况下,值班医师眼里心里只有这位患者的健康安危,立即上报总值班第一时间开通了"绿色通道"对他进行救治(**设立急救绿色通道**)。

实操参考

一、找料子,收集要点

通过阅读原文,列出要点如下:

成立领导小组、抓好纪律教育、举办演讲比赛、授予荣誉、加强宣传、添置服务设施、举办礼仪培训、邀请专家支持、设立计生服务中心、设立母婴室、设立急救绿色通道

二、梳辫子,归类分组

提高思想认识:抓好纪律教育、举办演讲比赛、授予荣誉、加强宣传,如图6-13所示。

成立领导小组（属于机制建设且内容较少，可用一句话综述放到开头段）

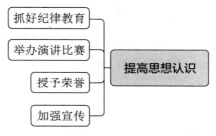

图 6-13　四项措施属于提升思想认识

提高服务水平： 添置服务设施、举办礼仪培训、设立计生服务中心、设立母婴室，如图 6-14 所示。

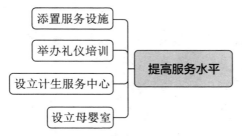

图 6-14　四项工作都是为了提升服务水平

提高治疗能力： 邀请专家支持、设立急救绿色通道，如图 6-15 所示。

图 6-15　两项工作都是为了提高治疗能力

根据上面的归类分组，可以得出图6-16。

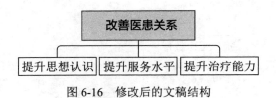

图6-16 修改后的文稿结构

三、戴帽子，制作标题

××区"三提高"改善医患关系见实效（修改稿一）
一、抓住"人"这个核心，提高思想认识
二、抓住"物"这个基础，提高服务水平
三、抓住"病"这个根本，提高治疗能力

××区改善医患关系从"心"开始（修改稿二）
一、认识升级，让患者"暖心"
二、服务升级，让患者"舒心"
三、诊疗升级，让患者"开心"

××区"人民至高无上，患者是我亲友"活动总结（原稿）
一、全面动员部署，确保活动顺利开展
二、开展专题宣传，营造活动氛围
三、查找整改问题，改善就诊环境
四、全面优化服务，做到"三心"工程

四、讲故事，写好开头

××区"三提高"改善医患关系见实效（修改稿）

根据"人民至高无上，患者是我亲友"专项能力提升活动的要求（**有认识**），××区成立领导小组，坚持"软件""硬件"两手抓、两手硬（**有思路**），做到三个提高——提高思想认识、提高服务水平、提高治疗能力，帮助群众"好看病、看好病"，患者就医体验明显改善，营造了和谐的医患关系（**有成效**）。

××区"人民至高无上，患者是我亲友"活动总结（原稿）

自今年3月开展"人民至高无上，患者是我亲友"专项能力提升活动以来，为提升医疗单位"窗口"服务水平，我区坚持以问题为导向，从优化服务流程、提升服务水平等方面入手，帮助群众"好看病、看好病"，促进患者就医体验明显改善，营造了和谐的医患关系，达到了专项能力提升活动预期目的。

修改解读

在"实操演示"的十篇评改例文中，本篇例文作者既有特殊性，又有代表性。这位小姑娘不是公务员，也没接受过全脱产本科教育，而是毕业于卫校的护理专业，原学历仅仅是中专。但是，这篇文章相比一些"笔杆子"的作品也不逊色多少，在遣词用句上还挺有亮点。这也验证了笔者的观点——写材料作为一门通用技能，对学历、专业要求并不高，只要方法对头、勤学苦练，有高中文化就可以把材料写好。

用MECE法则分析可知，原稿标题结构存在交叉重复，"动员部署"就包括"专题宣传"，"整改问题"就包括"优化服务"，造成这个问题的主要原因是，缺乏自下而上归类概括的能力，直接自上而下分类表达。显然，这个标题框架难以体现出对这项工作的整体性、本质性的认识，没有提出改善医患关系的思路和方向。对初学者来说，写材料应该先学会归类提炼、搭建架构，而后才是确定标题内容和形式，切不可本末倒置、乱了顺序。

笔者通过自下而上归纳概括，得出了"提升思想认识、提升服务水平、提升治疗能力"这一工作思路。就是说，可以从这三方面入手改善医患关系，体现出对"改善医患关系"本质性、规律性的认识，为促进医患和谐提供了清晰、可行的工作思路。所以，写材料不仅仅是表面的文字功夫，更重要的是内在的思维能力，如果思维能力不足，对工作认识不清晰、不正确，表达肯定不到位。

根据归类分组得出的同一框架，笔者制作了两组标题，体现出共性与个性、原则性与灵活性的有机统一。共性、原则性就是标题结构；个性、灵活性就是标题形式，两者是"量体"与"裁衣"的关系。搭建文稿架构是"量体"，要搞清楚这个人的身高尺码；标题表达形式就是"裁衣"，有了可靠的身体参数后，根据个人喜好需求，会有很多选择。可以制作西裤，也可以做休闲裤、牛仔裤，女士还可以制作长裙、短裙、连衣裙。一般而言，"量体"与"裁衣"的顺序不可调换，应该遵循先量体、后裁衣的步骤。

6.5 评改《××镇动真格出实招整治水环境》

原文阅读

××镇动真格出实招整治水环境

××镇多管齐下，通过压实水污染防治各方责任，做好水源保护和水质监测，加快污水管网建设改造，完善河道林网建设等举措,重拳出击整治水环境,凝心聚力打好碧水保卫战,守护好清水绿岸,更好满足人民对美好生活的向往。2018年以来,××镇河涌水质监测排名保持全县第一。

一是压实水污染防治各方责任,构筑防治"同心圆"。严格落实"河长制",成立河长制工作领导小组,组建二级河长体系,设立村级河涌专管员和巡查员,压实压紧各级河长责任(**建立二级河长体系**);成立黑臭(未达标)水体整治项目工作推进专责小组,由镇住建分局牵头,形成"9+5"(9个部门+5个村委会)联动整治格局(**成立整改项目工作专责小组**)。制定"五清"专项行动工作方案,列明问题清单,建立工作台账,切实做到底数清、情况明、数据准,以清单定责方式,推动整治落实落细(**制定"五清"专项行动方案细化责任**)。强化各村属地管理责任,建立河涌日常保洁长效机制,提高河湖保洁水平(**建立河涌日常保洁机制**)。截至目前,我镇开展河长制"五清"专项行动成效显著,清理水面漂浮物3 160吨,清理河长63.2公里,河道清淤4条,长3.5公里。拆除涉河湖违法违建11处。

二是做好水源保护和水质监测,确保源头"清水来"。强化规划统筹,加强城县竖向管控,聘请第三方专业公司开展河长制河流水系图件制作工作,对辖区范围内全流域水体情况进行摸底,对各条河涌的起始点、位置坐标、流域面积、河流的情况等进行详细调查,摸清底数,为河涌污水治理及实施"一河一策"打下坚实基础(**请第三方企业做好水域水体情况摸底调查**)。加强入河排污口规范化管理,核实疑似排污口有无排污单位废水排入情况和管网走向,对违规设置入河排污口的企业进行从重处罚并责令改正(**加强入河排污口管理**)。加强水源地的保护和管理,加大水质监测密度,确保饮用水水质安全。定期开展饮用水保护镇生态巡查,加快推进水源地水库违法建设项目清理整治工作,不断加强水源地附近生态环境保护力度（**加强水源地保护管理**）。2018年以来，××镇河涌水质监测排名保持全县第一。

三是加快污水管网建设改造，打通污水"断头路"。实施城镇污水处理提质增效三年行动，提高管网系统化水平，投入350万元聘请专业管网普查监测单位对全镇现有的污水管网和排水系统开展检测，利用CCTV监测、QC内窥监测等技术对于管网的运行情况进行监测，排查污水管网存在的功能性缺陷、混接错接等问题，编制管网普查监测结果，建立电子信息库，并对管网进行修复（**请专业单位做好污水管网检测**）。投入2600余万元开展建成镇污水管网全覆盖工程，对污水管网未覆盖的16个自然村或厂镇，通过采用就地处理或就近接入县政污水管道等方式实施污水分散式处理，项目实施后收集的污水量规模为$778m^2/d$（**实现污水管网全覆盖**）。投入近2500万元加快开展雨污管网改造工程，在环城路管网空白镇布设雨污水管，并对老旧管网进行更新，该项目与内环快线工程同步实施（**开展雨污管网改造工程**）。

四是完善河道林网建设，提升河岸"含绿量"。依托河道河岸修复建设项目，精心组织，周密安排，立足高起点、高标准、高质量，全面开展河道林网建设。抓好绿化规划，按照"小网格、窄林带"的林网建设标准，充分考虑河流的生态、水质净化、生态景观等功能的需要，同时兼顾亲水活动的安全，明确绿化镇域，组织专业队进行绿化施工和绿化养护，在河道两岸形成特有的水源保护林和风景带，做到林成网、树成行、不缺株、不断档。2019年预算投入2000万元开展12个修复整治内河水利设施工程。目前，辖区内流域河岸绿化率皆达到85%，鱼翔浅底，清风带绿，构建了具有较强自我维持及稳定的水生态系，实现了河道生态治理的可持续性发展（**完善河道林网建设**）。

实操参考

一、找料子，收集素材

通过阅读原文，列出要点如下：

建立二级河长体系、成立整改项目工作专责小组、制定"五清"专项行动方案细化责任、建立河涌日常保洁机制、请第三方企业做好水域水体情况摸底调查、加强入河排污口管理、加强水源地保护管理、请专业单位做好污水管网检测、实现污水管网全覆盖、开展雨污管网改造工程、完善河道林网建设。

二、梳辫子，归类分组

完善工作机制： 建立二级河长体系、成立整改项目工作专责小组、制定"五清"专项行动方案细化责任，如图6-17所示。

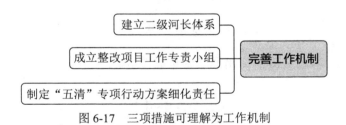

图6-17　三项措施可理解为工作机制

建好排污管网： 加强入河排污口管理、请专业单位做好污水管网检测、实现污水管网全覆盖、开展雨污管网改造工程，如图6-18所示。

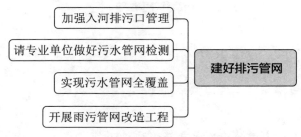

图 6-18 四项工作属于排污管网建设

加强河道保洁：建立河涌日常保洁机制、请第三方企业做好水域水体情况摸底调查、加强水源地保护管理、完善河道林网建设，如图 6-19 所示。

图 6-19 四项举措都属于河道保洁

综上所述，得出文稿框架结构如图 6-20 所示。

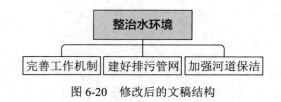

图 6-20 修改后的文稿结构

三、戴帽子，制作标题

××镇严把"三关"整治水环境见成效（修改稿）

一、完善工作机制，严把治水责任关
二、建好排污管网，严把污水入口关
三、坚持综合治理，严把河水保洁关

××镇动真格出实招整治水环境（原稿）

一是压实水污染防治各方责任，构筑防治"同心圆"
二是做好水源保护和水质监测，确保源头"清水来"
三是加快污水管网建设改造，打通污水"断头路"
四是完善河道林网建设，提升河岸"含绿量"

四、讲故事，写好开头

××镇严把"三关"整治水环境见成效（修改稿）

××镇作为自然生态保护区，绿水青山是高质量发展的命脉所在，也是最大优势（**有认识**）。一年来，镇党委坚持从完善工作机制、建设排污管网、加强综合治理三方面入手（**有思路**），严把治水责任关、污水入口关和河水保洁关（**有举措**），构建了鱼翔浅底，清风带绿的水生态系统，实现河道生态治理的可持续性发展（**有成效**）。2018年以来，××镇河涌水质监测排名保持全县第一，更好地满足了人民对美好生活的向往（**有证明**）。

××镇动真格、出实招整治水环境（原稿）

××镇多管齐下，通过压实水污染防治各方责任，做好水源保护和水质监测，加快污水管网建设改造，完善河道林网建设等举措，重拳出击整治水环境，凝心聚力打好碧水保卫战，守护好清水绿岸，更好地满足人民对美好生活的向往。2018年以来，××镇河涌水质监测排名保持全县第一。

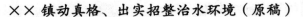

修改解读

这篇例文给人感觉比较专业，标题中有不少引号，显得整齐对仗。其实，这种做法也是不少人制作标题的"必选动作"，笔者自己就曾被这所"迷宫"困扰了多年，直到找到了"思维之匙"，才一步步走出迷途。

原稿标题结构分别使用了"同心圆""清水来""断头路""含绿量"，但四个概念之间缺乏内在联系，只是为对仗而对仗。按照MECE法则来看，"压实水污染防治各方责任""做好水源保护和水质监测""加快污水管网建设改造""完善河道林网建设"，彼此之间存在明显的交叉重复。例如，"压实水污染防治各方责任"这个概念范围很大，包括了"做好水源保护和水质监测、加快污水管网建设改造"，这就会导致内容杂糅混乱。希望入门阶段的朋友，要走出标题必带引号的误区，缺乏内在联系的双引号，不仅没有意义，而且适得其反。这种表达方式不是"光环"，而是"枷锁"，会把写作者的思维牢牢套住，让写作者走进写材料的死胡同。

因为缺乏自下而上的归类分组，没有形成本质性、规律性的工作认识，原稿开头段就只能想出一堆可有可无的空泛表述，不能形成工作思路。修改稿在归类分组的基础上，开头段做到了有认识、有思路、有举措、有成效、有证明,让文稿成为有机整体。

笔者认为,在思维正确、符合逻辑的基础上,能写出好词好句当然是好事,但是,如果离开实际工作需要,过于强调排比、对仗、工整、四六句,其实是一种主观主义、形式主义——只顾着形式上的对称,忽视工作之间的内在联系。"五子棋"写作法注重自下而上归类提炼,体现了唯物主义的观点,一切从实实在在的工作出发,在具体工作中总结规律,也就是理论源于实践。

6.6 评改《××镇聚焦"四力"助推乡村振兴》

原文阅读

××镇聚焦"四力"助推乡村振兴

××镇通过修炼"内力"、激活"潜力"、提升"魅力"、开足"马力"等举措,扎实推进农业农村发展各项工作,着力以打造和平精品示范村为依托,引领带动全域乡村振兴。

一是统筹多方资源,练好振兴"内力"。探索"政府引导、农民参与、市场化运营"模式,完善乡村振兴领导小组组织架构,从资产办、农社等部门抽调骨干力量,成立试点工作办公室,指导协调和平村乡村振兴示范点打造(**完善乡村振兴领导小组架构**);组织党员、村代表等进村入户宣传,调动村民自觉参与到乡村振兴工作中(**干部入户宣传调动村民自觉性**);发动社会力量参与,引导有社会责任感、有经济实力的企业到和平投资兴业(**引导社会力量参与乡村振兴**)。加快××集团乡村振兴项目导入,推动实践所、乡宿、农业园、物产馆等核心产业落地,带动和平村振兴(**推动核心企业入驻**)。

二是完善基础配套，激活乡村"潜力"。完善村内基础设施，实施文化娱乐设施建设、电力通信改造等工程，对村内主干道、街道全部硬底化，已完成4.5公里（**完善村内基础设施**）。深入推进教育、医疗、养老等公共服务下沉农村，新建和平幼儿园明年起可提供330个公办学位，配置完善社区卫生服务站和村卫生站医务人员及器材，建成"30分钟医疗服务圈"，筹建和平村"爱心食堂"，解决高龄孤寡老人和困难群众生活困难，搭建智慧乡村管理服务平台，改造农村落后的管理服务模式，全面提升公共服务水平（**推进教育医疗养老资源下沉**）。

三是突出环境整治，提升宜居"魅力"。推进农村保洁、生活垃圾收运和污水处理专业化管护和市场化运作（**做好农村保洁和污水处理市场化运作**），改造垃圾中转站，创建"村民分类、定点回收、村委奖励"的垃圾分类回收处理模式，完善农村生活垃圾收运处理系统（**完善垃圾分类回收处理模式**）。加大生活污水治理力度，完成雨污分流工程，铺设污水管网15.1公里（**加大生活污水处理力度**）。对4所公厕升级改造，提升厕所卫生环境水平（**对农村公厕升级改造**）。对村旁、路旁、水旁、宅旁进行绿化美化，着力建设入乡村景观路、街心小公园和绿荫广场（**做好农村绿化美化工作**），增设红色文化、党建文化、平安建设等阵地，打造特色鲜明、层次丰富的乡村风貌（**加强农村阵地建设**）。

四是培育特色产业，开足发展"马力"。利用沉香种植基地和现有和平果园，按照精致农业理念，推进特色水果种植标准园和标准示范基地建设，做大做强特色水果企业（**做大做强特色水果企业**）。推进"农业+"产业，将农业向休闲观光、农事体验、生态保护、文化传承等功能拓展，××农业公司以菊花种植、销售为主，通过因地制宜，种植番茄、花生等季节性农产品，开展亲子游、农耕乐等休闲生态旅游。鼓励发展新型经营主体，目前已注册了和平番石榴专业合作社，发展番石榴深加工产品，促进农业发展，带动农民增收（**推进"农业＋"产业模式**）。

实操参考

一、找料子，收集要点

通过阅读原文，列出要点如下：

完善乡村振兴领导小组架构、干部入户宣传调动村民自觉性、引导社会力量参与乡村振兴、推动核心企业入驻、完善村内基础设施、推进教育医疗养老资源下沉、做好农村保洁和污水处理市场化运作、完善垃圾分类回收处理模式、加大生活污水处理力度、对农村公厕升级改造、做好农村绿化美化工作、加强农村阵地建设、做大做强特色水果企业、推进"农业＋"产业模式

二、梳辫子，归类分组

思想引导：完善乡村振兴领导小组架构、干部入户宣传调动村民自觉性、加强农村阵地建设，如图6-21所示。

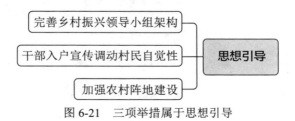

图6-21　三项举措属于思想引导

产业支撑： 引导社会力量参与乡村振兴、推动核心企业入驻、做大做强特色水果企业、推进"农业+"产业模式，如图6-22所示。

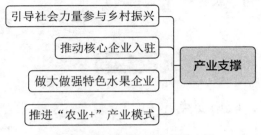

图6-22　四项工作属于产业支撑

服务群众： 完善村内基础设施、推进教育医疗养老资源下沉、做好农村保洁和污水处理市场化运作、完善垃圾分类回收处理模式、加大生活污水处理力度、对农村公厕升级改造、做好农村绿化美化工作，如图6-23所示。

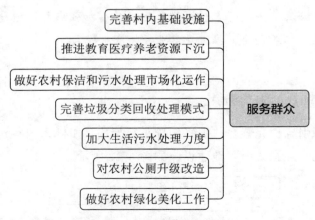

图6-23　七项措施属于服务群众

综上所述，得出文稿框架，如图6-24所示。

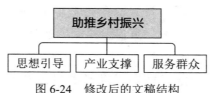

图 6-24　修改后的文稿结构

三、戴帽子，制作标题

××镇聚焦"三力"全域助推乡村振兴（修改稿）

一、加强思想引导，提升乡村振兴引力
二、加强产业支撑，提升乡村振兴动力
三、加强服务群众，提升乡村振兴合力

××镇聚焦"四力"助推乡村振兴（原稿）

一是统筹多方资源，练好振兴"内力"
二是完善基础配套，激活乡村"潜力"
三是突出环境整治，提升宜居"魅力"
四是培育特色产业，开足发展"马力"

四、讲故事，写好开头

××镇聚焦"三力"助推乡村全域振兴（修改稿）

　　一年来，××镇严格按规律办事，紧紧围绕"产业兴旺、生态宜居、乡风文明、治理有效、生活富裕"这一乡村振兴战略总要求（**有认识**），坚持从思想引领、产业支撑、服务惠民三方面入手

（有思路），突出党委统筹、试点带动（有举措），汇聚起党员干部、社会各方的强大力量，有力助推全域乡村振兴（有成效）。

<h3 style="text-align:center">××镇聚焦"四力"助推乡村振兴（原稿）</h3>

××镇通过修炼"内力"、激活"潜力"、提升"魅力"、开足"马力"等举措，扎实推进农业农村发展各项工作，着力以打造和平精品示范村为依托，引领带动全域乡村振兴。

修改解读

看完原稿，感觉是这个镇区在推动乡村振兴上做了不少工作，且不乏亮点。但是，又很难说清楚具体好在哪里，有什么特色，就像是一把珍珠洒落在沙砾之中。从信息内容可以看出，这位作者的写作态度很认真，对工作了解比较全面，为写好这篇文章也是煞费苦心、绞尽脑汁。

例如，为了在标题中体现整齐对仗，分别使用"内力""潜力""魅力""马力"。不过，这四种力并不属于同一类型，与"内力"相对的是"外力"，与"潜力"相对的是"显力"，"魅力"和"马力"的联系不大，可以说开足马力，但不能说开足魅力。可以看出，这篇文稿是根据工作内容，先想到这几个"力"，再分别往里面放内容。这种没有经过逻辑加工的"自上而下"，很容易导致逻辑错误。

这个问题在标题中就可以看出来，例如，"统筹多方资源"，这个标题概念很大，含括了其他三点内容，可以作为主标题；"内力""马力"也有很高的相似度，可以相互替换，把"内力"替代"马力"，来表达培育特色产业也没问题。这种做法容易导致标题之间交叉重复，违反 MECE 法则，让里面的内容出现混乱。

由于缺乏合理的归类提炼，难以对该镇的乡村振兴工作形成本质性、规律性认识，也就不能在原稿开头段形成清晰的工作思路。修改稿经过归类提炼，得出"思想引领、产业支撑、服务惠民"三个重点，连点成线形成推动乡村振兴的工作思路，符合中央提出的乡村振兴战略总要求——产业兴旺、生态宜居、乡风文明、治理有效、生活富裕。

6.7 评改《推进家事审判改革 促进家事纠纷化解》

原文阅读

推进家事审判改革 促进家事纠纷化解

近年来，家事纠纷引发的一系列社会问题，对乡村综合治理、文明家风建设提出了许多挑战。实践证明，传统的家事纠纷解决机制已经与经济社会发展要求不相适应，家事纠纷解决机制模式改革迫在眉睫。为此，××县坚持以"和为贵、调为先、重修复、扶弱势"为理念，全面推开家事审判改革，实现家事审判司法功能和社会功能有机结合，不断提高社会治理水平和社会文明水平。家事审判改革启动以来，共受理家事类案件335件，结案323件，调撤163件。

一、加强基础配套，保障家事审判改革有效实施。一是设置家事审判综合庭。专门开辟近300平方米的家事纠纷综合审判场所，设置少年家事审判庭、温馨调解室、婚姻家庭课堂、情感交流室、情绪宣泄室"一庭五室"温馨平台，制作了家庭教育宣传片、动漫宣传片、PPT家庭课堂讲义等，实现家事纠纷审判专业化、人性化

（**设置家事纠纷调解审判综合场所**）。二是打造专业审判团队。挑选 2 名从事家事审理工作多年、业务素质和沟通协调能力强的资深法官，按照"1 名主审法官+2 名人民陪审员+1 名法官助理+1 名书记员"的审判模式，组建了两个家事审判团队，分别审理复杂案件、简易案件（**打造专业审判团队**）。三是出台操作规程。制定出台《××县人民法院家事案件诉讼程序操作规程（试行）》，明确受案范围、审判组织、等级分流、立案送达、财产申报、家事调查、诉讼调解、案后跟踪、回访和帮扶等具有实践性和可操作性的内容83 条。同时，印发《家事纠纷化解手册》，建立家事纠纷从立案、诉前调解、家事调查、心理疏导、家事审判要素等全程记录留痕制度（**出台操作规程**）。

二、依托诉调平台，建立家事纠纷诉调对接机制。一是推行调解程序前置。对于家事纠纷，始终把调解作为化解矛盾的最重要手段和首要结案方式，家事纠纷类案件必须遵循调解前置程序，通过转入诉调对接中心"家事纠纷专业调解室"进行调解，未经充分调解不得进入审判程序（**推行调解程序前置**）。二是引入调解员协助审理。在全县范围内选拔一批具有丰富经验的调解员，特别是具有婚姻调解经验的，负责家事纠纷调解。县妇联选拔巾帼调解员 15 人、县法院选拔金牌调解员 10 人、心理咨询师 12 人及相关社会人士，根据案件涉及离婚、抚养、赡养、收养等不同情况参与案件调解。目前，已成功调解 52 件家事纠纷（**引入调解员协助审理**）。三是实行案件繁简分流。制定《关于审理家事纠纷案件若干问题的意见》，针对调解不成的案件，由立案庭利用购置安装的分案软件账——人民法院"分调裁"平台，根据案件疑难复杂权重系数，将案件自动分到家事审判团队主审法官，实现繁与简的二次分流（**实行案件繁简分流**）。

三、凝聚部门合力,建立家事纠纷多元化解机制。法院、妇联、政法、民政等部门联合建立家事纠纷多元化解机制,实现多部门、多渠道、多手段处理家事纠纷,促进家庭和社会的共同和谐。在恋爱登记阶段,突出忠贞爱情、家庭责任教育。通过举行一次婚姻责任宣誓、开展一次家庭危机预防培训,将普通家庭婚姻期间可能发生的危机情形,编制成小册子,发放到登记双方,提高双方家庭危机化解能力(**做好婚姻登记道德教育**)。在共同生活阶段,突出文明家庭、法律法规教育。开展最美家庭、"好媳妇、好婆婆"等道德典型评选和《婚姻法》《未成年人保护法》《反家庭暴力法》等相关法律法规的宣传教育,引导广大家庭树立正确的婚姻观、家庭观(**开展婚姻法律法规教育**)。在家庭危机阶段,突出基层调解、情感修复。司法、妇联、民政等基层调解组织,对上门求助解决家庭纠纷、维护合法权益的,以情理、法理相结合的方式,积极主动进行矛盾调解。另外,根据家庭危机程度不同,审判机关、登记机关推行婚姻冷静期,由婚姻家庭咨询师指导填写"修复感情、挽救婚姻计划书",通过冷静期内的行为完成婚姻自我救赎(**做好婚姻危机调解**)。在家庭危机阶段,突出人性化审判、跟踪帮扶。审判机关坚持调解优先、不公开审理、当事人亲自到庭等原则,努力探索心理辅导干预、家事调查、家事回访、婚姻冷静期、诉前调解、离婚证明书、离婚财产申报等制度,加大家事诉讼中法官的职权干预力度,依法妥善解决"死亡婚姻"。同时,团委、妇联对因家事矛盾造成伤害的弱势群体,定期跟踪帮扶(**做好人性化审判帮扶**)。

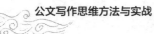

实操参考

一、找料子，收集要点

通过阅读原文，列出要点如下：

设置家事纠纷调解审判综合场所、打造专业审判团队、出台操作规程、推行调解程序前置、引入调解员协助审理、实行案件繁简分流、做好婚姻登记道德教育、开展婚姻法律法规教育、做好婚姻危机调解、做好人性化审判帮扶。

二、梳辫子，归类分组

抓审判： 打造专业审判团队、出台操作规程、实行案件繁简分流、做好人性化审判帮扶，如图6-25所示。

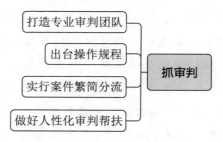

图6-25 四项措施属于审判工作

抓调解： 推行调解程序前置、引入调解员协助审理、设置家事纠纷调解审判综合场所、做好婚姻危机调解，如图6-26所示。

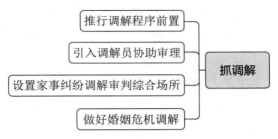

图 6-26　四项举措属于调解工作

抓教育： 做好婚姻登记道德教育、开展婚姻法律法规教育，如图 6-27 所示。

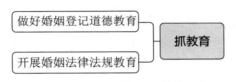

图 6-27　两项活动都属于教育工作

综上所述，得出全文树状结构，如图 6-28 所示。

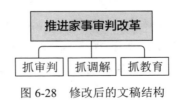

图 6-28　修改后的文稿结构

三、戴帽子，制作标题

××县"三化"并举推进家事审判改革见实效（修改稿）

一、刚性与柔性兼顾，推动家事审判精准化

二、硬件与软件并重，做到危机调解人性化
三、婚前与婚后结合，确保家庭教育常态化

推进家事审判改革 促进家事纠纷化解（原稿）
一、加强基础配套，保障家事审判改革有效实施
二、依托诉调平台，建立家事纠纷诉调对接机制
三、凝聚部门合力，建立家事纠纷多元化解机制

四、讲故事 写好开头

××县"三化"并举推进家事审判改革见实效（修改稿）
近年来，家事纠纷引发一系列社会问题，对乡村综合治理、文明家风建设提出了许多挑战（**有认识**）。针对传统家事纠纷解决机制的不足，××县坚持从"审判、调解、教育"三个关键环节入手（**有思路**），有力推进家事纠纷解决机制改革，实现家事审判精准化、危机调解人性化、家庭教育常态化，构建起"法律、情感、道德"三位一体的家事审判新模式（**有成效**）。三年来，共受理家事类案件335件，结案323件，调撤163件，为家庭和睦、社会和谐筑起一道可靠的"缓冲带"（**有证明**）。

推进家事审判改革 促进家事纠纷化解（原稿）
近年来，家事纠纷引发了一系列社会问题，对乡村综合治理、文明家风建设提出了许多挑战。实践证明，传统的家事纠纷解决机制已经与经济社会发展要求不相适应，家事纠纷解决机制模式改革迫在眉睫。为此，××县坚持以"和为贵、调为先，重修复、抚弱势"为理念，全面推开家事审判改革，实现家事审判司法功

能和社会功能有机结合，不断提高社会治理水平和社会文明水平。家事审判改革启动以来，共受理家事类案件335件，结案323件，调撤163件。

修改解读

这是一篇在市县工作简报中常见的信息类型——语句通顺、内容翔实，但难以给人留下深刻印象。主要原因是违反MECE法则，标题之间存在交叉重复。

例如，第一点的"保障家事审判改革有效实施"，这个概念很大，囊括了后面的"建立家事纠纷诉调对接机制""建立家事纠纷多元化解机制"。所以，在文章里面可以看出，在一段内容里既有审判又有调解，让人感觉杂糅混乱。修改稿分为"审判、调解、教育"三大块，三个概念之间界限相对清晰，基本不存在交叉重复。修改稿的开头段，运用了归类分组形成的工作思路"抓审判、抓调解、抓教育"，做到了有认识、有思路、有成效、有证明，达到了线性表达的效果。

在制作标题时，笔者运用了"辩证结合法"。这套方法的关键，是要在归类分组的"料子"中，找到具有辩证相对关系的工作，如：大与小、远与近、硬和软、高与低等。例如，在第一大点"**抓审判**"中，"打造专业审判团队、出台操作规程、实行案件繁简分流"，这三项工作属于提升审判规范性，属于"刚"；作好人性化审判帮扶，则属于人文化关怀，属于"柔"，从而得出"刚和柔"的辩证关系。在第二大点"**抓调解**"中，"设置家事纠纷调解审判综合场所"属于硬件设施；"推行调解程序前置、引入调解员协助审理、做好婚姻危机调解"属于软性机制，从中可以得出"硬件和软件"

的辩证关系。在第三大点"**抓教育**"中,"做好婚姻登记道德教育"属于恋爱婚前教育,"开展婚姻法律法规教育"属于婚后教育,可以得出"婚前和婚后"的辩证关系。

6.8 评改《××县打造"四个服务"构建纳税服务新格局》

原文阅读

××县打造"四个服务"构建纳税服务新格局

为进一步优化营商环境,激发企业经营活力,服务新旧动能转换,××县深入推进"放管服"改革,充分发挥税收职能作用,推出多项便利措施,努力提升服务质效,全力服务县域新旧动能转换,助力地方经济发展。

一、搭建办税平台,打造"体验式"服务。一是整合办税服务大厅。按照上级工作部署,结合全县工作实际,积极整合国地税双方办税服务大厅,在城区两个办税服务大厅互派人员、互设窗口,实现了纳税人"进一家门、办两家事"(**整合国税地税服务大厅**)。二是借力社会资源。打破机构设置、人员配备等不利因素,在国地税相互委托的基础上,联合委托13个邮政网点代征发票开具环节的各种税费,委托5家机动车检测机构代征挂车车船税,委托10家金融机构代征印花税,委托公安部门代征资源税等,拓展全县服务渠道,纳税人可以就近选择办税,满意度、获得感进一步提升。截至目前,共实现代征税款880余万元(**委托社会资源拓宽服务渠道**)。 三是积极推行自助办税。为方便纳税人自助办税,国地税联合建立了以智能化办税、银行服务为一体的自助服务厅24小时税银自助服务厅,配置各类终端设备 10 台,可实现纳税人发票的领取、代开、发票认证、在线申报、完税证明打印、涉税查询等多功能的全时自助,为全县纳税人提供"高效、便捷、文明、规范"的涉税新体验(**推行自助办税**)。

二、拓宽办税渠道,打造"零上门"服务。一是成立电子税务局。积极推广"互联网+"办税模式,线上使用集电脑PC端、移动办公APP、移动办税APP、微信公众号功能于一身的电子税务局系统成功上线,为纳税人提供了高效率、高品质、高层次的服务,让纳税人"少跑马路""多走网路",有效提升了税收征管质效,形成了线上线下融合、前台后台贯通、统一规范高效的税收服务平台,为税收现代化奠定了基础(**成立电子税务局网上办税**)。二是积极推广扫码支付新型缴税模式。充分利用信息化手段和第三方支付平台,县国税局联合工商银行共同开展了支付宝、微信扫码支付税款这一创新服务。支付宝、微信实名制用户纳税人只需要使用支付宝、微信的线上支付功能即可实现一键支付。税务机关也可以通过扫描纳税人支付方式生成的二维码,实现扫码扣款,扣款会同步转到国库账户。此举将有效解决纳税人过去因财税库银、银联网银故障造成的无法按时缴税问题,同时还压缩了纳税人的缴税时间。以扫描二维码的形式进行税款缴纳,纳税人可以足不出户进行办税,真正实现了"一次也不用跑"(**推广扫码支付提高效率**)。

三、规范办税制度,打造"贴心式"服务。一方面,推动办税服务公开化。推广宣传办税事项"二维码"一次性告知措施,把办理事项生成二维码,用手机扫一扫,即可查看项目的业务描述、报送资料、基本流程、办理时限等方面的信息,快速、便捷地获取税收业务办理指南(**利用二维码宣传推广办税业务**)。同时,使用手机APP时时查看各办税服务厅办税情况，根据服务厅忙闲程度，纳税人自主选择办税服务厅办理涉税事项，大大方便了群众和企业办税（**用手机APP查看情况选择业务**）。另一方面，动态调整办税清单。为贯彻落实上级关于深化"放管服"改革的决策部署，县税务部门发布《办税事项"最多跑一次清单"》，该清单包括报告类、发票类、申报类、备案类、证明类5大类105项事项。纳税人办理清单范围内的事项，在资料完整且符合法定受理条件的前提下，从受理申请到形成办税结果的全过程中，最多只需到税务机关跑一次。在全面公开的基础上，对清单涉及事项进行了全方位的宣传辅导，让纳税人应知尽知，最大限度促使办税流程更简、效能更优、办税更便利（**调整办税清单"最多跑一次"**）。

四、提供办税咨询，打造"顾问式"服务。一是升级12366热线服务。以纳税人的需求为着力点，将税收优惠事项、"放管服"改革、商事制度改革等方面的政策纳入12366热线服务内容，为纳税人提供全方位服务（**升级热线服务**）。二是服务"新旧动能转换"。对新旧动能转换重点企业实施"精准服务"，设立专人辅导，提供"政策宣传、纳税辅导、涉税提醒清单"服务套餐，为企业详细讲解当前的相关税收优惠扶持政策及政策的享受条件、办理流程、常见问题等，帮助企业学政策、用政策、促发展（**提供服务套餐宣传税收优惠政策**）。

实操参考

一、找料子，收集要点

通过阅读原文，列出要点如下：

整合国税地税服务大厅、委托社会资源拓宽服务渠道、推行自助办税、成立电子税务局网上办税、推广扫码支付提高效率、利用二维码宣传推广办税业务、用手机APP查看情况选择业务、调整办税清单"最多跑一次"、升级热线服务、提供服务套餐宣传税收优惠政策。

二、梳辫子，归类分组

整合资源：整合国税地税服务大厅、委托社会资源拓宽服务渠道、调整办税清单"最多跑一次"，如图6-29所示。

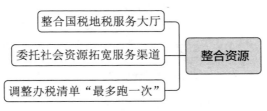

图6-29　三项工作属于整合资源

科技应用：推行自助办税、成立电子税务局网上办税、推广扫码支付提高效率、用手机APP查看情况选择业务，如图6-30所示。

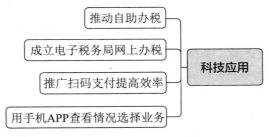

图6-30　四项举措属于科技应用

服务宣传：利用二维码宣传推广办税业务、升级热线服务、提供服务套餐宣传税收优惠政策,如图 6-31 所示。

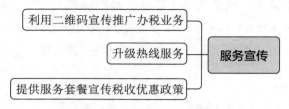

图 6-31　三项工作属于服务宣传

综上所述,得出全文树状结构,如图 6-32 所示。

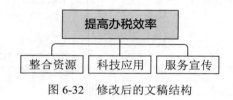

图 6-32　修改后的文稿结构

三、戴帽子,制作标题

在搭建树状结构,形成本质性、规律性认识的基础上,制作文稿标题如下:

×× 县精准导"向"有效提升办税效率(修改稿)
一、善于整合,向资源优化要效率
二、善于创新,向科技应用要效率
三、善于引导,向服务宣传要效率

×× 县打造"四个服务"构建办税服务新格局(原稿)
一、搭建办税平台,打造"体验式"服务
二、拓宽办税渠道,打造"零上门"服务

三、规范办税制度,打造"贴心式"服务
四、提供办税咨询,打造"顾问式"服务

四、讲故事,写好开头

××县精准导"向"按下高效办税"快进键"(修改稿)
　　高效便利办税是优化营商环境、激发企业经营活力、加快新旧动能转换的重要途径(**有认识**),××县以深入推进"放管服"改革为契机,用好"整合资源、科技应用、服务宣传"三个有效途径(**有措施**),不断提升拓宽办税渠道、提升办税效率、改善办税体验,大大提升群众的获得感和满意度,为本地区经济社会发展作出积极贡献(**有成效**)。

××县打造"四个服务"构建纳税服务新格局(原稿)
　　为进一步优化营商环境,激发企业经营活力,服务新旧动能转换,××县深入推进"放管服"改革,充分发挥税收职能作用,推出多项便利措施,努力提升服务质效,全力服务县域新旧动能转换,助力地方经济发展。

修改解读

　　本书的10篇评改例文,大多存在一个共性问题——归纳提炼不到位,缺乏自下而上归类概括的意识和能力,导致标题结构普遍出现交叉重复,违反MECE法则。这也是基层文稿写作的常见问题,是提高写作水平的一大障碍。

这篇例文的标题结构也存在这个问题，例如"搭建办税平台"与"拓宽办税渠道"，"搭建平台"就属于"拓宽渠道"。此外，"体验式""零上门""贴心式""顾问式"，四个概念边界不清，可以相互替代。"零上门"属于"体验式"服务的一种，"贴心式"与"顾问式"基本就是一回事，顾问就是要贴心，"零上门"也属于"贴心式"服务。相比之下，修改稿经过自下而上归类概括，得出"整合资源、科技应用、服务宣传"三个概念，三者各有侧重，基本不存在交叉重复。在此基础上制作的开头段，也做到了有认识、有措施、有成效，形成了紧密相连的因果关系，具有较强的逻辑性和说服力。

在重新"梳辫子"的环节，涉及一个重要知识点"质的多样性"。在第三大点"服务宣传"里面，有一项工作是"利用二维码宣传推广办税业务"，无论从字面上，还是从属性上，"二维码应用"更应该属于第二大点"科技应用"。但是，根据"质的多样性"，这项工作也可以理解为服务宣传。考虑到第二大点的内容已经比较丰富，而第三大点的内容相对薄弱，按照"一事一用，注重平衡"的原则，就把这项工作归入第三大点，基本做到了逻辑自洽，不会引起歧义。

6.9　评改《"医、药、养"结合守护全民大健康》

原文阅读

"医、药、养"结合　守护全民大健康

去年以来，××县不断深化医药卫生体制改革，积极推进医养结合，切实提升医疗养老服务水平，带动大健康产业发展，有力

促进新旧动能转换，助推经济转型发展，成功申报省医养结合工作试点县。

一、在"医"上下功夫，织密医疗卫生保障网

一是深化医疗卫生体制改革。开展公立医院法人治理结构建设。县级公立医院各自组建9人的理事会、3人的监事会。落实公立医院用人自主权，对县级公立医院编制实行备案制，2017年共招录事业在编人员57人，控制总量内的人员与在编人员享受同等待遇（**开展公立医院法人治理结构建设**）。县妇幼保健院取消药品加成，实现了公立医院药品零差率销售全覆盖（**实现公立医院药品零差率销售全覆盖**）。成立了卫生和计划生育监督执法大队，落实人员编制18名，行业综合监管能力进一步加强（**成立了卫生和计划生育监督执法大队**）。

二是加快分级诊疗服务落实。建设紧密型医联体。将中心卫生院人、财、物整体划转县人民医院，以分院形式启动搬迁新建工程，成立以县人民医院为核心，中心卫生院为合作医院的医疗联合体（**建设紧密型医联体**）。建设松散型医联体。由县级公立医院与乡镇卫生院组成医疗联合体，县级医院派驻骨干人员到合作医院短期挂职副院长、科室主任，采取坐诊、培训、带教、示教、巡诊、入户等方式，帮助提升基层医务人员的诊疗水平和基层医疗机构的医疗服务能力（**建设松散型医联体**）。跨县区组建医疗联盟。县人民医院、部分乡镇卫生院与省立医院、市人民医院、矿场集团医院通过签订合作协议的方式建立契约关系，明确各自的权利与义务，在此基础上开展纵向合作（**跨县区组建医疗联盟**）。截至目前，我县共有2家县级医院、9家乡镇卫生院参与到不同形式的医联体建设中。

三是推进家庭医生签约服务。依托国家基本公共卫生服务项目，开展家庭医生签约服务。全县共成立了80个服务团队，共签

约 17.5 万人，签约覆盖率 32%，其中在管老年人 100% 签约（**推进家庭医生签约服务**）。另外，各乡镇卫生院与乡镇养老院建立不同的合作形式，为老年人提供挂号、就医、转诊等便利服务的绿色通道（**乡镇卫生院与乡镇养老院建立合作**）。下一步，将尽快制定个性化付费签约包，合理确定收费价格，扎实推进 2.0 版本的签约服务工作，特别是以慢性病患者、孕产妇、贫困户等人群为重点签约对象开展签约服务。（未开展的工作建议删除）

二、在"药"上做文章，构筑健康产业新高地

一是加快中药材产业发展。我县是山区县，地道中药材出量丰富，具有得天独厚的自然和生产条件，素有"天然药库"之称，是全国中药材重点产区之一。近年来，县委、县政府加大对中医药产业的投入，建成了一批中药材标准化种植基地，选育了一批中药材新品种，壮大了一批中药生产加工企业，实行中药材大开发战略，全县中药材产业发展环境得到明显优化。另外，我县还被国家科技部列为两个中药品种规范化种植基地，已取得市级以上重大科技成果 16 项，逐步形成了中药材产业化格局，促进了中医和中药的协调发展，中医药养生和保健能力和水平得到大幅提升（**加快中药材产业发展**）。

二是健全中医药服务体系。县中医院组织各乡镇卫生院中医和乡村医生进行中医适宜技术培训，提升了基层中医药服务能力（**加强中医技术培训**）。在部分医疗机构进行中医药特色诊疗区（中医馆）建设，全县现有省级中医重点专科 2 个，市级重点中医专科 6 个，市级重点中医专科建设项目 2 个（**建设中医药特色诊疗区**）。加强中医药文化建设，举办了第二届中医药养生节，将中医药养生与文化融入医院发展改革中。完成全市中医药膳推广基地建设，三家特色宾馆被批准为全市首批中医药膳推广基地（**加强中医药文化建设**）。

三、在"养"上显特色,打造康养生活目的地

一是加快医养服务体系建设。成立全县第一家医养融合机构——健康医养中心,街道卫生院与医养中心签订医养融合长期合作协议,为入住医养中心的老年人提供以医护、基本公共卫生、保健、康复、转诊为一体的综合健康服务。加快多个医养结合项目建设,打造"防、医、康、养"四位一体医养服务新模式。促进养老机构与医疗机构双向合作,各医疗机构与辖区内养老机构开展对口支援、合作共建,为老年人提供定期巡诊访视、健康指导等方式。养老机构通过内设医疗机构、建立协作机制、设置医疗分点等方式提高医疗服务能力(**加快医养服务体系建设**)。

二是大力发展康养旅游业。将医养结合工作纳入全县大健康产业格局,积极推进大健康综合体建设,依托我县中医药、特色旅游优势,加快发展中医药健康养老产业、特色旅游产业,实现养老与养生的有机统一。结合我县实施全域旅游战略,将我县健康旅游特色产品纳入旅游项目推广计划,推动精品旅游路线的集中居住点与医疗机构建立紧密合作机制,为旅居老人提供急诊急救、特色康复保健、中医养生体验、中医药健康服务等健康旅游养生服务,提高休闲旅游居住对老年人的吸引力。同时,鼓励旅行社积极发展特色医疗康复保健、中医药健康旅游项目,推出中医药健康旅游主题路线(**大力发展康养旅游业**)。

实操参考

一、找料子,收集要点

通过阅读原文,列出要点如下:

开展公立医院法人治理结构建设、实现公立医院药品零差率销售全覆盖、成立卫生和计划生育监督执法大队、建设紧密型医联体、建设松散型医联体、跨县区组建医疗联盟、推进家庭医生签约服务、乡镇卫生院与乡镇养老院建立合作、加快中药材产业发展、加强中医技术培训、建设中医药特色诊疗区、加快医养服务体系建设、大力发展康养旅游业

二、梳辫子，归类分组

推动医疗改革：开展公立医院法人治理结构建设、实现公立医院药品零差率销售全覆盖、成立卫生和计划生育监督执法大队、建设紧密型医联体、建设松散型医联体、跨县区组建医疗联盟、推进家庭医生签约服务，如图6-33所示。

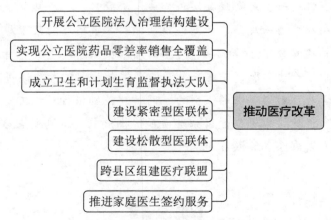

图6-33　七项举措属于医疗改革

发展中医药：加快中药材产业发展、加强中医技术培训、建设中医药特色诊疗区、加强中医药文化建设，如图6-34所示。

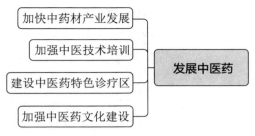

图 6-34　四项工作都是为了发展中医药

发展健康旅游业： 加快医养服务体系建设、大力发展康养旅游业，如图 6-35 所示。

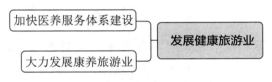

图 6-35　两项工作属于健康旅游业

综上所述，得出全文树状结构，如图 6-36 所示。

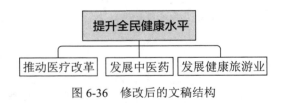

图 6-36　修改后的文稿结构

三、戴帽子，制作标题

××县巧打"三张牌"促进全民大健康（修改稿）

一、打好"医改牌"，实现健康保障普惠化

二、打好"特色牌",加快中医药发展产业化
　　三、打好"养生牌",推动疗养旅游融合化

　　"医、药、养"结合　守护全民大健康(原稿)
　　一、在"医"上下功夫,织密医疗卫生保障网
　　二、在"药"上做文章,构筑健康产业新高地
　　三、在"养"上显特色,打造康养生活目的地

四、讲故事,写好开头

　　××县巧打"三张牌"促进全民大健康(修改稿)
　　小康不小康,首先看健康(**有认识**)。近年来,××县坚持以人民为中心,把人民健康放在优先发展的战略地位,树立"大健康"理念(**有思路**),着力从深化医疗改革、做大中医药产业、发展健康旅游业入手(**有措施**),不仅有力提升了全民健康水平,而且大大促进了新旧动能转换,助推经济转型发展,成功申报省医养结合工作试点县(**有成效**)。

　　"医、药、养"结合　守护全民大健康(原稿)
　　去年以来,××县不断深化医药卫生体制改革,积极推进医养结合,切实提升医疗养老服务水平,带动大健康产业发展,有力促进新旧动能转换,助推经济转型发展,成功申报省医养结合工作试点县。

修改解读

　　这篇例文的归类分组比较合理，体现出作者较好的归纳概括能力，不足之处在于归类之后的观点提炼不够精准，属于"帽子小脑袋大"。原稿用"医、药、养"来概括，第一大点的"医"主要指医疗体制改革，这点没问题。第三大点的"养"，也概括得挺好。问题出在第二大点的"药"上，其只能含括第一小点"加快中药材产业发展"，但不能含括第二小点"健全中医药服务体系"，因为这一点除了有"中药"，还有"中医"，用"中医药"概括更为恰当。

　　原稿与修改稿的主要差别体现在标题上，修改后的标题重点较为突出。标题是文章内容的高度浓缩，属于"点睛之笔"。要做到这点，就需要在制作标题时用心揣摩：整篇文章和这段内容要突出的重点是什么？然后把重点火力集中放在要突出的关键点上，把要表达的意思说清说透，做到"说重点、重点说"。例如，阅读原文第一大点可知，这部分内容需要突出医疗体制改革，那就要把"医改"这个关键词放上标题；第二大点需要突出中医药产业化，就要在标题中突出"产业化"这个关键词；第三大点需要突出旅游业，就要把"旅游"在标题上表达出来。搞清楚需要表达的要点，制作标题就能有的放矢，精准有力，让读者对全文的亮点和重点一目了然。

　　开头段是全篇的精华部分，尤其是第一句话要有认识高度。如果对这方面还不够熟悉，可以上网搜索相关的权威观点和论述，适当修改后为我所用。

6.10 评改《××县强力打好蓝天保卫战》

原文阅读

××县强力打好蓝天保卫战

2018年，××县为进一步打好蓝天保卫战，让人民切实感受到环境质量改善带来的优质生活，采取"一二三"工作法，力促空气质量各项指标达到标准。

一、做好源头把控第一关，优化控制变量。2018年，××县制定重污染天气应急减排方案，明确应急减排清单，最大限度减少污染物排放量（**制定方案减少污染物排放量**）；制定采暖季优化电力调度方案，按照煤耗高效、排放绩效综合水平对电力行业精准实施错峰生产（**对电力行业精准实施错峰生产**）；并拟制定错峰生产实施方案，城市建成区在夏季（6月1日至9月30日）对石化、化工、表面涂装、包装印刷行业实施错时错峰生产（**对相关行业实施错时错峰生产**）；同时严格执行排污许可制度，目前我县××轧钢有限公司、××矿业有限公司已按照规定获得了排污许可证（**严格执行排污许可制度**）。

二、做好"治与管"二重奏，强力削减增量。一方面加大日常治理，加强餐饮油烟治理，我县11家大酒店均安装了烟气治理设施，50余家大小餐饮业均使用甲醇等清洁燃料（**加强餐饮油烟治理**）；加大工程用车污染治理，严格执行《城区道路黄标车及重度污染天气下公务车辆限（禁）行管理办法》，降低对空气质量的影响（**加大工程用车污染治理**）；推进重点行业VOCs治理，加大对城区机动车维修行业执法监管力度，下发限期改正通知，强化废机油的管理（**强化废机油管理**）；加强道路清扫保洁，实行机械化清扫，精细化保洁、地毯式吸尘、定时段清洗、全方位洒水的"五位一体"作业模式,有效控制了道路扬尘(**加强道路清扫控制扬尘**);强化燃煤锅炉拆改,对现有燃煤锅炉逐一进行排查摸底,制订锅炉拆除计划,计划年底拆除到位(**强化燃煤锅炉拆改**)。

另外,严格日常监管,加强成品油市场监管,制订在全县范围开展加油站、油库的环保执法大检查行动计划,对运营的储油库、加油站进行油气回收治理,并按照相关规定对全县范围内的油品进行升级(**加强成品油市场监管**);加强散煤销售监管,每月组织开展洁净煤煤质专项检查,依法严厉打击销售不合格清洁煤行为(**加强散煤销售监管**);加强渣土车运输监管,严查城区周围渣土车沿途抛洒,推行渣土车辆密封加盖篷布上路行驶(**加强渣土车运输监管**);加强城区施工扬尘监管,积极推进绿色施工,探索建筑工地扬尘市场化治理模式,城区道路施工、市政工程等工地和建筑物拆除场地做到七个100%(**加强城区施工扬尘监管**)。

三、念好"扩推广"三字经,持续深化保障。扩大网格化监管队伍。完善县(区)、镇(街道)、村组(社区)及特殊功能区域的环境监管网格体系,全县81个村(社区),每个村(社区)配备了3名环保协管员,共计243个(**扩大网格化监管队伍**)。推广使用清洁能源。城区天然气项目正在建设中(**建设城区天然气项目**),大力推广光伏发电项目建设(**推广光伏发电项目**);推广新能源汽车。积极开展新能源汽车推广,加大对新能源汽车的补贴力度,在公交车、出租车、特种车等车辆中推广新能源、清洁燃料汽车。截至目前,全县共有电瓶车45辆,公交车21辆,其中8辆改为燃气,10辆公交车为纯电动(**推广新能源汽车**)。

营造全民参与氛围。围绕《大气污染防治法》,分片区对重点企业领导班子和镇办环保工作人员进行了培训,并为各镇办发放环保宣传袋 2 000 余个、环保公约 2 000 余份，印发宣传资料 3 000 多份，设置环保公益宣传牌 80 个，营造了人人关心、支持、参与环境保护行动的良好氛围（**加强培训宣传**）。

实操参考

一、找料子，收集要点

通过阅读原文，列出要点如下：

制定方案减少污染物排放量、对电力行业精准实施错峰生产、对相关行业实施错时错峰生产、严格执行排污许可制度、加强餐饮油烟治理、加大工程用车污染治理、强化废机油管理、加强道路清扫控制扬尘、强化燃煤锅炉拆改、加强成品油市场监管、加强散煤销售监管、加强渣土车运输监管、加强城区施工扬尘监管、扩大网格化监管队伍、建设城区天然气项目、推广光伏发电项目、推广新能源汽车、加强培训宣传

二、梳辫子，归类分组

一次归类

完善排污制度： 制订方案减少污染物排放量、严格执行排污许可制度，如图 6-37 所示。

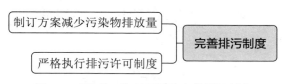

图 6-37　两项工作可理解为完善排污制度

减少重点行业污染：对电力行业精准实施错峰生产、对相关行业实施错时错峰生产，如图 6-38 所示。

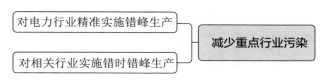

图 6-38　两项工作是为了减少重点行业污染

减少油烟污染：加强餐饮油烟治理、加大工程用车污染治理，如图 6-39 所示。

图 6-39　两项措施是为了减少油烟污染

减少燃煤污染：强化燃煤锅炉拆改、加强散煤销售监管，如图 6-40 所示。

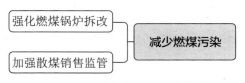

图 6-40　两项工作都是为了减少燃煤污染

加强油品管理： 强化废机油管理、加强成品油市场监管，如图 6-41 所示。

图 6-41　废机油和成品油都属于油品

减少扬尘污染： 加强道路清扫控制扬尘、加强渣土车运输监管、加强城区施工扬尘监管，如图 6-42 所示。

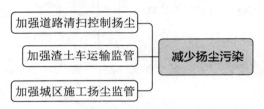

图 6-42　三项措施都是为了减少扬尘污染

推广使用清洁能源： 建设城区天然气项目、推广光伏发电项目、推广新能源汽车，如图 6-43 所示。

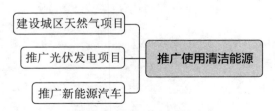

图 6-43　天然气、光伏电和新能源汽车属于清洁能源

加强培训宣传： 加强培训、作好宣传，如图 6-44 所示。

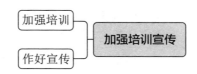

图 6-44　培训和宣传可概述为加强培训宣传

二次归类

从制度上减少污染：完善排污制度、减少重点行业污染，如图 6-45 所示。

图 6-45　两项工作可理解为从制度上减少污染

加强重点污染类别（对象）管理：从气体（燃气）排放上减少污染（减少油烟污染、减少燃煤污染）、从液体（机油）管理上减少污染（加强油品管理）、从固体（扬尘）清洁上减少污染，如图 6-46 所示。

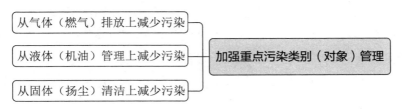

图 6-46　燃气、机油和扬尘属于重点污染类别

通过归类分组可以看到，"加强培训宣传"不属于治理污染的具体措施，跟其他三块显然不属于同一类型。因此，"加强培训宣

传"可以删除，或者在开头段一笔带过。此外，由于"扩大网格化监管队伍"里面的文字内容，没有说清楚这项工作到底要干什么，就难以将其归入相应类别，这个"料子"也就用不上。

经过两次"梳辫子"，可以看到，归类分组的过程，就是一个玩"思维拼图游戏"的过程，先把最小的"图块"组合成大一点的，然后又把大一点的"图块"拼成更大的……，以此类推，最后组成一幅有主题的完整图案。也就是说"打赢蓝天保卫战"这个主题，在该地区主要由"从制度上减少污染""加强重点污染类别（对象）管理"和"推广使用清洁能源"三方面组成，如图6-47所示。

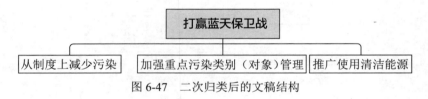

图6-47 二次归类后的文稿结构

三、戴帽子，制作标题

完成了归类打包贴标签，我们继续第三步"戴帽子"，寻找特点起标题。经过归类分组，可以得出认识：从宏观制度管控上减少污染，这个内容主要属于什么？这个工作属于控制污染。

加强对重点类别管理，也就是气体、液体和固体排污管理，这个是属于什么呢？这个工作属于治理污染。

新能源应用，主要是从源头上防止污染。经过上述思考，可以得出文稿标题框架，如下：

××县"控、治、防"三招打赢蓝天保卫战（修改稿）
一、制度控污，以宏观管控减少污染物排放

二、分类治污，以过程管理减少污染物排放

三、科技防污，以新能源应用减少污染物排放

通过这个标题框架，我们对打赢蓝天保卫战的认识更加深入，可以得出图6-48。

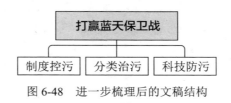

图6-48　进一步梳理后的文稿结构

××县"控、防、治"三招打赢蓝天保卫战（修改稿一）

一、制度控污，以宏观管控减少污染物排放

二、分类治污，以过程管理减少污染物排放

三、科技防污，以新能源应用减少污染物排放

××县强力打赢蓝天保卫战（原稿）

一、做好源头把控第一关，优化控制变量

二、做好"治与管"二重奏，强力削减增量

三、念好"扩推广"三字经，持续深化保障

四、讲故事，写好开头

××县"控、治、防"三招打赢蓝天保卫战（修改稿）

环境就是民生，蓝天就是美丽（**有认识**）。2018年，××县把打好蓝天保卫战作为惠民利民的重点工程，结合自身实际，找准

"制度控污、分类治污、科技防污"这一主线（**有思路**），做到"标本兼顾、分类施策"，经过全县上下共同努力，主要空气指标明显改善，让群众切身感受到环境质量改善带来的优质生活（**有效果**）。

××县强力打赢蓝天保卫战（原稿）

2018年，××县为进一步打赢蓝天保卫战，让人民切实感受到环境质量改善带来的优质生活，采取"一二三"工作法，力促空气质量各项指标达到标准。

修改解读

通过"找料子"可知，这篇例文具有18项工作要点，且不少工作较为专业、抽象，而且相似度高。处理这类信息，需要非常细心、耐心地逐一对比分析、抽丝剥茧，这样才能一点点找出共性、理出头绪。面对大信息量的文稿，如果直接"自上而下"分类表达，或许勉强可以分到第一层。当分到第二层、第三层时，越往下分思路就越混乱，就越感到吃力。当然，分类结果之间交叉重复的概率也就越大。

从原稿标题结构可以看出，写作者没有经过自下而上归类分组这个思维加工流程，而是为了迎合"一二三"结构强行对仗、刻意拼凑。三个标题之间只是为对仗而对仗，彼此之间缺乏内在联系。也就是说，"一二三"工作法其实并不存在。这种按照模板套路，自上而下把文稿标题想出来，很容易出现逻辑问题。不过，这篇文章是一位"菜鸟"朋友首次试水"大材料"，虽然还存在一些不足，但这位小伙子敢于接手，能够咬牙写下来，已经很不容易。这份勇气可嘉，也是成长的必经之路。

修改后的文章架构，体现出对保护蓝天的本质性、规律性认识，提出了开展这项工作的清晰思路，即从"制度控污、分类治污、科技防污"三方面入手，为做好这项工作提供了有价值的参考，从而在纷繁复杂的工作中，找到工作重点，打造工作亮点。这篇文稿构思的过程，就是理论源于实践，指导实践的过程。从中可以看出，这种整齐对仗且合乎逻辑的标题结构，是合理归纳的自然结果，不需要刻意编造。

笔者根据重新归类分组的结果，修改了原稿开头段，提出打好蓝天保卫战的工作思路和重点，这也是文稿框架结构的延伸和体现。此外，在修改稿中加入"经过全县上下共同努力，主要空气指标明显改善"的内容。因为综合类信息的作用主要是为了介绍经验和成绩，如果没有实实在在的成绩支撑，经验就无从谈起，这篇材料就没有上报的价值。

有的朋友会发现，"实操演示"和"实例点评"中的例文内容，都非笔者的本职业务，而是涉及党建、人才、医疗、环保、乡村振兴、司法、税务等诸多领域。其实，这正是写材料的重要魅力和神奇之处，充分体现思维能力的"跨界"属性。正如李瑞环同志在《学哲学 用哲学》一书中所说："哲学这门学问说来也神，你的工作越变化、越新，它显得越有用；你的地位越高、场面越大，它的作用越大；你碰到的问题越困难、越复杂，它的效力越神奇；面对的问题越关键，它发挥的作用越关键。"[1]

---

[1] 李瑞环. 学哲学 用哲学[M]. 北京：中国人民大学出版社，2005.

第7章 实例点评

7.1 点评《2017年抓基层党建工作述职报告》

2017年抓基层党建工作述职报告
（发言时间十分钟）

2017年5月担任××镇党委书记后，我针对上一年基层党建工作查摆出的突出问题，做到三个"两手抓"——学习贯彻党的十九大精神与解决具体问题两手抓、传承红色基因与加快绿色发展两手抓、加强党委班子建设与配齐配强村居"两委"干部两手抓，做到党建融入发展、融入民生、融入群众，打造了一系列实实在在的惠民工程，使党建软实力成为满足群众对美好生活需求的硬支撑。现将相关工作汇报如下：

一、主要工作

（一）党建融入发展，解决"重业务、轻党建"的问题

一是"大道理"对准"小日子"，把党的十九大精神落到实处。高标准做好宣讲党的十九大精神"规定动作"，同时，把"大道理"对准群众的"小日子"，把原本"撒胡椒面式"的补助金，向最困难的群众集中倾斜，并大幅提高补助金额，让群众对党的十九大精

神看得见、摸得着。

二是突出"党领导一切",确保党建与业务同研究、同部署、同推进。改变原来党委会议和党政班子会议"大杂烩"的做法,建立规范的书记会议、党委会议、党政班子联席会议制度,并邀请纪委书记列席书记会议。严格履行"三重一大"制度,做到"大家的事大家商量"。在班子内凝聚共识,确定特色化的绿色发展思路,把历史、生态、人文资源"串珠成线",使"党领导一切"这条主线,成为我们的"发展线""惠民线""生态线"。

三是传承红色基因,把唱响主旋律作为"终身大事"。上任不久,就带领班子成员瞻仰珠江纵队司令部旧址,重温入党誓词、谋划党建工作。整合革命旧址、古驿道、乡村自然风景资源,建设集红道、古道、绿道为一体的爱国主义教育基地,让红色成为永远的底色。

(二)党建融入民生,解决"历史遗留问题"

一是迎难而上,以"钉钉子"精神解决"老大难"问题。我相信——"老大难","老大"重视就不难。半年来,妥善解决拖欠征地留用地71.9亩[①],100%完成历史拖欠征地留用地任务,100%超额完成农村土地确权登记颁证任务。

二是给纪律高压线"通电",以廉政铁规保护民生利益。把廉政"高清探头"延伸到一线,全年共立案×宗。以查处××村"两委"班子违纪事件为契机,重新修订村级组织"人财物"管理制度,为群众撑起民生"防护罩"。

三是发挥党建优势守护"山清水秀",让群众共享生态福利。依托党组织的强大政治优势,短时间内向群众还了"两笔旧账"——清除困扰十多年的交通拥堵点违章建筑,做到还路于民;迎难而上

---

① 注:1亩≈666.67平方米。

拆除严重破坏湖水环境的养殖场，做到还湖于民，周边群众纷纷拍手称快。

（三）党建融入群众，解决基层党建"最后一公里"问题。

针对上一届××村"两委"选举曾被要求重选的问题，我下决心完成好这项政治任务。此次，经过周密部署、精准发力，顺利完成村级组织换届选举任务。另外，进一步压实驻点工作责任，带头"常下村、常在村、常惠村"，每位干部联系七户村民，每周二入户家访，全面收集群众热点难点问题，解决民生问题125件，化解矛盾纠纷286宗，实现从"走访"到"走心"。

二、存在问题

这次述职既是"成绩单"，更是"体检报告"。经过严格自摆自查，自己在抓基层党建工作上还存在以下问题：

一是思想认识不统一。体现在：少数干部对党建工作的重要性认识不统一，存在"重发展轻党建"的误区；部分党员对发展思路认识不统一，将"发展"与"保护"对立起来；个别同志对"规矩干事"的本质认识不统一，把"刹车"与"油门"对立起来。

二是党建工作冷热不均匀。体现在：村居党建工作热，两新党建工作冷；贯彻政策文件热，自主理论学习冷。完成"规定动作"热，开展"创新动作"冷的难题。

三是廉政监督不到位。"红脸出汗"不够，存在"好人主义"。部分村级组织集体决策议事制度不到位，"一言堂"现象还有市场。

三、下一步努力方向

按照党的十九大要求，结合实际，自己在下一阶段将做好"三个坚持"。坚持"补钙壮骨"，凝聚"党建是最大政绩"的高度共识。以贯彻落实党的十九大精神为契机，对党员干部进行"精神洗礼"，做到"能看齐、看得齐"。坚持"敢作为、善有为",凝心聚力加快绿色发展。重点解决园区征地历史遗留问题这块"硬骨头"。坚持"守规矩更有作为",营造风清气正、积极进取的干事环境。坚持"紧箍咒是最好的护身符",同时做到"让实干者实惠、为担当者担当",为长远发展凝聚最大公约数、画好最大同心圆。

行家点评

这是一篇"戴着脚镣却跳出美丽舞姿"的文稿。"戴着脚镣",是指这类述职报告在框架上一般都有严格要求,按照主要成绩、存在问题和下一步计划三方面来写,主要成绩部分的内容也有明确要求,需要从哪些方面进行汇报。但整篇文稿看下来,一点儿也不觉得像"八股文",反而个性鲜明、处处精彩。"美丽舞姿"是怎样跳出来的?仔细分辨,每一步,都是写作者多年经验方法的实际运用。

(一)"经典起式"

好的开始是成功的一半,文稿开头段是全篇信息的浓缩表达。所以,开头段不能靠想靠编,而是要在框架性认识的基础上,把思路、措施和成效说明白。文稿以简洁的语言开门见山,用三个"两手抓"讲清工作思路,用三个"融入"说明具体举措,用"党建软实力成为满足群众对美好生活需求的硬支撑"归纳成效,"思路+措施+成效"的表达方式,让读者对整体工作情况一目了然。

(二)"十件实事"打造"个性舞步"

文稿第一部分是"主体工程"。凝神片刻,便可发现,这个主体部分讲述了十件出彩工作。这些有特点、有成效、有亮点的工作，就如一颗颗闪亮的珍珠。但是，如果这些"珍珠"是散落的，光彩和价值都会大打折扣。文稿写作的任务，就是"串珠成线"，通过思维加工，把散落的"珍珠"整合成一条璀璨的"项链"，不仅光彩夺目，也更为"昂贵"——大大提升工作附加值。为了达到"串珠成线"的效果，作者用心做了两方面工作。

一方面，构思前对该镇工作情况进行全面深入了解。全面，是指从方方面面的工作中找到了十件亮点工作；深入，是指对这十件亮点工作的背景、难点、过程和成效都了解得非常清楚。如做好村"两委"换届选举工作。文稿是这样写的："针对上一届××村'两委'选举曾被要求重选的问题，我下决心完成好这项政治任务。此次，经过周密部署、精准发力，顺利完成村级组织换届选举任务。""重选的问题"说明了这项工作的背景和难度，"周密部署、精准发力"概括工作过程，"顺利完成村级组织换届选举任务"凸显工作成效，如果缺乏深入了解，很难只用短短两句话就把一件复杂工作交代得如此明白。

磨刀不误砍柴工，文稿写作是为领导代言，写作者跟使用者之间却往往存在信息不对称、认识不同步、思想不同频的现象。这就要求执笔者，特别是新人要主动跟领导沟通，搞清楚领导想说哪些工作，想表达什么意思，想达到什么效果。遇到不了解、不明白的地方，不要怕麻烦领导，更不能不懂装懂，而是要不厌其烦，敢于刨根问底，把工作彻底搞清楚，以免成稿后领导不满意，推倒重写。其实，把报告写好是大家共同的目标，也是对领导最大的尊重和支持。

另一方面，找到了串起"珍珠"的那条"线"。这条"线"就是文稿架构。只有运用恰当的架构，才能把十项重点工作分门别类、灵活组合。在本文的框架结构中,"三个融入"就是一条主线,围绕文稿主题,把零落的珍珠串成一条款式新颖、熠熠生辉的项链。这一招"自上而下分类表达"看似简单,实则不易,如果没有良好的逻辑能力,缺乏对工作的深入认识,就算看到这样的标题也很难有感觉,不知道该怎么用。

(三)生动表达为"常规舞步"添彩

文稿第二、第三部分所讲问题及计划,基本上是许多地方都会遇到的共性问题及常规动作。但此稿出色之处在于做到了对"常规"的生动表达,让人看上去有新鲜感。以第三部分为例,"三个坚持"其实讲的就是三件事,坚持"补钙壮骨"是思想建设,坚持"敢作为、善有为"是作风建设,坚持"守规矩更有作为""紧箍咒是最好的护身符"是党风廉政建设,但经过如此转换表达,给了读者、听者一个审美的空间,便不觉得闷了。整篇文章可谓"金句"不断,"'大道理'对准'小日子'""大家的事大家商量""终身大事""让红色成为永远的底色""'老大难''老大'重视就不难""给纪律高压线'通电'""廉政'高清探头'""常下村、常在村、常惠村"……这些源于党报党刊的好词金句充分诠释了一句话:"养兵千日用兵一时"。

此稿亦有不足。如"党建融入发展"中所讲提高补助金、向最困难群众倾斜这一项工作,似乎放在"党建融入民生"部分更恰当;党建融入民生、党建融入群众,"民生"与"群众"有所交叉。但是,舞步之间衔接的瑕疵并没有影响整体舞蹈的精彩。

7.2 点评《2018年抓基层党建工作述职报告》

2018年抓基层党建工作述职报告

2018年,本人坚持学懂弄通做实党的十九大精神,认真贯彻落实习近平总书记视察广东重要讲话精神,针对上一年查摆出来的突出问题,从"党的建设、绿色发展、基层治理"三方面入手,自觉、主动、经常向党中央对表看齐,不断校准思想的"时针"、行动的"分针"、作风的"秒针",努力做到"分秒不差",推动"红色火车头"牵引××镇"绿色动车"加速度发展。现将相关工作汇报如下:

一、主要工作

(一)坚持思想的"时针"不能偏,推动"政治建党"落地生根

一是"关键少数"发挥关键作用。结合"两学一做"学习教育,促进班子成员学习制度化、常态化。建立"党委书记、班子成员、村支部书记"轮流讲党课制度,让党的理论进社区、进校园、进企业。开展"学精神读金句"有奖竞答系列活动,举办多场红色专题文艺汇演,用客家山歌唱响习近平新时代特色社会主义思想,让党的精神家喻户晓、老少皆知。

二是构建铸魂补钙的精神"防护林"。做好意识形态工作第一责任人,引导党员干部做"莲藕"不做"浮萍"。深刻查摆剖析上级通报的违纪违法案件,加强反面典型教育,绝不允许"圈子"毒害班子。全力配合纪委开展工作,聚焦中央巡视和前三轮市委巡察发现的问题,让纪律探照灯照到每个角落,确保政治生态和自然生态一样山清水秀。

三是打牢党建工作的"基础设施"。大家的事大家商量,落实"三

会一课"、民主生活会、领导干部双重组织生活会和谈心谈话制度。推进党支部"四化"建设，完成基层党组织升格、换届、撤并。完成镇党校改建，做到村级党群服务中心全覆盖。规范发展党员，杜绝党建工作"空心化"。打造"24小时不下班"的人大代表联络站，促进党群干群关系由"你""我"到"我们"，经验做法入选全省县乡人大工作创新案例。

（二）坚持行动的"分针"不能慢，绿色发展实现"三级跳"

一是"设计图"成为"施工图"。班子就"保护中发展，发展中保护"的思路形成高度共识和强大合力，制定全域规划。按照沉香小镇、服务业聚集区、科创中心、古驿道连点成线的思路，升级营商环境，变"招商引资"为"选商择资"。不到两年，我镇绿色发展就从"设计图"变为"施工图"，实现从嘴上到纸上，再到地上的三级跳。

二是"一种香"带活"整盘棋"。党委班子坚持"点上突破，以点带面"，以建设沉香小镇为切入点，引进国家林科院木材研究所，设立沉香检测中心，发布"国内最高、国际领先"的区域沉香鉴定及分级标准。在全省率先申报、加入由国家林业和草原局组织的"沉香产业国家创新联盟"，进入国家级科技创新体系。通过抢占行业标准制高点和话语权，本地沉香产业后来居上，为绿色发展打下坚实基础。

三是"一根弦"绷紧"一整年"。绿水青山是××镇的命脉、品牌所在。党委始终绷紧生态保护这根弦，以水环境治理为重点，河涌水质监测排名全市第一。敢于较真碰硬，拆除水库养鱼场、××村养猪场、中心湖周边养鸡场等历史遗留"污染源"，并完成复绿工程，存储绿色资本。

（三）坚持作风的"秒针"不能停，以党建引领基层治理创新

以整顿软弱涣散的××村党支部为契机，从"人财物"全力

支持该村新两委班子大胆创新，治理方式从"替民做主"向"让民做主"转变；村干部在家门口悬挂"示范党员之家"牌匾，主动接受村民监督；物质激励和市场运作相结合，创新垃圾分类回收取得实效。今年8·28水库溢洪，该村大部分家庭被齐腰洪水浸泡，但村民无一提出意见或要求。在堤坝面临崩溃之际，村民们自发运来沙石，帮助化险为夷。通过基层党建与社会治理同向发力，××村用"伤筋动骨"换来"脱胎换骨"，以往人心涣散的"红脸村"变成凝心聚力的红火村。

二、存在问题

（一）部分党员干部在理论学习上存在"温差"

一是学习"无感"比较突出，党课对接党员存在"最后一公里"难题。二是理论学习存在"注水"现象，心得体会靠"百度"比较严重。三是意识形态反应"迟钝"，对意识形态工作重视不足，阵地意识不强，意识形态工作责任制有待加强。

（二）部分党员干部在思想认识上存在"偏差"

一是对"党建"与"发展"的认识不到位。存在"重业务、轻党建"的"偏科"思想，党建工作的鲜明性、严肃性、引领性不够突出。二是对信任与监督的认识不到位，存在"以信任代替监督"的问题。三是对"显政绩"与"潜政绩"的认识不到位，对领导重视、短期见效的工作比较上心，对打基础、利长远的事情不够主动。

（三）部分党员干部在作风建设上存在"落差"

"在会场多、到现场少"的现象仍然存在。班子成员基层调研不够扎实，基层党员干部被"围猎"的风险增强。

三、努力方向

（一）以高质量党建推动高质量发展

推动党建工作从"被动抓"到"主动抓"，服务发展由"围绕型"

到"融入型"转变，把党建优势转化为更大的发展优势。

（二）培养党员干部正确的政绩观、价值观

多做"现任育种育苗，后人见花见果"的工作，为本地区可持续发展打下基础。

（三）营造风清气正、积极干事的环境

既要把真抓严管作为最大福利，又要坚持"最好的支持是容错"，让吃苦的干部吃香、实干的干部实惠、有为的干部有位。

我的汇报完了，谢谢大家！

行家点评

与前一篇文稿相比，本篇可谓"进阶之作"。总体感觉更加大气、完整。若说前者是以跳出"八股文"的新颖"吸引眼球"，那本篇则是以"自成一体"的硬朗"冲击心灵"。进阶于何处？

（一）进阶于"拉长短板"

即相对于之前一篇文稿，本文各部分框架结构的逻辑性明显增强，尤其是占有三分之二篇幅的"主要工作"部分。以思想的"时针"形容抓好政治引领，以行动的"分针"形容落实绿色发展，以作风的"秒针"形容创新基层治理，其实就是从思想、行动、作风三个角度概括了在政治建设、经济发展和基层治理三个方面所取得的突出成绩。这三个角度、三个方面没有交叉重复，再辅之以"时针""分针""秒针"的形象比喻，使人不禁产生了时钟的画面感，感觉无懈可击。再看思想的"时针"部分，第一小点讲如何抓好"关键少数"，第二小点讲如何抓好绝大多数，第三小点讲如何抓好基础工作，此三小点也同样没有交叉重复，具有逻辑性。

（二）进阶于"长板更长"

一是文稿所突出的"实事"，不但"亮"，且更具分量。如"24小时不下班"的人大代表联络站，经验做法入选全省县乡人大工作创新案例；发布"国内最高、国际领先"的区域沉香鉴定及分级标准；河涌水质监测排名全市第一等，集中了一批在全市、全省、全国排上号的工作，以更高的含金量形成强烈冲击力。好材料源于好成绩，但是工作好，材料不一定写得好；材料写得好，工作不会差。二是文稿所表达的常规问题，不但生动，而且更加丰满、具体。如"温差""偏差""落差"的比喻，又如党课对接党员存在"最后一公里"难题、心得体会靠"百度"比较严重、意识形态工作反应"迟钝"等。

可以看出来，作者继续发扬动笔前全面深入了解工作的扎实作风，也一直未曾放松学习积累。例如，"时针、分针、秒针"这一框架，就源于日常的读报积累。这次的"三针"表述，也给与会人员留下深刻印象。述职会议结束之后，有人特意跟述职的领导说："期待下一次精彩发言。"

7.3 点评《"红色灯塔"引领"绿色发展"——2019年全市组工会议经验交流材料》

"红色灯塔"引领"绿色发展"
——2019年全市组织工作会议经验交流材料
（发言时间八分钟）

近年来，××镇党委坚持学懂弄通做实党的十九大精神，认真贯彻落实习近平总书记视察广东重要讲话精神，在"党的建设、绿色发展、基层治理"三个方面下功夫、见实效,获得镇区党政班子考核优秀、河涌水质监测全市第一、社保工作考核全市第一等成绩。主要做法总结为三个"是(市)(事)"。

第一,"是非"的"是",把党的建设摆在首位,明辨大是大非。

一是班子建设从"列车组"到"动车组"。基层工作复杂繁重,不能只靠"一把手"拉动,要树立"动车组"思维,大家的事大家努力,依托组织优势,激发每位班子成员的积极性、创造性。我坚持"当班长不做家长",带头规范书记会议、党委会议、党政班子会议,主动落实"三重一大"议事规则,强化党委的领导和把关作用,杜绝选人用人"近亲繁殖",班子建设实现核心引领、同向发力、高效落实。

二是管党治党从"家常菜"到"招牌菜"。严格整改市委前三轮巡察发现的问题,规范党组织设置和党员日常管理。坚决守好意识形态的"责任田",深刻查摆剖析上级通报的违纪违法案件,抓好反面典型教育绝不允许"圈子"毒害班子,让政治生态和自然生态一样山清水秀。在做好"家常菜"的同时,做亮"招牌菜"。结合本地特色,举办"沿着习近平总书记指引方向奋进"系列文艺汇演12场次,用客家山歌唱响习近平新时代中国特色社会主义思想,获得全市汇演金奖,党的精神家喻户晓、老幼皆知。

三是信仰传承从"一点红"到"一片红"。××镇是革命老区,但红色基因不是古董,需要挖掘时代内涵,彰显时代价值。在市委指导下,我们整合革命旧址、古驿道、乡村自然风光,把红道、古道、绿道"三合一",打造立足全市、面向大湾区的爱国主义教育基地,让"一点红"成为"一片红",红色招牌更加响亮。去年9月,古驿道率先贯通,国庆期间吸引游客1.5万人,成为全市旅游的新名片。

第二,"市场"的"市",用"看得见的手"服务"看不见的手",

红色灯塔引领绿色发展成效突出。

一是强化引领力,坚持吃生态饭走创新路。抓基层党建不能泛泛而谈,而是要凝心聚力、引领发展。党委班子做好"领头雁",共同制定绿色发展全域规划,推动沉香小镇、服务业聚集区、科创中心、古驿道连点成线,全面升级营商环境,变"招商引资"为"选商择资",一批实力雄厚的企业先后多次前来考察洽谈并提出合作意向。不到两年,××镇绿色发展就从"设计图"成为"施工图",实现从心上到纸上,再到地上的三级跳,党建"软实力"成为绿色发展"硬成效"。

二是激发组织力,以"钉钉子"精神干事创业。发挥干部提拔的杠杆激励作用,把一批想干事、能干事、不出事的干部放到关键岗位,激发出强大的干事创业活力。沉香小镇建设仅一年多时间,就成功引进国家林科院木材研究所,设立沉香检测中心,加入"沉香产业国家创新联盟"(由国家林业和草原局评定,全国首批、全国唯一的沉香产业平台),发布"全国最高""国际领先"的沉香标准,一批国内沉香龙头企业纷纷进驻,我们用优良的工作表现,彰显了新时期党员干部的担当和价值。

三是保持威慑力,以高颜值生态支撑高质量发展。生态是××镇的命脉。我们把"组织优势"转化为"工作招式",做到不讲情面、不看背景、不计成本,一举拆除多个交通拥堵点违章建筑,以及中心湖周边养殖场、林场周围农庄等历史遗留"污染源"。从最难的地方入手,整治土地"两违"问题,不到一个月,就啃掉15处"硬骨头"中的"硬骨头",为全面清拆铺平道路,从源头上保护绿水青山。

第三,"干事"的"事",用心用情用力做实事惠民生,用党建引领解好基层治理"方程式"。

一方面，选群众放心的人，"红脸村"成为"红火村"。××村曾因非法土地买卖案件，"两委"班子成员受到严肃处理。以整顿软弱涣散党支部为契机，由我牵头负责，配套专项经费，选派2名科级干部全脱产进驻该村，选出群众认可、公信力强的"两委"班子。村干部主动在家门口悬挂"示范党员之家"牌匾，自觉接受监督，并主动规范财务制度；全面整治乡村环境，实施物质激励和市场运作相结合的垃圾分类模式，受到群众欢迎。去年8·28水库溢洪，在堤坝面临崩溃之际，村民齐心协力运来沙石，帮助化险为夷。通过党建引领，××村用"伤筋动骨"换来"脱胎换骨"，从"红脸村"变为"红火村"，成功解开了基层治理这道复杂的方程式。

另一方面，做群众开心的事，"钉子户"成为"粉丝户"。人心是最大的政治，党建工作只有扎根群众、服务群众、引领群众，才能凝聚群众。我们把干部驻点工作做实、做深，协调解决一批民生难题，两年未发生非正常上访事件。××村村民黄某因村委十几年未能兑现安置地承诺，影响儿子结婚，曾多次上访申诉。我主动包案、协调此事，用"认真"赢得"理解"——黄某不仅接受曾拒绝多年的解决方案，还对党委政府充满感动，主动宣传党的政策精神、协助做好村民工作，从上访"钉子户"转变为党的"粉丝户"。

下一步，××镇党委将努力做好第四个"势"，这是"形势"的"势"，紧紧围绕全市中心工作，把党的建设摆在首位，找准××镇在大湾区、全市的位置，用"红色车头"引领"绿色动车"跑得更稳更快更远。

我的汇报完了，谢谢大家！

行家点评

之前两篇是党建述职报告，这篇文稿则是经验交流材料，可以看作是对前两篇述职报告的总结。虽然三篇材料的基础素材差不多，但是框架结构不同，还是给人不一样的感觉。相对来说，此稿更加新颖、饱满、大气，更能吸引人、打动人，在立意、表达和情感上都可圈可点，在写作方法上具体表现为"三板斧"。

（一）立意巧妙，不拘一格

此篇文稿没有采用常见的党建材料标题结构，而是用了四个同音字"（是）（市）（事）（势）"作为四梁八柱，巧妙点出工作成效和下一步努力方向。一篇文章能不能吸引人，开头段至关重要。文稿沿用了"讲故事"的开头方式，在开头段就对工作思路、措施和成效进行了高度浓缩和集成表达。这种逻辑严谨、简洁凝练、思路清晰的写作方法，跟那些老调重弹、千文一面的文章形成鲜明反差，一下就激发起读者的阅读欲。用四个同音字作为关键词串联全文，这是本文最大的亮点和突破，改变了许多人对党建述职材料"八股"、刻板的印象。这份观察力、想象力和表达力，并非"临时抱佛脚"或者"灵机一动"可以做到，而需要敏锐观察、日常积累。

（二）表达生动，入耳入心

首先，在大标题层面，三个标题并没有刻意对仗，但丝毫不影响表达效果，让人感觉有高度、有力度、有温度。其次，在小标题层面，采用了富有动感、突出成效的表达方式，例如，"列车组"到"动车组"、"家常菜"到"招牌菜"、"一点红"到"一片红"，以及"红脸村"成为"红火村"、"钉子户"成为"粉丝户"，通过前后对比，突出变化，给读者留下深刻印象。最后，在文字表达层面，使用了大量有党味、有思想、有新意的好词好句，如，"基层工作复杂繁重，不能只靠'一把手'拉动，要树立'动车组'思维""绝不允许'圈子'毒害班子，让政治生态和自然生态一样山清水秀""党的精神家喻户晓、老幼皆知""红色基因不是古董，需要挖掘时代内涵，彰显时代价值""全面升级营商环境，变'招商引资'为'选商择资'""不到两年，××镇绿色发展就从'设计图'成为'施工图'，实现从心上到纸上，再到地上的'三级跳'"……这些生动表达不仅给读者留下深刻印象，还给严谨的公文增添了语言美感。

（三）浓墨重彩、讲好故事

真实是公文写作的生命线，让读者感觉真实可信，是一篇文稿的基本要求。这次汇报时间只有八分钟，要在如此短的时间内让人信服，并不是一件容易的事情。这个时候，就需要通过见人见事，用真实的事例打动人。本文在第三大点，分别举了两个真实的例子，特别第二小点，不惜笔墨讲述村民黄某的前后转变，作为对基层治理成效的支撑和说明。

写材料主要通过归纳概括，把对工作的认识从感性层面上升为理性层面，通常使用概括性、综述性语言，较少看到接地气、冒热气的故事描写。但是，从感性认识上升为理性认识，不代表感性认识不重要，理性可以说服，感性则能说动。人终究是情感动物，很多时候控制我们大脑的不是理性，而是感性和情绪。在人的潜意识中，一个真实感人的故事，可能比一百句有道理的话更值得信任。从现场受众的角度来说，浓墨重彩讲真故事、讲好故事，不仅不会让人厌烦，反而给人可信、可亲、可爱、可敬之感，可以达到晓之以情、动之以理、情理相融的效果。基层党建工作主要就是做群众工作,"群众满意不满意"是衡量基层党建工作的根本标准,帮助群众解决问题是基层党组织书记的职责所在。本文通过朴实无华的小故事,让一位基层领导的爱民、亲民、为民的情感自然流露。

7.4 点评《2019年抓基层党建工作述职报告》

2019年抓基层党建工作述职报告

2019年,××镇党委坚持学懂弄通做实党的十九大精神,认真贯彻落实习近平总书记视察广东重要讲话和重要指示批示精神,对焦中央及省市巡视巡察发现的突出问题,从党的领导、党的建设、全面从严治党三方面入手,让党建"软实力"成为推动高质量发展的"硬支撑"。市级税收居全市镇区前列;河涌水质监测继续全市第一;党政领导班子安全生产责任制考核获评优秀。现将相关情况汇报如下:

一、主要做法

(一)把加强党的领导摆在首位,红色灯塔引领革命老区焕发新活力

一方面,抓铸魂补钙,确保习近平新时代中国特色社会主义思想落地生根。高质量完成政治学习规定动作,深入落实意识形态工作责任制。发挥红色资源优势开展"不忘初心、牢记使命"主题教育,组织瞻仰珠江纵队革命史迹,探望慰问老红军、老战士和英烈亲属,举行红色纪实文学《××镇英雄儿女》首发仪式,党中央精神在我镇落地生根。

另一方面,抓示范引领,强化党对一切工作的领导。坚持做"班长"不做"家长",严格履行"三重一大"决策制度,大家的事大

家商量。党委班子制定"沉香产业链、特色资源链、乡村振兴链"三链合一的绿色发展思路，全面升级营商环境，变"招商引资"为"选商择资"，一批优质企业纷纷入驻，财税收入增幅全市第三。建成辖区第二所公立幼儿园——××幼儿园，可提供315个公办学位。在每个村建立长者饭堂，为60周岁以上孤寡老人，80周岁以上长者免费或减费提供定点就餐，老人们纷纷称赞共产党带来的好日子。

（二）全面加强党的建设，激发党组织政治优势，为××镇高质量发展注入源源不断的强大动力

一是推动党支部规范化建设，做强基层党建阵地。将党建工作单列考核，占比权重从3%提高到40%，激励导向作用更加突出。在××村建设乡村振兴示范点，创新"村民分类、定点回收、村委奖励、政府支持"垃圾分类回收模式，垃圾减量超20%；投入2 000万元治理环境、完善设施，筹建30多个乡村振兴精品项目，××村软弱涣散党组织成功摘帽，"红脸村"成为欣欣向荣的"红火村"。在2019年全省首批"国家森林乡村"公示名单中，该村成为全市唯一上榜的自然村。

二是抓实党组织"头雁"工程，让村支书真正成为"带头人"。扎实推进"青苗工程"，100%精准落实发展党员指标。开展党员评星定级管理，以评优创先凝聚正能量。实施基层党组织"头雁"工程，推动解决老大难问题。例如，由于近年土地价格大幅上涨，××村因土地转让问题引发持续诉讼。2019年10月，村集体败诉，面临巨额违约金和诉讼费。为解决这一难题，村支书带头入户走访教育，发动相关驻村党员干部，说服家人亲戚带头罢诉息访。由党委与相关企业协调，就赔偿达成和解，村民们十分感激，这块"硬骨头"得到圆满解决，大大提升了村支书及两委威信。

三是强化基层党组织的战斗堡垒作用，用"骨头硬"啃下"硬骨头"。针对历史遗留问题，班子成员、部门负责人和村干部协同作战，咬定青山不放松，挨家挨户做工作，赢得群众支持，完成四个大型基建项目近1 500亩的交地任务。啃下多处违建"硬骨头"，全年清拆"两违"74宗16万平方米，提前1年完成清拆任务，实现"零伤亡、零上访"。

（三）坚持全面从严治党，严管与厚爱刚柔并济，为干事创业提供坚强的政治保障

一方面，坚持严管就是厚爱，把纪律挺在前面。党委每年专题研究党风廉政建设和反腐败工作不少于两次。全年提醒谈话×人次，诫勉×人次，立案查处党员干部违纪违法案件×起，给予党纪政纪处分×人次，问责通报×人次，调整不适应领导岗位的干部×名。保持扫黑除恶高压态势，破获涉恶案件×宗，打掉涉恶团伙×个。

另一方面，坚持厚爱也是严管，把激励落到实处。发挥干部提拔的杠杆作用，大力选拔重用勇于担当、实绩突出的"猛将"和"尖兵"，干部提拔率达38%，让吃苦的人吃香，有为的人有位。

二、存在问题

（一）政治理论学习有待提高

理论学习"上热中温下冷"现象比较突出，以会议贯彻会议、以文件落实文件的形式主义、官僚主义现象仍有发生。

（二）基层党组织建设有待加强

部分村干部综合素质偏低，村级集体经济"造血"能力不强。

三、认识体会和努力方向

第一，党建是做好一切工作的根本。任何工作成绩和问题，根源都在政治上。要坚持做到党建工作与重点项目建设同研究、同部

署、同落实、同督办,把政治优势转化为发展优势。第二,老大难,老大重视就不难。坚持把解决"老大难"问题,作为书记的必修课、常修课,团结带领干部群众打好蓝天碧水净土保卫战和征地拆迁攻坚战,为高质量发展提供全方位保障。第三,干部不作为就是做逃兵。领导岗位首先是政治岗位,干部不担当就如军人做逃兵,是严重的政治问题。我们将坚决调整、处理只想当官不想干事、只想揽权不想担责、只想出彩不想出力的太平官、逍遥官;大力提拔作风过硬、敢于担当、善于攻坚的有为干部。

我的汇报完了,谢谢大家。

行家点评

看完此篇,再回看之前三篇党建文稿,便可发现"相同的配方,不同的味道"——文风似曾相识,但从逻辑架构、信息含量、文字表达来看,每一方面的提高幅度都很大,实现了整体提升。从成长的角度说,此篇党建工作材料可称三年历练之后的"集大成"之作。

(一)文稿逻辑架构走向完整严密,解决党建与业务"两张皮"问题

本篇文稿每一部分的逻辑架构都非常完整、没有任何交叉和重复。第一部分,从"党的领导、党的建设、全面从严治党"三个方面讲成效;第二部分,从"理论学习"和"组织建设"两个方面讲不足;第三部分,从"思想认识""解决难题""干部建设"三个方面讲体会和努力方向。每一部分的各个方面都是一个侧面,各自独立,体现了清晰的并列关系。回看2017年、2018年的文稿,第一部分的框架是"党的建设、推动发展、基层治理",这个框架将

推动发展、基层治理与党的建设割裂开来，自然就出现了党建与业务"两张皮"的问题，只是出色的文字表达，遮掩了这个突出问题。而本篇第一部分的框架"党的领导、党的建设、全面从严治党"，每一点都是开展党建工作对某一方面的工作要求，然后将推动发展、基层治理、干部建设的成绩融入其中，"两张皮"的问题迎刃而解。

如果说之前的述职报告在文字表达上有"小技巧"，此稿则是在整体结构上有了"大格局"，体现出对党建工作更深刻、更本质的认识，这恰恰是文稿最重要的高度支撑。这一进步，与作者参加巡察工作，特别是用心撰写巡察报告密不可分。巡视巡察是"政治体检"，主要从党的领导、党的建设、全面从严治党三个方面，来剖析被巡察党组织存在的突出问题。加强党的领导，是为工作提供方向引领；加强党的建设，是为工作发展凝心聚力；全面从严治党，是为工作发展提供政治保障。认识论决定方法论，认识上的突破带来了写作方法和框架结构的重大提升，较好地解决了党建与业务"两张皮""党味不足"的难题。一言以概之，认识的深度决定文稿的高度。

（二）综合利用信息走向"点线面"结合，文稿信息含量提质扩容

在此之前的每一篇文稿，都是在"讲故事"。读完之后，总是能记住很多个精彩的故事。一个"故事"，其实就是一个"点"。文稿常用的笔法是"点线"结合。即每一小段开头一句是"线"，总结某一项工作成效。接下来便是"讲故事"（也就是一个一个的"点"），来说明工作的成效。而本篇第一部分每一小段基本都是"点线面"结合。如讲"抓示范引领，强化党对一切工作的领导"

这一段。第一句是面,讲总体坚持的原则。第二句是讲在怎样发展这条"线"上落实这个原则以及成效。第三、第四句是"点",用两个具体事例说明发展给民生带来的成效。"点线面"结合,增加了一个"面"的抽象层次,势必压缩了"讲故事"的篇幅,但是文稿深度随之增加,能提供给人的信息含量也显著增加,更能引发人们在"故事"之外的思考。

(三)文字表达走向共性与个性兼备,文风既有党味又不乏趣味

与之前几篇文稿相比,本篇的文字表达,增加了朴实、庄重、浑厚之感。最直观的体现就是文稿大标题、小标题中的"双引号"少了许多,形象化表达少了许多。这与文稿整体框架逻辑性的提升、信息内容抽象层次的提升直接相关。在"共性"表达增加、党味增加的同时,文稿依然结合述职领导的自身特点,做好"个性"表达。如用"老大难,老大重视就不难""干部不作为就是做逃兵"来表述在"解决难题""干部建设"这两方面的认识,体现述职者的干练、担当和魄力。通过这种方式,做到对共性认识的个性化表达,实现共性与个性的统一。

正如法国著名画家、《拾穗者》作者米勒讲过的那句话:美生自调和。如果我们能够把共性与个性这一对矛盾有机融合,这个整体就会产生美感,从而写出既有原则性又有灵活性的文稿。一篇高质量的文稿,往往同时具备政治高度、业务深度、情感温度和语言鲜活度,让读者得到丰富多样的阅读体验。这个道理就像做菜,手艺好的厨师,对各种食材和烹饪技法都有深入研究,能够制作口感丰富的美味佳肴。譬如北京烤鸭,鸭皮酥松,鸭肉细腻,配上的葱段爽脆,蘸酱浓郁,各种口味并存不悖、相辅相成。

从表面上看,本文整体的提升来自文稿框架结构的调整,以及信息整理方式的调整,但实际上任何调整都首先来源于认识的提升,而认识又来源于实践。归根结底,都是理论学习与实践总结之间,反复交替进行的结果。再归根结底,大道至简,学无止境、贵在坚持。

7.5　点评《离任感言》

离任感言

各位同事:

大家好!根据组织安排,今天我将正式卸任外事侨务局局长。这次岗位调整来得突然,我的第一反应就是不舍得,接下来感到更不舍得。在过去的一个月里,这份不舍之情在我心中持续发酵、与日俱增,每次想到即将离开自己深爱的集体,离开七年来一块苦、一块干、一块哭、一块笑的兄弟姐妹,眼睛都忍不住湿润,就像当年出嫁时对娘家的不舍。临别之际,我不想说再见,也说不出再见,只想跟大家说几句心里话。

七年来,在外侨局局长这个岗位上,我时刻不敢懈怠,始终踏踏实实、老老实实做好工作。上任之前,我就了解到外侨局是有着光荣传统的先进集体,而自己底子薄、资历浅,能力有限,只有以勤补拙、苦干实干,才能跑好这一段接力赛。从高局手中接棒的第一天起,我就毫无保留、全力以赴,扎扎实实做好市委市政府交办的每一项任务,抓紧抓实局里面的每一项重点工作,想方设法为全市发展,为外事侨务港澳工作发展做一些实事。履职七年来,我委屈过、煎熬过、痛苦过,但从来没有松懈过、推卸过、放弃过。我知道,自己的工作不能让每个人都认同,但确实已经竭尽全力;我的为人不能让每个人都满意，但对每位同事都是真诚相待。对于自己的诸多不足，我相信更多是能力的问题，而不是态度的问题。七年来，我们始终携手同心同向同行，除了彩姐不幸离开，我们这个团队没有发生任何"事故"，只留下一个个同甘共苦、值得回味的感人故事。今天，我可以心安、欣慰地交出自己这一棒。

  七年来，无论自己在哪里，压力有多大，我从来没有感到孤单，因为身后站着五十多位无条件、随时站出来的兄弟姐妹。大家都说，脸蛋是女人的第二生命，我也是个特别好脸的人，但是，让自己引以为荣、最为珍惜的不是自己生来的这张脸，而是另一张脸，那就是外事侨务局这个卓越暖心的团队。这些年来，无论是面对省市领导、兄弟部门，还是在旅外乡亲、亲朋好友面前，我都从来不掩饰对这个集体的骄傲和热爱。不管出访走到多远，在世界各地遇到怎样的突发情况，我从来没有感到孤单；不管接到怎样的急难任务，我从来不会担心；不管遇到怎样的挫折委屈，我也从来不会退缩，因为自己背靠着一个具有强大凝聚力、战斗力的坚强后盾，有一支从未让我失望、屡屡创造奇迹的卓越团队。我深切感受到：一个人可以走得比较快，但一群人才能走得远。说实话，这些年工作的确很辛苦，但我没有痛苦；确实很累，但不会心累，在这个温暖的大家庭里面没有山头、没有内耗，只有温暖。作为局长，我除了感动，还是感动。我讲过很多次，能够拥有如此可靠、可亲、可爱、可敬的伙伴，是我本人，也是整个班子最大的幸运和幸福。随着岁月流逝，爸妈给的脸蛋会被时间改变，再好的美颜相机也留不住，但是，外侨局团队这张美丽的笑脸在我生命里永远年轻、永远绽放、永不褪色。

  七年来，自己忙于工作，急于赶路，没有很多机会与同事们一起欣赏分享路上的风景，对大家关心、帮助不够，让我感到遗憾和内疚。人事有代谢，往来成古今。来到外侨局的这七年，看到老领导、老同事光荣退休、安享晚年，新生代为人父母、独当一面，新入职的小鲜肉也顺利融入、快速成长，近40人次得到提拔交流，整个队伍和谐共处、欣欣向荣、充满活力，让我从心底感到高兴和欣慰。同时，随着自己来到不惑之年，越来越感受到上有老、下有小，中间忙工作的"三文治"压力，特别是去年父亲病故，给了自己很大的触动和思考，让我深刻体会到，除了有声有色工作，还应该有滋有味生活，不要留下太多本来可以避免的遗憾。这些年来，同事们一直处于高强度、快节奏、超负荷的工作状态，都感到很累、很疲惫，我都看在眼里、放在心上、感同身受。从去年年底开始，我就一直认真在想这个问题，下决心一定要踩刹车，把工作节奏慢下来，让同事们有更多时间去陪伴家人，丰富充实自己，有更多的获得感和幸福感。但是，这个决心还是迟到了，岗位调整突如其来，让我无法跟同事们一起继续欣赏路上多姿多彩的风景，分享共同成长的阳光雨露，这些遗憾都成为我心中深深的内疚。回过头来看，这些年我跟同事们的交集主要在工作上，在思想上、学习上的交流不够，主动聆听大家心声的机会不多，对同事的了解不够全面、深入，对年轻同志的直接关心比较少，希望大家谅解。

最后，我想用三句话与同事们共勉。

第一，领导魅力＝99%的个人影响力+1%的权力。这句话送给我们的班子成员、中层干部以及今后有机会成为领导的年轻同事，希望大家成为有魅力、有魄力、有能力，让人服、惹人爱的领导。

第二，在工作中要忘记性别，在生活中要记住性别。这句话与全局的女同胞们共勉，我们不仅要有男人的拼，更要有女人的美，我们柔弱的肩膀不仅要撑起事业的半边天，还要撑起生活的一片天。

第三，学习成为常态，工作才有状态。这句话与全局同事共勉，无论在哪个领域和岗位，特别是作为外事侨务港澳干部，不学习，工作就打不开思路；不学习，思想就提不高境界；不学习，就难以胜任本职工作，学习永远是最大的红利。

最后的最后，我诚恳地向大家提出一个请求，希望全局同事都像帮助爱护我一样，继续全力支持、配合新局长的工作，我由衷期待并相信，在新任局长的领导下，班子会更加团结进取，每位兄弟姐妹都更加幸福，我们共同的外事侨务港澳事业将百尺竿头更进一步。

谢谢大家！

行家点评

严格来说，这不是一篇常见的综合文稿。从功能来说，是一封帮领导代拟的公开信，属应用文。但笔者更认为它是一篇文学作品，用最朴实的语言表达了最真挚、充沛、打动人心的情感，已经具有一定的审美价值，可以从审美的角度去欣赏。

对于公文与文学作品，一直流传着两种观点。一种是，有的人公文写得很好，但写不出文学作品，也有能把这两种都写好的人，但极少；另一种是，因为喜欢写文学作品，所以不愿意写公文，公文"八股"式语言写多了，条条框框约束多了，消磨了灵感，写不出文学语言了。这篇文章，就是对上面两种看法的最好回应。写公文与写文学作品并不矛盾，也不是极少数人才具有的天分。正所谓殊途同归，大道同源，不论写什么，要想写得好，都需要心中有爱、善于观察、具备逻辑思维。

（一）心中有爱

真正写好一篇文章，绝不仅仅靠写作技巧，更重要的是心中有爱。对岗位有爱、对团队有爱、对同事有爱，只有心怀爱心去观察、去体会，才能同频共振、感同身受，才能触摸到周围最真实的心跳，感受到最细腻的情绪，然后把自己的情感和体会融入文字之中。爱去到哪里，能触摸到的边界就去到哪里。爱的动力，不仅来自领导认可、职级待遇，最根本的是来自"敬业"，就是对写作这份职业保持尊敬，不管在什么条件下，都要全力以赴把事情做好，把文章写好。

（二）善于观察

领导看完这篇稿子都觉得意外：为什么作者如此了解自己？对于这点，很大程度上源于作者在报社的实习经历，养成了细心观察的习惯，也就是常说的"新闻敏感"。这种思维习惯，让他时时留心观察领导的点点滴滴，例如，领导修改材料时的要求、领导开会时的讲话、领导跟同事的交流、同事们对领导的评价、领导平时的工作状态……这些不起眼的涓涓细流经过日积月累，便成为了这篇文章的丰富素材，做到"理解领导，表达自己"。无论是写人，还是写工作，如果对写作对象了解不多、理解不深，就很难把文章写好。

（三）具备逻辑思维

写作是为了沟通，沟通就要讲逻辑。离开逻辑框架的文字表达，不仅难以让别人明白，很多时候连自己都不知道在说什么。这篇文章能够在短时间内，把七年来的所见所闻所思，按照"干工作、带队伍、谈感受"的逻辑主线，形成合理的文稿框架，关键就靠归纳提炼能力。具备良好的归纳能力，才能在混乱无序的信息汪洋中，做到对信息的快速抓取、准确分析和合理运用。写出来的文字，是一盘散沙，还是聚沙成塔，中间隔着一个"逻辑"。

这是一篇用"泪"串联起来的文章，作者写得流泪、领导看到流泪、同事感动流泪。文中没有空话大话，没有豪言壮语，也没有煽情鸡汤，而是用朴实的语言，娓娓道出内心最真实的情感，打动大家心底最柔软之处，引起强烈共鸣。

这篇文章给人最大的启发是：一篇文章想让领导满意，先要让自己满意；想让别人落泪，先要让自己流泪。

第 8 章
实战延伸

8.1 理解"来料加工",为申论写作精准导航

文稿写作是机关工作的重要基本功,是干部综合能力的集中体现。邓小平同志反复强调:"不懂得用笔杆子、不会拿笔杆子,这个领导就是很有缺陷的。"[①] 申论作为进入公务员队伍的选拔考试内容,跟机关文稿写作在方法和要求上应该一脉相承。打个比方,写机关文稿就像开大车,写申论就像开小车,两者操作原理大同小异,会开小车的人,学开大车理应更容易上手。然而,在线上线下的交流分享中,笔者发现一个值得深思的问题——不少朋友虽然通过申论考试成为公务员,却依旧对写材料束手无策。经过一番交流和思考,发现导致这一问题的主要原因是,不少人在学习申论写作时存在认识和方法偏差,没有形成归纳提炼的意识和能力,系错了写材料的"第一粒纽扣"。建议从以下三个方面来认识申论写作。

一、申论写作之惑

要准确认识申论,首先要搞明白:为什么要考申论?众所周知,申论考试是为了让具备公务员能力或潜力的考生脱颖而出。那么,

[①] 朱海豹. "笔杆子"永远不能丢[N]. 人民日报,2015-03-27(4).

优秀的公务员需要具备怎样的能力呢？笔者认为，思维是行动的先导，只有想明白，才能写明白、说明白、干明白。优秀的公务员应该具备良好的思维能力，也就是发现问题、分析问题、解决问题的能力。这一要求体现在标准化考试中，就是能够在有限时间里，精准筛选信息、有序梳理信息和清晰表达信息。所以，申论写作一般都会给出大量信息，要求考生围绕给定材料撰写作文，很少按照某个题目任意发挥。所以，申论的考察重点不是诗词歌赋、知识积累、好词好句，而是通过归纳提炼进行"来料加工"的能力。考生要在有限时间内，把一堆零散无序的信息，整理成一篇清晰有序的文章。写好申论的关键不是记忆力，而是思维力。只有具备科学思维，才能把一堆碎片化的信息，形成结构化、系统性，言之有据的观点和文章。

从"来料加工"的属性特点来看，申论可以理解为入门级、最基础的综合文稿，与撰写机关文稿的方法基本相同，都需要自下而上归纳概括，即"把网状的思考，以树状的结构，用线性的语言表达出来"，主要靠思维"制造"。常见的议论文写作则是根据少量信息，或者直接围绕某个主题自上而下分类表达，更接近文字"创作"。之前提到，归类跟分类只有一字之差，却相差甚远，前者主要是思维方式，后者主要是表达方式。分类表达近乎本能，自然而然都会使用。但是，归类提炼是一种非常重要且难得的思维能力，需要长期、艰苦练习才能获得。脱胎于机关文稿写作的申论写作"五子棋"，本质上是依靠逻辑方法，筛选、整合、表达信息的思维加工流程。其价值不仅在于写好申论，更在于培养思维能力，也就是发现问题、分析问题、解决问题的能力，这恰恰是申论考查的核心要求。

公考要"上岸"，没有申论不行，只靠申论不够。过了申论关，固然会大大增加成功概率,但不能确保一定"上岸"。毕竟,公务员考试竞争非常激烈,幸运者毕竟是少数,说是百里挑一,甚至千里挑一也不为过。因此,年轻朋友更适合从另外的角度来看申论——把写好申论当作起点,而不是终点,要以学习申论写作为契机,培养归纳概括、准确表达的能力,打造自己的职场核心竞争力。抱着这个目的,不管公考结果如何,认真学习申论写作都能收到一份"大礼"——拥有一个真正的"铁饭碗",不是在同一个地方吃一辈子饭,而是去到任何地方都有饭吃。

20世纪以来,社会上一直流行一句话:"学好数理化,走遍天下都不怕。"今天,来到信息为王的互联网时代,信息整合能力成为稀缺资源,基于科学思维的实用写作能力成为职场"硬通货"。不管在哪里,"会写"的人都是"香饽饽",说"学会归纳提炼,走遍天下都不怕",丝毫不为过。人生处处有青山。无论在哪里,缺的不是工作岗位,而是过硬的素质能力。通过练习申论写作,具备基本的归纳提炼能力,就能做到以不变应万变——进入机关单位,可以与公文写作无缝对接,短时间内让领导同事刮目相看;来到社会机构和企业,同样可以善思能写,抢占先机,赢得更多机会。所以,申论考试不只是某一次择业的终点,更是人生重要的转折点和新起点。对于这个大机遇,没有理由不重视、不珍惜、不努力。

二、申论写作之难

作为选拔性考试,申论具有"附加题"属性,在应试难度上有超前性。对缺乏工作经验和理论积累的考生而言,想要把申论写好,不是一件容易的事情,其困难主要体现在以下三个方面。

一是认识之难。笔者没有专门研究申论,之所以能快速找到写作方法,只是自己懂得从写材料的角度,来理解申论的本质、特点和方法。道理很简单。申论只是选拔公务员的入门级考试，只考查最基本的综合能力。综合文稿写作则是公务员思维能力、表达能力、学习能力、观察能力的综合体现，是机关工作中最具技术含量、难度最高，也是最重要的岗位之一。一个能开好大客车、大货车的"老司机"，开起小四轮自然游刃有余。站在综合文稿写作的高度来俯瞰申论，会有"会当凌绝顶，一览众山小"的感觉，自然呈现出一条清晰易懂、即学即用的写作路径，用《三体》的话来说，这叫"降维打击"。

如果缺乏机关文字工作经历，不懂或者写不好材料，就难以从公务员能力和综合文稿写作的角度来理解申论。容易把申论认为是平常的议论文，下意识地用以往写议论文的方法来写申论。例如，从网上买一堆范文模板、标题套路、好词好句来死记硬背、参照仿造，这种方法或许可以让考生感觉上手较快。但是，这样依葫芦画瓢写出来的申论作文，往往是千文一面，缺乏特点，流于形式，而且后患无穷——分数很难上去，考试靠运气，试题稍有变化，就一点儿没辙。这跟许多公务员写不好材料的原因相同——不懂归纳提炼，迷恋"模板套路"。

二是思维之难。 写申论跟平常写议论文有一个很大的差别：申论作文要求围绕大量给定材料来撰写文章，而平时的议论文很少有这种要求。因此，考生首先要搞清楚，到底怎样才算是"围绕给定材料"？不然就难以精准作答。有些朋友觉得，引用一些给定材料中的句子，就算是做到"围绕给定材料"。笔者觉得，这种认识过于表面、片面，"围绕给定材料"的关键在于通过归纳提炼融合给定材料，而不是简单引用语句表述。更具体来讲，就是要运用思维方法，把试卷中给出的一堆碎片化信息，归纳提炼成为一篇结构化的文章。这就是本书"认知篇"给"写材料"下的三个定义之一，用四个字来概括即"化零为整"——把零散的给定材料,整合成为一个结构化整体。

写申论跟写机关文稿一样,都是基于逻辑思考的表达沟通,想不明白就写不明白。"想明白"的关键在于逻辑。写不好申论,写不好公文,写不好论文,往往不是文笔问题,而是逻辑混乱。然而,由于逻辑课程在我们的基础教育中较少涉及,抽象思维能力不足成为许多考生的大痛点。很多时候,文科生写申论未必占优势,反而是理科生更容易上手,主要原因就在于逻辑能力的强弱。离开思维能力,不懂归纳提炼,很难真正写好申论。

三是表达之难。写作主要分为"为自己而写"和"为别人而写"两类,两者在思维方法和文字表达上大不相同。申论属于"为别人而写",目的是沟通交流,得到阅卷者的认可,必须讲究逻辑思维,文字表达要客观、朴实、严谨。但是,许多考生习惯于"为自己而写",习惯了发散思维和感性语言,不擅长使用朴实严谨、简洁凝练的公文语言进行表达。而且,申论要经常用到抽象、专业的政治经济类词汇,这对初涉职场,甚至尚未毕业的申论考生来说,无疑是一个很大的挑战。所以,跟初学写材料的人一样,写申论也容易出现抛开给定材料,空讲道理、空泛议论,写出一堆大而无当、空洞无物的文字。这种文字表达能力需要在实战修改中才能逐渐提高,不是简单听听、看看、想想就能提高。只有通过删除自己写的"空话大话",才能真正明白到底什么是"空话大话",进而写出平实、有力、简洁的线性表达文字。然而,对大多数申论考生而言,这种练习反馈的机会少之又少,提高文字表达能力也就难上加难。

三、申论写作之策

"认识论决定方法论",只有准确理解申论写作是什么,申论写作难在哪里，科学的写作方法才能水落石出。建议从以下三方面应对。

一是学会"五子棋"，培养结构化思维。申论写作"五子棋"脱胎于写材料"五子棋"，两者大同小异，只是根据应试需要，增加了"看靶子，读懂要求"，将其作为"五子棋"的"先手棋"。考虑到考试时间紧促，考场上难以对文章进行细致修改打磨，所以删除了"五子棋"中的"理面子，修改美容"这个步骤。申论写作"五子棋"的步骤分别是：第一步，看靶子，读懂要求；第二步，找料子，收集论据；第三步，梳辫子，归类分组；第四步，戴帽子，制作标题；第五步，填肚子，表达内容。这套方法的本质是"来料加工"，精准对应"文章主题应与所给材料联系紧密"这一考试要求，把文稿写作原理和流程"嫁接"到申论写作。试卷中的给定材料，相当于平时写材料收集的工作素材。写作者要做的是同一件事——按照"五子棋"的步骤，找出关键信息，运用逻辑方法将其"串珠成线"，整合成为一篇思路清晰、重点明确、亮点突出的材料。不管是写申论作文，还是写经验材料、总结汇报、调研报告，基本方法都是归纳提炼。这些内容都在书中有通俗易懂的阐述，有高中文化程度就能理解。可以说，"写申论"就是为以后"写公文"筛选人才、奠定基础，本书运用写公文的方法来提升申论写作能力，两者一脉相承、殊途同归、同频共振。

二是学会"就地取材"，破解词汇匮乏。在机关文稿写作中，积累词汇是一大难点，需要以"年"为计时单位的滴水穿石之功，许多专业"笔杆子"都难以做好。通过分析发现，申论考试中的给定材料，大多源于党报党刊，本身就具有较高的政策性、理论性和指导性，里面"藏"着许多权威观点、重要表述和热点词汇。考生只要学会"就地取材、借力打力"，学会在给定信息中"淘宝"，就能较好地解决理论词汇匮乏的难题。对此，有"治标"和"治本"

两个建议:"治标"之法,就是考试时通过"找料子",挖掘、收集理论性论据和事实性论据,此举不仅有助于解决词汇不足,还能提供资料索引,在写作时快速找到所需观点和支撑观点的素材;"治本"之策,就是要养成读报摘报的习惯,要经常阅读摘抄《人民日报》《光明日报》《中国纪检监察报》等党报党刊,这些报纸上的许多文章类型与申论考试的给定材料高度相似。之前介绍的"六摘"读报法,就是练习申论写作"找料子"的重要途径。

三是坚持精准练习,做到熟能生巧。方法可以复制,能力不能复制。提升能力,不仅需要学习,更要靠有效练习。申论写作,包括公文写作主要是一种技能,而不仅仅是一门知识。凡是技能都可以,也必须在实践中才能获得。但是,科学有效的练习不是关起门来苦修瞎练,而是要坚持刻意练习,做到掌握方法、大量练习、有效反馈(修改),三者互为循环、缺一不可。刻意练习不能让人一蹴而就,而是让练习者一次做得比一次好。毕竟,对不少朋友来说,公考"上岸"难以"毕其功于一役",而是需要屡战屡败、屡败屡战的勇气和坚持。掌握了刻意练习的方法,就等于找到了一个"GPS",引导自己始终朝着正确的方向前进,一次比一次写的好,不断接近目标。最慢的步伐不是跬步,而是徘徊;最快的脚步不是冲刺,而是坚持。朝着正确的方向前进,加上日拱一卒的坚持,永远是打开梦想之门的金钥匙。

华为总裁任正非有句名言——让听得见炮火的人指挥战斗。写作方法的讲解者,首先应该是个称职的实践者。为此,自己努力做到"三真"——真题、真写、真解。在网上获得近年来的公考申论真题后,严格按照考试规定时间完成作文。在写作过程中,刻意限制自由发挥,要求90%以上的作文内容源于给定材料,确保这套方法适用于绝大部分申论考生。写完后,拿到申论APP测分,结果都在 80 分以上，充分说明这套方法的价值。毕竟，在规定时间内紧张答题，跟在轻松状态下慢悠悠答题；对着参考答案讲理论方法，跟结合自己写的文章谈实战招数，是完全不同的要求和感觉。

大道至简、知易行难。"五子棋"写作法看似简单，实则不易。跟那些申论模板比起来，这套方法不但难以速成，反而会在开始运用时觉得难受，这种感觉正是处于"学习区"的表现，其可以暴露出思维能力不足的"瓶颈"。俗话说"成人不自在，自在不成人"，写好申论需要真刀实战、迎难而上，而不能心浮气躁、回避困难、追求捷径。因为人生中真正有用的东西，如说话、走路、用筷子、系鞋带、穿衣服、骑自行车、开汽车，都要在不舒服的状态下反复练习，才能逐渐掌握。容易走的都是下坡路，如果只是热衷于所谓的"捷径""模板"，忽视逻辑思维能力的培养，往往南辕北辙、事倍功半。

8.2 下好"五子棋"，帮你写出高分申论

我们思考问题的时候，通常会遵循"是什么、为什么、怎么办"的逻辑主线。前面，解读了"申论写作是什么"和"为什么要考申论"，现在接着来介绍"申论具体怎么写"。下面，笔者以《2017 广东公考申论真题》为例，详细演示申论写作"五子棋"的具体运用，从机关文稿写作的高度对申论写作进行"麻雀剖析"和"降维打击"。

2017 广东公考申论真题

给定材料

材料 1：

<u>2008 年金融危机之后，伴随信息技术及其创新应用进入迅</u>

发期，分享经济快速成长，2014年以来呈现出井喷式发展态势。2016年中国分享经济发展报告认为，分享经济是指利用互联网等现代信息技术，以使用权分享为主要特征，整合海量、分散化资源，满足多样化需求的经济活动总和。分享经济是信息革命发展到一定阶段后出现的新型经济形态，是整合各类分散的资源、准确发现多样化需求、实现供需双方快速匹配的最优化资源配置方式。

<u>现代社会发展的一大特点就是，自然资源越用越少，创新因素越来越多</u>。从现实情况看，正是在与人们的生活密切相关但资源分布不平衡的领域，最早孕育出了分享经济模式，如住房、出行、医疗、教育等。<u>分享经济具有深刻的社会意义，能够把人从"物的依赖"的束缚中解放出来</u>，有利于构建一个富有人情味、实现共享发展的社会经济生态系统。

<u>2016年</u>，"分享经济"第一次被写入《政府工作报告》，报告明确提出"支持分享经济发展，提高资源利用效率，让更多人参与进来、富裕起来"，同时提出"以体制机制创新促进分享经济发展"。

美国行动论坛的研究认为，2014年3家共享汽车服务公司带来了5.19亿美元的经济增长。某在线短租公司在旧金山的一项调查也显示，房屋分享带来了14%的新客户。从中国的实践看，各领域分享经济的发展均有大幅提升，与2015年相比，仅出行领域2016年市场交易额就约为2 038亿元，增长104%，融资超过700亿元人民币，增长约124%，参与总人数超过3.5亿人，增长近40%，其中，网约车司机总人数约1 800万人，增长约24%。<u>正如李克强总理早在2015年夏季达沃斯论坛上所强调的："目前全球分享经济呈快速发展态势，是拉动经济增长的新路子。"</u>①

---

① 李克强在2015夏季达沃斯论坛开幕式上的致辞实录[N]. 新华网，2015-09-10.

材料2：

2016年，不同品牌的共享单车陆续在全国各大城市上线，并迅速成为最潮的出行方式。与传统城市公共自行车需要提前办理手续、在固定位置还取车不同，共享单车不用办卡、没有车桩，用手机扫描二维码就能开锁，在共享单车的APP（手机应用程序）上就能找车。用户可以把车停放在除了小区、楼道等区域外的任意合法非机动车停车点。

省去停车桩的好处很明显，人们的需求会被激活，同时规避了设置停车桩这件昂贵且只有政府能做的事。技术实现手段也不难：在电动车锁里加上传感器、GPS、3G网络和芯片，这样就可以在APP上找到附近车辆。基本上，只要附近有车，共享单车用起来和打车应用一样方便。存入二三百元押金后，使用价格在每小时1元左右，这让它成为1~5公里行程内时间和价格都很合算的交通方式。

与共享单车极为相似的是，共享租车模式也日益受到消费者青睐。春节期间，家住上海的冯女士接北京的父母与自己的婆家一同过节，往年一家6口出门，一辆小轿车挤不下，总要开一辆车，再叫一辆出租车，非常不方便。今年，她在共享租车平台上租了一辆7坐的商务车，这样一家人出门就可以坐在同一辆车里了。

共享租车模式就是车主和租车人借助租车公司搭建和运营的互联网平台进行汽车租赁活动的运营模式。车主通过让渡汽车使用权获得经济回报，租车人通过支付一定费用获得汽车使用权，提高了资源配置效率。共享租车作为分享经济的一部分，践行的是"使用而不占有"的理念，它一方面改善了汽车需求者"求而不得"的状况，另一方面则避免了大量的汽车资源因无法有效利用而产生浪费，对于交通、环境以及整个汽车行业的发展具有积极影响。

从路网的承载能力和环境保护的角度而言，一座城市能容纳的汽车保有量终究是有限的，要在有限的供给条件下满足更多人的需求，最好的办法就是通过车辆共享来实现。目前，中国私家车保有量约有1亿多辆，但拥有驾照的人数已超过3亿人，而且未来10年中国拥有驾照的人数仍将快于汽车保有量的增长。与此同时，中国私家车每天的闲置时间平均为22个小时，或闲置在单位，或闲置在家里。特别是在国内一些大城市，很多人有用车需求而一车难求，要么是因为限购，要么是传统租车价格太高，而共享租车模式恰恰为解决这一矛盾提供了平台和途径。

在分享经济充分发展的情况下，服装、汽车、家具、电话、电视、玩具、体育用品以及园艺工具等都是可分享的物品，通过分享可以减少20%的碳排放。美国分享经济协会数据显示，每分享1辆汽车，可以减少13辆汽车的购买行为。某共享汽车服务企业数据分析显示，其在杭州的拼车出行减少的碳排放相当于每三天增加一个西湖面积大小的森林。不管是共享单车还是共享租车，都对社会的可持续发展带来了积极影响。

与此同时，分享经济也给个人就业带来不小的变化。三年前，为了照顾家里老人和孩子，赵东放弃了在沿海地区年薪近20万元的工作，回到老家重新开始求职。不过，只有高中学历的"70后"找份满意的工作并不容易。接连碰壁后，2015年4月，赵东的一次打车经历启发了他，"当时网约车刚刚流行起来，体验了一次之后，我就想，这样一份收入不错时间又很自由的工作，自己为什么不尝试一下呢？"经过两个月的考察，赵东成了当地一家汽车服务公司的网约车司机。

对于赵东这样再就业的群体，他们在失业之后再次进入劳务市场时，往往不受传统产业雇主的待见，很难实现再就业。对这种人群,分享经济为他们带来了新的就业形态。分享经济的发展让参与者比较自由地进入或退出社会生产过程,减轻了个人对组织的依赖程度,为自由职业者和兼职群体的成长提供了更多的机会。同时,分享经济还改变了传统的雇佣式与流水线就业模式,有一技之长的"手艺人"将获得"解放"。例如,一位服装设计师,可以不再依赖设计公司或者专门的工作室,通过网络平台就能接洽订单,直接按照客户的要求设计服装,联系厂家生产、配送客户。

材料3:

借助互联网,消费者不但可以轻松地找到他们所需的商品,还可以将自己闲置的资源分享给他人,从而赚取一些收入。其实,商品分享的概念并非最近才出现,如今借助数字技术的发展,现在的消费者利用互联网将分享经济带到了一个新高度。传统的企业和消费者之间的界限正在不断地弱化,人们开始逐渐放弃传统的商品购买方式和服务,转而在互联网上寻找商品分享服务。

A市白领小腾在城郊有一套房子,但因为上班距离太远,他与妻子又在市区购下一套58平方米的公寓,他们自己动手刷墙、设计室内装修,将这个一房一厨一卫的小家收拾得特别温馨舒适。今年3月,抱着尝试的心态,小腾成为在线短租平台上的一名房东,没想到将房子挂出去的当天,他就收到了一个订单。"那天也是有些狼狈,第二天中午房客要入住,我们赶紧把房子里的东西收拾好。"小腾兴奋地说。

对于房客而言,小腾的这套房子的确是个不错的选择。步行几分钟就可以到地铁站,楼下就是公交总站,附近有便利店、早餐店、餐馆、菜市场。房间空着夫妻俩就自己住,如果有客人他们就回城郊的房子住。几个月下来,夫妻俩接待了从我国台湾地区来的游客、外地的大学生、来出差的外国商人……最长的房客花8 000多元将房子租了一个月。随着成交次数的增加和获得好评的增多,他们的房子越来越受欢迎。

2015年,党的十八届五中全会公报明确指出"发展分享经济",标志着分享经济正式列入党和国家的战略规划;同年,国务院发布《国务院办公厅关于加快发展生活性服务业促进消费结构升级的指导意见》,提出"积极发展客栈民宿、短租公寓、长租公寓等细分业态",并将其定性为生活性服务业,将在多维度给予政策支持;2016年,国务院办公厅再次发文《关于加快培育和发展住房租赁市场的若干意见》,鼓励住房租赁。政策利好是在线短租走上高速发展的一个重要影响因素。

材料4:

随着互联网、物联网、大数据、云计算等新一代信息技术与制造业的融合越来越紧密,互联网从消费领域进一步向制造业领域渗透拓展。

日前,有研究人员指出,全球制造业已经呈现出数字化、网络化、智能化、本地化、绿色化、个性化发展趋势,数据成为一种新的生产要素,大规模的生产转向大规模个性化定制生产已经成为这一轮新产业革命最显著的特征。

工业云是一种新型的网络化制造服务模式,融合了先进的制造技术,以及互联网、云计算、物联网、大数据等信息技术,以公共服务平台为载体,通过虚拟化、服务化和协同化,根据用户的需求,实现及时和低成本的服务,实现资源自动化、高质高效的对接。

<u>依托工业云服务平台,企业可以整合研发、设计、生产、制造、销售、使用等环节的制造资源和服务。任何企业和个人都可以在工业云平台上提供他们所拥有的资源,也可以在平台上获取他们所需要的资源,从而实现一对一、一对多、多对多等多种制造服务模式,</u>

这就是分享经济模式下的众包特征，而不是与特定厂商合作的外包业务。面向客户的需求，工业云可以随时随地组织相关的服务商为用户提供所需的服务。例如，贵州某企业每天生产250万瓶调味料，瓶身上的二维码的成本是两分钱，企业希望能够将成本降到一分钱，但是省内的服务商无法满足需求，于是就把需求通过工业云平台进行了发布，很快就找到了山东的一家服务商，一年节省成本900多万元；北京某汽车设计商，通过网络平台将海量的汽车非核心的零部件外包给了自由设计师，并通过虚拟样机实现了在线的设计协同，通过在线的3D打印实现了快速车身的制造，将设计周期由原来的4个月缩短至2个月，节省了80%的差旅费用、60%的沟通成本。

工业云平台模式可以让企业根据需求在线租用各种资源、软件和服务，为企业极大地降低了信息化的建设和应用成本。此外，工业云平台运营商会选择一些行业龙头企业进行合作，以此带动产业链上下游的中小型企业来使用工业云平台，拓展平台的用户群。

材料5：

我国义务教育资源配置仍然存在诸多问题和短板，区域间、城乡间、学校间教学质量与教学水平不均衡、师资储备不足以及各种严重的教育差距问题，都成了阻碍义务教育均衡发展的"拦路虎"。面对这一基本教育国情，推进教育均衡发展的重要举措，包括推行学校联合、推动教师流动、扩大优质教育资源的覆盖面等。

"大海是鱼儿的家，土地是禾苗的家，树林是小鸟的家……"B市某镇中心小学的教室传来了琅琅的读书声，操场上也有小朋友开心地玩着跳绳、踢着足球。这么一所山区学校，有平整的塑胶跑道、多媒体教室、计算机室、图书室，和电视上"城里的学校"一模一样。近年来，B市累计投入资金近32亿元，其中部分资金为农村学校配备各种教学器材,完善教育辅助设施,让农村学校在办学硬件上与城区学校站在同一起跑线上。

在加大对乡镇农村学校硬件设施建设投入的同时,B市各县区根据农村学校具体情况,适度撤并学校以提高教育资源配置效益,在乡镇农村学校掀起了一场整合高潮。教育部门根据群众意愿,科学、合理、规范地撤并学校,让孩子们都能享受到更好的教育。

有的地方采用撤并乡镇农村学校的方式达到教育资源的合理配置,而有的地方则在均衡教育资源发展方面大力创新。2016年,C市某区教育局推出了"名校托管弱校"的新模式,全区17所小学划分为4个学区,每个学区内中心校将采用托管方式指导一所学校。名校带动弱校,共享名校资源,加速区域范围内优质教育资源的有效整合,从而提升整体教育品质。与此同时,城区优质学校对农村薄弱学校也实行了托管,一年试运行后,被托管的学校不仅出现了"生源回流"现象,部分学校还挖掘出了自身资源优势,办出了自身教育特色。这种形式上的"输血"带来了实质上的"造血",使得农村弱校在短时间内实现了质的飞跃,走出了一条推进城乡教育均衡发展的新路子。

材料6:

全民健康是全面小康的重要任务,医疗卫生服务直接关系人民身体健康。为进一步推进城乡医疗服务均等化,解决好基层群众看病难、看病贵的问题,部分省市率先开始整合城乡居民基本医疗保险制度,统一了社保卡和参保报销标准。

63岁的李绍来是D省农村居民,2014年起因患结肠癌多次住院治疗。由于该省新农合已并入城乡居民基本医疗保险,他累计花费医疗费用218 632.47元,基本医疗保险统筹基金支付136 476元,大病保险又报销23 470元,总报销金额为159 946元,实际报销比例达到 73.16%。老李感慨道："现在看病报销，城里人、农村人都一样啦！"

在整合之前，D 省的新型农村合作医疗由卫生部门牵头，城镇居民基本医疗保险由人社部门牵头，这不仅造成城乡居民医疗保障政策不统一、衔接难，政府管理成本高，而且固化了城乡二元结构，强化了户籍观念造成的不公平印象。2013 年开始，省政府决定全面整合省内城镇居民基本医疗保险和新型农村合作医疗制度，建立全省统一、城乡一体的居民基本医疗保险制度，并同步开展居民大病保险工作。2014 年初，D 省各级新农合管理职能、机构、人员、编制、固定资产、资金、文书档案、数据资料等，整体划转移交人社部门，至 2015 年 2 月底，全省新农合各项管理工作由人社部门全面接手。

材料 7：

2017 年 3 月实施的《中华人民共和国公共文化服务保障法》规定，政府应在提供公共文化服务中发挥主导作用，承担主体责任。公共文化服务保障法的出台，对进一步推动公共文化服务体系建设，更好地保障人民群众基本文化权益，提供了有力的法律支撑。2016 年，我国专门用于公共文化服务体系建设的资金达 200 多亿元，主要用于支持公益性文化设施免费开放、引导社会提供基本公共文化服务项目、改善基层公共文化设施条件、加强基层公共文化服务人才队伍建设和支持少数民族文化事业发展。

2016 年 10 月 17 日晚，E 市梨园春艺术团演员们在西门桥文化小广场表演曲剧《王华买爹》，吸引数百名观众前来欣赏这场家门口的惠民演出。"不管在哪儿演出，我们这帮老戏迷一定来捧场，一场都没落下。"梨园春艺术团的"铁杆粉丝"、家住闸口的 80 多岁的周大爷专程步行到西门桥，"以前想看戏，多不方便啊。现在好了，免费的大戏送到街头，真让我们老戏迷高兴！"

从2015年9月开始，E市文化惠民公益性演出在市剧院以及市区广场、社区等公共场所陆续上演。全市成功举行这样的惠民演出150场，每场观众均在500人以上，最多时甚至有2 000人驻足观看，惠及10余万名城乡居民。

E市先后在公共文化服务体系制度设计、文化惠民演出、"好戏大家看"优秀剧目展演、端午节龙舟赛等领域实行社会化购买。市政府用75万元文化惠民资金，引导52个社团组织的竞争，6个中标的承接主体动员了35家企业参加文化惠民活动，撬动180万元社会资金，丰富了文化惠民活动内容，提升了文化惠民演出水平，增加了老百姓的文化幸福指数。

市政府还先后将工人文化宫、科技馆、高等院校图书馆、音乐厅等与市级图书馆、美术馆、博物馆进行资源整合，形成规模服务功能，全部实行免费开放。E市数字文化网以市图书馆、市博物馆、市少儿图书馆、市美术馆数字网站为依托，以E市文化APP为延伸，把全市范围内各级公共文化场馆、各级公共文化信息资源汇聚其中，实现了在线浏览3D版馆藏品、在线借阅图书、在线学校培训等交流互动。

为进一步提升公共文化服务水平，一些地方开展了文化活动"预约服务"。今年初，F县在全县范围内开展"文化预约惠民服务"活动，着力构建县、镇、村三级预约机制，搜集、汇总、回应群众的文化需求。为此，F县专门开通了文化预约服务热线，建立了"文化预约网"，发布文化资讯，列出项目"菜单"，接受群众点单预约，当预约节目满足一定的"点单量"，县里就会安排文化预约服务工作队，将这些"大餐"配送到百姓身边。

"我们老百姓最喜欢看孝敬老人，能教育下一代孝顺上一辈的戏曲。"65岁村民王红军拨通县文化预约服务热线后,该县文化预约工作人员立即根据王大爷的"订单"要求,对其进行分类汇总,并将以送戏下乡的形式送到他们身边。这样的预约电话,每月要接到100多个,各类文化诉求200多条。截至目前,该县已接受城乡居民文化预约服务6万多人次,组织送戏下乡30场,送电影2 610场,送图书22万元,各类辅导达90余次,极大丰富了群众的精神文化生活。

材料8:

南方初春的田野里透着一股温润气息,夕阳余晖洒满山丘起伏的菠萝地。广东汕尾陆丰市八万镇新葫村的老吴刚刚种下新一季的菠萝苗,去年他种植菠萝的收入超过6万元,不远处的田埂外,新盖的小楼里又能添置几件新家具。与陆丰市百里之隔,国内首个双地级市合作管理的深汕特别合作区也是春意盎然,区内到处都是开工建设的繁忙景象,一批世界500强企业相继落户投产,产业转移园项目初具雏形,在其带动之下,整个汕尾正形成产业发展的新格局。

在一个13亿多人口的发展中大国实现广泛、全面的共享发展,是一项十分艰巨的任务,需要经历连续不断的奋斗过程。党的十八大以来,党中央将扶贫开发工作提升至治国理政新高度。《中共中央国务院关于打赢脱贫攻坚战的决定》指出,扶贫开发事关全面建成小康社会,事关增进人民福祉,事关巩固党的执政基础,事关国家长治久安。

<u>精准扶贫是缩小贫富差距、补齐发展短板、让全民共享发展成果的务实之举。</u>多年来,广东省一直高度重视扶贫开发工作,并形成了精准扶贫的成功经验和有效机制。广东充分发挥政治优势和制度优势,集中力量推进精准扶贫,尤其注重用发展的办法解决

贫困问题，将精准扶贫嵌入广东共享发展的整体布局，使扶贫开发与经济社会发展相互促进。2013年至2015年9月，全省共实施重点帮扶村扶贫项目7.06万个、相对贫困户扶持项目184.9万个。2016年中央和省、市、县各级财政用于广东省扶贫开发的投入总计143.2亿元，全省各地启动实施各类帮扶项目5.47万个，培训贫困劳动力38万人次，贫困人口新增就业6.1万，全省实现脱贫57.4万人。

广东提出2018年率先实现全面建成小康社会的目标，在2018年前推动全省176.5万贫困人口实现全部脱贫。接下来，广东将发挥精准扶贫的经验优势，攻坚克难，集中力量打赢脱贫攻坚战，确保实现中央确定的脱贫攻坚目标。

材料9：

2013年9月，习近平总书记在访问哈萨克斯坦时，首次提出共同建设"丝绸之路经济带"的设想，同年10月，在印尼国会发表演讲时，又倡导共同建设"21世纪海上丝绸之路"。在不到一个月的时间里，习近平总书记先后分别提出建设"丝绸之路经济带"和"21世纪海上丝绸之路"两大构想，强调相关各国要打造互利共赢的"利益共同体"和共同发展繁荣的"命运共同体"。

"一带一路"现已得到一百多个国家和国际组织的热烈响应，中国已和60多个国家签了有关的合作谅解备忘录；中国企业已经在"一带一路"沿线20多个国家建设了56个经贸合作区，累计投资超过180亿美元，为东道国和地区创造了超过10亿美元的税收和超过16万个就业岗位；2016年中国与"一带一路"沿线国家的进出口总额达6.3万亿元，在沿线国家新签对外承包工程合同1 260亿美元，增长36%，中国推动的一批重大"一带一路"合作标志性工程相继落地。

2016年11月,第71届联合国大会首次将"一带一路"倡议写入了决议;2017年3月23日,联合国人权理事会第34次会议又将习近平总书记今年1月在联合国日内瓦总部倡导的构建人类命运共同体首次载入人权理事会决议;今年5月,我国将在北京主办"一带一路"国际合作高峰论坛,共商合作大计,共建合作发展平台,共享合作发展成果。

"一带一路"遵循"共商共建共享"和"人类命运共同体"的全球治理理念,在战略构想与框架、项目设计与落实、规划制定与对接、机制安排与推进等方面,充分体现平等、协商、互利共赢,有效促进了人类共同利益、地区利益与国家利益的协调与共赢。"一带一路"不能仅仅定位为中国自身谋求国家利益之举,更是中国积极参与全球治理,体现大国担当,促进世界各国共同发展之举。

申论写作"五子棋"实战应用

一、看靶子,读懂要求

第三道作文题的要求如下:

问题三:请根据全部给定材料,以"共享与发展"为题,写一篇议论文。(本题50分)

要求:

1. 文章主题应与所给材料联系紧密,思想性强;
2. 论点鲜明,论据确凿,论证严密,合乎逻辑;
3. 结构完整,条理清晰,行文流畅;
4. 篇幅在800~1000字。

第一，"写一篇议论文""请根据全部给定材料""文章主题应与所给材料联系紧密，思想性强"。申论作文通常分为议论文和策论文两种。议论文要突出"是什么""为什么"，着重讲道理；策论文要突出"怎么办"，着重讲对策。议论文标题要判断合理、观点鲜明；策论文标题要突出因果、前后衔接，可采用"措施＋意义"的形式。

从后面两点作答要求可以看出，申论的主题和内容，构思和表达都要紧紧围绕给定材料，重点问题说三遍："紧紧围绕给定材料""紧紧围绕给定材料""紧紧围绕给定材料"，切不可天马行空、任意发挥，这是申论是否合格的基本原则，也是申论与平常议论文最大的区别。相对于平常议论文主要围绕某个观点阐述发挥，申论则是"戴着脚镣跳舞"，要做到"源于给定材料，高于给定材料"。要做到这点，就要经过自下而上归纳概括的思维加工，把一堆零散无序的信息（给定材料），整合成为一篇整齐有序的文章，实现从事实到观点、从现象到本质、从感性认识到理性认识的升级。如果归纳梳理到位，申论文章内容自然会囊括给定材料里的信息要点，不会疏漏重要内容，这是评分的重要标准，也是"紧紧围绕给定材料"的具体要求和体现。

第二，"论点鲜明，论据确凿，论证严密，合乎逻辑"。这些要求看似平淡，却有深刻内涵。"论点鲜明"，论点就是文章的观点，要在第一段明确提出自己的观点"是什么"，切不可含糊其词、模棱两可。例如，《入党誓词》第一句开门见山就是"我志愿加入中国共产党"，这就叫亮观点。观点分为总观点（论点）和分观点（论点），开头段提出总论点，每个小标题提出分论点，每个分论点都为支撑总论点而存在，形成金字塔结构的"论证类比"关系。

"论据确凿"，论据就是证明观点的证据，要告诉读者"为什么"，一般分为理论性论据和事实性论据，也就是"讲道理"和"摆事实"。两者要相互结合，有虚有实，形成有力证明。理论性论据比较抽象，政治性和政策性都比较强，大多数考生都会感到棘手。为了解决这个难题，有些人就会收集背诵一些高度抽象、自己也看不懂的理论知识和政策精神，觉得这就是"有积累""有高度"。根据笔者的体会，这种做法值得斟酌。因为，提高政策理论水平的关键在于理解，而不是死记硬背，需要在工作实践中反复琢磨才能一点点提高。如果靠死记硬背抽象表述，只能是"知其然不知其所以然"，容易在自我感觉良好的状态下，写出一堆既没错又没用的空话大话。而且，想要自己背诵的那点东西精准命中申论试题，"押题"难度之大可想而知。

事实性论据讲究贴切可信，切不可随意捏造，谨慎使用鲜为人知的例子，避免让阅卷老师怀疑真实性。对大部分考生而言，要在限定时间里想出理论性论据和事实性论据，的确有不小的难度。怎么解决这个"大痛点"呢？须知"解铃人乃系铃人也"，要善于"就地取材、借力打力"，从给定材料中找到合适的论据。从应试角度来说，这样的论据会让阅卷老师感觉特别熟悉和真实，不仅符合试题中"文章主题应与所给材料联系紧密，思想性强"的要求，而且能更好地体现答题者发现信息、筛选信息、整合信息的能力。

"论证严密，合乎逻辑"，论证就是运用论据证明论点的过程，要注意的是，论证不是文章的一部分，整篇文章都属于论证过程。"论证严密"跟"合乎逻辑"基本是一回事，想要论证严密，就要合乎逻辑；做到合乎逻辑，自然就要论证严密。具体的逻辑方法和要求可参考本书"方法篇"之"逻辑原理"。申论和公文都是为别人而写、为沟通而写，这类文章想要说服人、打动人，必须依靠整体的逻辑力量，而不是局部的文字渲染。

第三,"**结构完整,条理清晰,行文流畅**"。"结构完整"就是要做到"论点鲜明,论据确凿,论证严密",论点、论据和论证缺一不可,利用论证把论点和论据结合起来,成为一个结构化的有机整体。"条理清晰"就是合乎逻辑,归类分组要符合 MECE 法则,标题之间不能交叉重复;"行文流畅",就是要做到语义准确、衔接紧密,不可前后矛盾、言之无物,也就是做到"线性表达"。

二、找料子,收集论据

明确了考试要求,现在正式进入申论写作"生产线"的第一个步骤——找料子,收集论据。这个步骤主要根据考试要求,在大量给定材料中发现关键信息,找到理论性论据和综述事实性论据。一般来说,理论性论据篇幅较长,在给定材料上画出标注即可。这种论据主要适用于文章的开头段、结尾段,以及小标题后的综述性表达。在找料子的过程中,写作者要边找边琢磨:这个论据适合放在哪里?这样做的好处,可以让素材先进入潜意识,使大脑提前进入运行状态。到了实际写作的时候,更容易快速对号入座、精准搜索。在给定材料中搜索写作内容的时候要做到"点面结合",不仅要用好"料子"这个"点",还要通过"料子"的"定位"作用,在其所在段落找到适用内容。由于各人对材料的理解角度不一,不管是理论性论据还是事实性论据,"找料子"都没有固定统一的标准答案,只有不断练习琢磨,才能越找越准、越找越快。

一方面,从给定材料找出理论性论据。理论性论据主要用来讲道理,或者阐述介绍观点,笔者找出的理论性论据如下:

材料 1-1:2008 年金融危机之后,伴随信息技术及其创新应用进入迸发期,分享经济快速成长,2014 年以来呈现出井喷式发展态势。

材料 1-2：现代社会发展的一大特点就是，自然资源越用越少，创新因素越来越多。

材料 1-3：2016 年，"分享经济"第一次被写入《政府工作报告》，报告明确提出"支持分享经济发展，提高资源利用效率，让更多人参与进来、富裕起来"。

材料 1-4：正如李克强总理早在 2015 年夏季达沃斯论坛上所强调的："目前全球分享经济呈快速发展态势，是拉动经济增长的新路子。"①

材料 1-5：分享经济具有深刻的社会意义，能够把人从"物的依赖"的束缚中解放出来，有利于构建一个富有人情味、实现共享发展的社会经济生态系统。

材料 4：依托工业云服务平台，企业可以整合研发、设计、生产、制造、销售、使用等环节的制造资源和服务。任何企业和个人都可以在工业云平台上提供他们所拥有的资源，也可以在平台上获取他们所需要的资源，从而实现一对一、一对多、多对多等多种制造服务模式，这就是分享经济模式下的众包特征，而不是与特定厂商合作的外包业务。面向客户的需求，工业云可以随时随地组织相关的服务商为用户提供所需的服务。

材料 8：精准扶贫是缩小贫富差距、补齐发展短板、让全民共享发展成果的务实之举。

材料 9："一带一路"不能仅仅定位为中国自身谋求国家利益之举，更是中国积极参与全球治理，体现大国担当，促进世界各国共同发展之举。

---

① 李克强在2015夏季达沃斯论坛开幕式上的致辞实录[N]. 新华网，2015-09-10.

另一方面，在给定材料中综述事实性论据。这个步骤跟写材料的"找料子"一样，要用一个短语或一句话概括综述材料中的具体事例，主要从做法和成效上提炼，说明"是什么，有什么用"，并在草稿纸上列出。这个步骤不必拘泥于格式标准，关键是自己能看明白，以为下一步归类分组和内容表达提供参考。综述的事实性论据是申论写作的基石，既是归类分组、搭建架构的重要参考，也是内容表达的重要来源。关于"找料子"的具体方法和运用，可阅读之前的章节内容。

根据给定信息，笔者找出了相关的事实性论据，也就是说，给定材料主要说了以下9件事情：

材料2-1：共享单车、共享租车提高资源配置效率，避免浪费，缓解交通拥堵，减少污染。

材料2-2：分享经济促进再就业，为自由职业者和兼职群体提供更多机会，让手艺人解放。

材料3：房屋共享提高资源配置效率，增加家庭收入。

材料4：工业云帮助企业提高生产效率、降低成本，提升竞争力。

材料5：教育资源共享（名校托管弱校）促进公共服务均等化。

材料6：整合医保促进公共服务均等化。

材料7：政府主导促进公共服务均等化。

材料8：精准扶贫让全民共享发展成果。

材料9："一带一路"共建人类命运共同体。

三、梳辫子，归类分组

这一步是整个申论构思的关键，要根据"物以类聚"的原则，在所罗列的一堆事实性论据中，把属性相同或相近的内容合并同类项。分类过程可"先易后难"分步走，先把共性明显的内容归为一类。例如：

材料5：教育资源共享（名校托管弱校）促进公共服务均等化。
材料6：整合医保促进公共服务均等化。
材料7：政府主导促进公共服务均等化。

这三项内容具有比较明显的共同点，都属于公共服务，可以理解为"提高群众生活水平"。

再来看，

材料2-1：共享单车、共享租车提高资源配置效率，避免浪费，缓解交通拥堵，减少污染。
材料4：工业云帮助企业提高生产效率、降低成本，提升竞争力。

以上内容的共同点，都可以理解为"提高生产效率"

分类到这一步，还剩下四项内容。先来看：

材料2-2：分享经济促进再就业，为自由职业者和兼职群体提供更多机会，让手艺人解放。
材料3：房屋共享提高资源配置效率，增加家庭收入。

这两点，同样可以理解为"提高群众生活水平"，跟第一个分类内容合并。

最后，还剩下两项内容：

材料8：精准扶贫让全民共享发展成果。
材料9："一带一路"共建人类命运共同体。

经过思考分析可知，"材料8：精准扶贫让全民共享发展成果"，也可以放入"提高群众生活水平"，但考虑到该部分内容已经比较充实。根据"质的多样性"，这个内容可以跟"材料9：'一带一路'共建人类命运共同体"合并在一起。这样做的依据是：人类命运共同体的范围，不仅是国际，也包括国内，人民群众共同富裕了，国家凝聚力、感召力就会更强大，全国人民成为紧密的命运共同体。归类分组没有标准答案，关键是逻辑正确、言之有理。

材料8：精准扶贫让全民共享发展成果。
材料9："一带一路"共建人类命运共同体。

这两点的共性，可以理解为"人类命运共同体"。
根据上面的构思流程，归类分组如下所述。

1. 提高群众生活水平

材料5：教育资源共享（名校托管弱校）促进公共服务均等化。
材料6：整合医保促进公共服务均等化。
材料7：政府主导促进公共服务均等化。

材料 2-2：分享经济促进再就业，为自由职业者和兼职群体提供更多机会，让手艺人解放。

材料 3：房屋共享提高资源配置效率，增加家庭收入。

2. 提高生产效率

材料 2-1：共享单车、共享租车提高资源配置效率，避免浪费，缓解交通拥堵，减少污染。

材料 4：工业云帮助企业提高生产效率、降低成本，提升竞争力。

3. 构建人类命运共同体

材料 8：精准扶贫让全民共享发展成果。

材料 9："一带一路"共建人类命运共同体。

写作，就是把网状的信息，以树状的结构，用线性的语言表达出来。"找料子"，就是收集网状的信息，信息之间零散无序，缺乏内在联系。但是，千万别小看了这些"料子"，因为它们往往是评卷给分的主要参考标准。

"梳辫子"，就是经过自下而上归类分组，把一堆零散无序的信息，整合成为树状结构。如果"辫子"梳得好，就能起到提纲挈领的作用，当自上而下分类撰写文章时，汇聚在里面的"料子"（得分点）就能有序表达，防止疏漏重要信息（得分点），这篇文章基本就靠谱了。此外，经过"梳辫子"，可以得出合理的金字塔结构，为下一步制作小标题打下基础。以建房子来打比方，"梳辫子"就是搭建地基结构，"四梁八柱"完成之后，接下来就要用现有材料把房子建起来，这些"材料"主要就是之前找到的理论性论据和事实性论据。

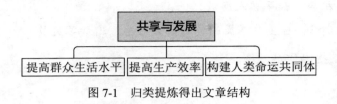

图 7-1　归类提炼得出文章结构

经过"梳辫子"可以看到，要实现共享与发展，可以从提高群众生活水平、提高生产效率、构建人类命运共同体三方面入手，从而形成这篇文章的写作思路和逻辑主线，并且把零散的信息要素连接起来，起到"串珠成线"的效果。"梳辫子"没有标准答案，关键是筛选信息、归纳观点、言之有据、逻辑自洽，把给定材料里的关键信息"一网打尽"，这是评卷给分的依据所在。

四、戴帽子，制作标题

"找料子""梳辫子"都是为"戴帽子"打下基础，梳完"辫子"之后，三个小标题已经呼之欲出。关于制作标题的要求和技巧，在本书"方法篇"有详细说明。根据议论文和策论文的不同特点，笔者制作了以下两种标题形式。

共享与发展（议论文）

一、共享经济是提高生产效率的有效引擎

二、共享经济是提高群众生活水平的重要途径

三、共享经济是构建人类命运共同体的重要方式

共享与发展（策论文）

一、发展共享经济，提高生产效率

二、发展共享经济，提高群众生活水平

三、发展共享经济，构建人类命运共同体

五、填肚子，表达内容

在"五子棋"写作法中，前面两个步骤属于构思，后面三个步骤则是表达。文章要合乎逻辑，主要体现为整体框架的结构性和文字表达的因果性，也就是在搭建"树状结构"的基础上，做到文字内容的"线性表达"，避免成为空话套话连篇和拖沓啰唆的"流水账"。文字表达主要分为开头段、主体内容和结尾段三个部分，下面来逐一介绍。

（一）写好开头，引人入胜

根据"讲故事"的方法，笔者撰写了申论作文的开头段，并引述一段源于网络范文的开头段，以供对比参考。

共享与发展（笔者）

随着现代社会的快速发展，自然资源越用越少、资源分布不平衡、贫富差距拉大等问题越来越突出（**有背景**）。近年来，伴随信息技术及其创新应用进入迸发期，分享经济快速发展，对提高资源配置、加快产业升级、提高群众生活水平、构建人类社会命运共同体等方面发挥着重要作用（**有思路**）。因此，加快发展共享经济，是实现社会协同发展的重要手段（**有观点**），主要体现在以下三个方面（**有对策**）。

共享与发展（网络范文）

党的十八届五中全会提出，坚持共享发展，必须坚持发展为了人民、发展依靠人民、发展成果由人民共享，朝着共同富裕方向稳步前进。共享发展理念，是在我国经济发展方式有待转变、社会资源分配尚不均衡、国际地位有待提升的条件下提出的符合时代发展要求的重大理念。共享理念对于国家各项事业的发展具有不可替代的战略意义。

对比两篇文章的开头段可以看出，第一篇文章开头段做到了线性表达——有背景、有思路、有观点、有对策，上下文之间具有清晰的因果联系，能够让阅卷老师快速了解整篇文章的思路和重点，产生进一步阅读的欲望和兴趣。线性表达符合人类大脑的认知规律，哪怕阅卷老师不熟悉公文写作，同样会认可这种有条理、有逻辑的表达。需要注意一点，开头段"讲故事"是建立在合理归类提炼的基础之上，而不是靠主观想象，编出一堆空泛表述。相比而言，范文的开头段以议论为主，没有形成清晰的工作思路和写作主线，难以起到"讲故事"的效果。一般来说，申论写作要求具有理论高度，也可在开头段引用给定材料中关于党中央精神、高层领导讲话等内容。

（二）写好内容，精准表达

"五子棋"写作法是一条思维"生产线"，五个步骤环环相扣、彼此呼应。到了"填肚子"这一步，可以回到之前的"找料子"环节，从中寻找需要的理论性论据和事实性论据，再分门别类、对号入座。因为在"找料子"的过程中，已经对这些论据有初步印象，写作效率会大大提高。但是要切记，引用内容不可照搬照抄，要适当改写后方可放入，这才符合考试要求。下面，笔者结合所撰写的例文，逐一分析给定材料中的源头出处，帮助读者"知其然，更知其所以然"，并从中感受如何改写原文内容。

先来看例文开头段：

①随着现代社会快速发展，自然资源越用越少、资源分布不平衡、贫富差距拉大等问题越来越突出。②近年来，伴随信息技术及其创新应用进入迸发期，分享经济快速发展，在提高资源配置、加快产业升级、提高群众生活水平、构建人类社会命运共同体等方面发挥着重要作用。③因此，加快发展共享经济，是实现社会协同发展的重要手段，主要体现在以下三个方面：

①"随着现代社会快速发展，自然资源越用越少、资源分布不平衡、贫富差距拉大等问题越来越突出。"
这句话源于理论性论据中的"现代社会发展的一大特点就是，自然资源越用越少，创新因素越来越多"。（材料1-2）
②"近年来，伴随信息技术及其创新应用进入迸发期，分享经济快速发展，在提高资源配置、加快产业升级、提高群众生活水平、构建人类社会命运共同体等方面发挥着重要作用。"
这句话源于理论性论据中的"2008年金融危机之后，伴随信息技术及其创新应用进入迸发期，分享经济快速成长，2014年以来呈现出井喷式发展态势"（材料1-1），以及归类分组后的结论："提高群众生活水平、提高生产效率、构建人类命运共同体。"
③"加快发展共享经济，是实现社会协同发展的重要手段。"
这句话源于理论性论据中的"正如李克强总理早在2015年夏季达沃斯论坛上所强调的：'目前全球分享经济呈快速发展态势，

是拉动经济增长的新路子'。"① （材料1-4）

接着看第一大点的内容：

共享经济是提高生产效率的有效引擎。一方面，分享经济在提高资源配置效率上起到重要作用。①共享单车、共享租车让群众生活出行更加便利，还减少了交通资源的闲置浪费，对解决交通拥堵、加强环境保护也起到了积极作用。另一方面，②以"工业云"为代表的共享服务平台，让任何企业和个人都可以在工业云平台上提供和获取资源，实现一对一、一对多、多对多等多种制造服务模式，大大提高了企业的生产效率和成本。

①"共享单车、共享租车让群众生活出行更加便利，还减少了交通资源的闲置浪费，对解决交通拥堵、加强环境保护也起到了积极作用。"

这句话源于事实性论据中的"共享单车、共享租车提高资源配置效率，避免浪费，缓解交通拥堵，减少污染"（材料2-1）。

②"以'工业云'为代表的共享服务平台，让任何企业和个人都可以在工业云平台上提供和获取资源，实现一对一、一对多、多对多等多种制造服务模式，大大提高了企业的生产效率和成本。"

这句话源于事实性论据中的"工业云帮助企业提高生产效率、降低成本，提升竞争力"（材料4）。

再来看第二大点的内容：

共享经济是提高群众生活水平的重要途径。①分享经济减轻了

---

① 李克强在2015夏季达沃斯论坛开幕式上的致辞实录[N]. 新华网，2015-09-10.

个人对组织的依赖程度，改变了传统的雇佣式与流水线就业模式，为网约车司机、手艺人为代表的自由职业者和兼职群体的成长提供了更多的机会，让更多家庭通过共享闲置资源提高收入。同时，②通过资源共享的方式，发挥政府的主导作用，缓解了城乡之间教育、医疗、文化等公共服务资源分布不均衡的问题，帮助老百姓解决了许多燃眉之急，让群众生活得更平等、更公平、更有尊严。

①"分享经济减轻了个人对组织的依赖程度，改变了传统的雇佣式与流水线就业模式，为网约车司机、手艺人为代表的自由职业者和兼职群体的成长提供了更多的机会，让更多家庭通过共享闲置资源提高收入。"

这句话源于事实性论据中的"共享单车、共享租车提高资源配置效率，避免浪费，缓解交通拥堵，减少污染"（材料2-1）；"分享经济促进再就业，为自由职业者和兼职群体提供更多机会，让手艺人解放。"（材料2-2）；"房屋共享提高资源配置效率，增加家庭收入"（材料3）。

②"通过资源共享的方式，发挥政府的主导作用，缓解了城乡之间教育、医疗、文化等公共服务资源分布不均衡的问题，帮助老百姓解决了许多燃眉之急，让群众生活得更平等、更公平、更有尊严。"

这句话源于事实性论据中的"工业云帮助企业提高生产效率、降低成本，提升竞争力"（材料4）；"教育资源共享（名校托管弱校）促进公共服务均等化"（材料5）；整合医保促进公共服务均等化（材料6）；政府主导促进公共服务均等化（材料7）；

继续来看第三大点：

共享经济是构建人类命运共同体的重要方式。一方面，①从国

内来看，以精准扶贫为代表的共享经济让群众更有幸福感。广东省将精准扶贫嵌入广东共享发展的整体布局，以共享思维推动精准扶贫，让欠发达地区群众的生活水平明显改善，走上了共同富裕道路，大大提升了中国共产党的影响力、凝聚力和感召力。另一方面，②从国际上来看，以"一带一路"建设为代表的共享经济让中国更有影响力。2013年，习近平总书记提出"一带一路"倡议，强调相关各国要打造互利共赢的"利益共同体"和共同发展繁荣的"命运共同体"。目前，"一带一路"已在贸易、民生、基础设施建设等方面取得突出成效，充分体现了"共商共建共享"原则。习总书记用共享思维的智慧，体现了中国的大国担当，提升了中国的国际影响力。

①"以精准扶贫为代表的共享经济让群众更有幸福感。广东省将精准扶贫嵌入广东共享发展的整体布局，以共享思维推动精准扶贫，让欠发达地区群众的生活水平明显改善，走上了共同富裕道路，大大提升了中国共产党的影响力、凝聚力和感召力。"

这句话源于理论性论据中的"精准扶贫是缩小贫富差距、补齐发展短板、让全民共享发展成果的务实之举"（材料8），以及事实性论据中的"精准扶贫让全民共享发展成果"（材料8）。不管是理论性论据还是事实性论据，都是概述性的抽象表达，具体的表述内容，可以通过"由点及面"的方法，在其所在段落的其他地方查找，再经过适当改写，为我所用。

②"从国际上来看，以'一带一路'倡议为代表的共享经济让中国更有影响力。2013年，习近平总书记提出'一带一路'倡议，强调相关各国要打造互利共赢的'利益共同体'和共同发展繁荣的'命运共同体'。目前，'一带一路'倡议已在贸易、民生、基础

设施建设等方面取得突出成效,充分体现了'共商共建共享'原则。习总书记用共享思维的智慧,体现了中国的大国担当,提升了中国的国际影响力。"

这句话源于理论性论据"'一带一路'不能仅仅定位为中国自身谋求国家利益之举,更是中国积极参与全球治理,体现大国担当,促进世界各国共同发展之举。"(材料9),以及事实性论据中的"一带一路"共建人类命运共同体(材料9)。限于篇幅,其他较为琐碎的内容难以逐一列举,但大部分都可在材料9中找到原型。

(三)写好结尾,抒情升华

一起来看例文结尾段,如下:

综上所述,①无论从产业升级,还是改善民生;无论是国内发展发展,还是世界和平,都充分体现了共享经济的重要性。②随着互联网技术快速发展,共享经济将让越来越多的人从"物的依赖"束缚中解放出来,构建一个富有人情味、实现共享发展的美好社会。

①"无论从产业升级,还是改善民生;无论是国内发展,还是世界和平,都充分体现了共享经济的重要性。"

这句话是对全文的概括总结,源于归类分组的结论:"提高生产效率、提高群众生活水平、构建人类命运共同体",或者可以从标题结构中获得启发。

②"随着互联网技术快速发展,共享经济将让越来越多的人从'物的依赖'束缚中解放出来,构建一个富有人情味、实现共享发展的美好社会。"

这句话源于理论性论据"分享经济具有深刻的社会意义,能够把人从'物的依赖'的束缚中解放出来,有利于构建一个富有人情味、实现共享发展的社会经济生态系统"(材料1-5)。

在上面分析语言表达的过程中,笔者运用了一种重要的写作方法——综述法,就是把一堆具体的事实事例,用较为抽象概述的语言表达出来,这在《做好线性表达,告别文字内容"流水账"》一文中也有体现。试题中的给定材料信息量很大,申论作文又有严格的字数限制,不可能对每个点都进行详细阐述。这就需要用综述法来串联给定材料中的信息要点(得分点),也让文章显得精简凝练。但是,这种文字表达能力,同样要在实战中不断打磨才能提高,而"找料子"就是其中的重要基本功。

下完了"五子棋",也就做到了"把网状的信息,以树状的结构,以线性的语言表达出来",这些都可以在笔者撰写的申论作文中得到体现,如下所述。

共享与发展

随着现代社会快速发展,自然资源越用越少、资源分布不平衡、贫富差距拉大等问题越来越突出。近年来,伴随信息技术及其创新应用进入迸发期,分享经济快速发展,对提高资源配置、加快产业升级、提高群众生活水平、构建人类社会命运共同体等方面发挥着越来越重要的作用。因此,加快发展共享经济,是实现社会协同发展的重要手段,主要体现在以下三个方面。

共享经济是提高生产效率的有效引擎。一方面,分享经济在提高资源配置效率上起到重要作用。共享单车、共享租车让群众生活出行更加便利,还减少了交通资源的闲置浪费,对解决交通拥堵、加强环境保护也起到了积极作用。另一方面,以"工业云"为代表的共享服务平台,让任何企业和个人都可以在工业云平台上提供和获取资源，实现一对一、一对多、多对多等多种制造服务模式，大大提高了企业的生产效率和成本。

共享经济是提高群众生活水平的重要途径。分享经济减轻了个人对组织的依赖程度，改变了传统的雇佣式与流水线就业模式，为网约车司机、手艺人为代表的自由职业者和兼职群体的成长提供了更多的机会，让更多家庭通过共享闲置资源提高收入。同时，通过资源共享的方式，发挥政府的主导作用，缓解了城乡之间教育、医疗、文化等公共服务资源分布不均衡的问题，帮助老百姓解决了许多燃眉之急，让群众生活得更平等、更公平、更有尊严。

共享经济是构建人类命运共同体的重要方式。一方面，从国内来看，以精准扶贫为代表的共享经济让群众更有幸福感。广东省将精准扶贫嵌入广东共享发展的整体布局，以共享思维推动精准扶贫，让欠发达地区群众的生活水平明显改善，走上了共同富裕道路，大大提升了党的凝聚力和感召力。另一方面，从国际上来看，以"一带一路"建设为代表的共享经济让中国更有影响力。2013年，习近平总书记提出"一带一路"倡议，强调相关各国要打造互利共赢的"利益共同体"和共同发展繁荣的"命运共同体"。目前，"一带一路"已在贸易、民生、基础设施建设等方面取得突出成效，充分体现"共商共建共享"原则。习总书记用共享思维的智慧，体现了中国的大国担当，提升了国际影响力。

综上所述，无论从产业升级，还是改善民生；无论是国内发展，还是世界和平，都充分体现了共享经济的重要性。随着互联网技术快速发展，共享经济将让越来越多的人从"物的依赖"束缚中解放出来，构建一个富有人情味、实现共享发展的美好社会。

下面这篇文章是源于网络的参考例文,如下:

共享与发展

党的十八届五中全会提出,坚持共享发展,必须坚持发展为了人民、发展依靠人民、发展成果由人民共享,朝着共同富裕方向稳步前进。共享发展理念,是在我国经济发展方式有待转变、社会资源分配尚不均衡、国际地位有待提升的条件下提出的符合时代发展要求的重大理念。共享理念对于国家各项事业的发展具有不可替代的战略意义。

共享理念有助于我国经济健康稳定发展。资源不足以及环境污染是限制我国经济健康稳定发展的两大瓶颈,以网约车、汽车租赁等为代表的共享经济模式的出现,一方面使闲置资源得到最大化利用,另一方面可满足更多消费者的需求,更重要的是减少了污染排放,这在一定程度上缓解了经济发展给环境资源造成的压力。依托于工业云服务平台,企业可以整合各环节资源,大大提升生产效率、节约成本,这为作为我国经济发展主力军的中小企业的发展带来重大机遇,为我国经济的发展注入了巨大的力量。共享经济形式可以实现用最少的资源最大化地满足生产消费需求,提高资源利用效率,促进经济健康稳定发展。

共享理念有助于促进社会实现公平正义。近年来,我国医疗、教育等各领域的改革稳步推进,人民的生活水平大幅提升,然而,我国社会公共服务方面的城乡差距依然明显,基层群众"看病难、看病贵"的问题依然存在,乡村学校师资不足、教学水平差的问题尚未解决,社会公平公正的目标还远远没有实现。我国有关政府部门秉持共享发展理念,整合城乡居民医疗保险制度,采用撤除合并乡镇农村学校、"名校托管弱校"等创新形式,均衡资源配置,推进城乡均衡发展,实现"发展成果由人民共享"的目标,对推进社会公平正义起到了指引性作用。

共享理念有助于推动我国与世界共赢发展。2013年习近平总书记提出"一带一路"的伟大构想,旨在通过加强国际合作,对接彼此发展战略,实现优势互补,促进共同发展。当前,"一带一路"倡议已得到100多个国家和国际组织的热烈响应,在沿线各国家和地区扩大投资和内需,增加就业、减少贫困,以及促进文化交流等方面都起到了巨大的推动作用,为世界各国的融合共赢发展注入了巨大能量。

共享是在经济社会高度发展的当下,富有创新精神的人们,兼顾个人利益与他人利益而创造出的互利共赢的形式,共享发展对于促进国家和社会各项事业的进步具有不可替代的重要作用。共享发展的目标是实现共同富裕,只要我们明确目标,把握好阶段性特征,脚踏实地工作,共同富裕目标的实现便指日可待!

笔者认为,范文是一篇优秀的申论文章,具有较强的理论性、政策性和宏观性,体现了作者的扎实功底和丰富积累。但是,这种文章可能要"专家级"水平才能写出来,大部分考生不具备那样的能力。相对而言,"五子棋"写作法通俗易懂、可学可用,易于借鉴练习。

不怕路远,就怕迷路。在申论写作的路上,方法就是方向,只要方向正确,哪怕基础和起点有先后,前进速度有快慢,只要坚持走下去,就能守得云开见月明。这里的"月明",不仅仅是通过公务员考试,更是让自己具备结构化思考和表达的能力,去到哪里都有饭吃,而且越吃越香。还是那句话,面对互联网时代的信息洪流,拥有归纳提炼、有序表达的信息整合能力,就是名副其实的"铁饭碗",甚至是"钢饭碗""金饭碗"。

附录
实战故事

知道自己"不知道"：
一篇材料背后的职场逆袭故事

2018年下半年，笔者在公众号上推送例文评改系列视频。出乎自己预料，这个还显粗糙的视频，受到了不少朋友的欢迎。其实，这篇评改材料的背后，还有一个很励志的职场逆袭故事，在这里跟大家分享。

遇见"狠人"

这篇文章，源于我跟朋友（小李）的一次评改交流。那时候（大概是在那年春节前），小李还在西南某乡镇农业部门工作，写作基础也不算太好。但有一点跟许多人不同，虽然写材料不是她的主业，可是她还是想方设法要把材料写好。为此，小李买了不少关于写材料的书和课程，但一直找不到感觉。

偶然的机会，看到"小二哥悟"公众号，里面的理念和方法颠覆了她对写材料的认识，按小李的说法是"如获至宝"——把公众号里每一期文章都下载、打印出来学习，视频也是反复观看，生怕哪一天就停止更新了。

随后，小李通过公众号留言跟我联系，希望能够"拜师学艺"——交费学习写材料。开始时，我对这个请求并不上心，也没有理会。这不是钱的问题，而是教人写东西，特别是修改材料，是一件耗时费力的事情，自己可不想操这个心。做公众号两年来，也跟一些朋友交流过：很多人想学写材料，真的只是说说而已，就是"说起来重要，做起来次要，忙起来不要，心虚时需要"。但是，在随后的交流中，小李表现出一股"写不好材料不罢休"的狠劲。可以说，在自己认识的朋友里面，她是最诚恳、最迫切、最刻苦要把材料写好的人。

这篇《××镇党风廉政建设工作总结》是我花了两块钱，从网上买来的反面例文。我让小李重新修改这篇文章，是想看看她的基础，尤其是态度如何，有点"入学"考试的意思。小李对这篇材料非常用心，花了一周时间，一丝不苟、老老实实、从头到尾修改，几乎是重写了这篇文章。这一点性格特质，让我看到了十几年前的自己，有些感动或者是触动。于是，我第一次答应正式做别人的"老师"，条件是"不收钱"。因为，能够遇到一个有如此强烈意愿，渴望写好材料的朋友，对自己来说也是一件幸事。

逆袭闯关

虽然小李写得很用心，毕竟刚刚起步。修改时，还是遭到巨大的挫败感——从头到尾被我改得面目全非。用她自己的话说：快被改哭了。但是，这个狠人没有放弃，越挫越勇，继续全力以赴学习，一遍又一遍看视频、做笔记，一次又一次回过头去，重新理解消化公众号上的写作理念和方法。

自助者天助。没想到，这次评改文章的经历，让小李"在伤口上长出了翅膀"，不久后就实现了一次又一次的职场逆袭。春节后，组织上把小李提拔为组织委员，不少人对此感到意外。因为，在大家的印象中，她只是个坚持原则、敢打敢拼的人，但周围人对她的理论水平，特别是写作水平并不看好。毕竟，要做好组织委员，写材料是一项重要能力。甚至，有些"吃瓜群众"开始看热闹——看看小李会怎样被写材料"折磨""出丑"。其实，不要说别人，就连小李自己也在心里打鼓，觉得自己没有真正写过材料，没什么信心。

让所有人感到意外，剧情很快发生反转，主要原因，就是我跟她系统评改了《××镇党风廉政建设总结》，这也是我首次用视频，从头到尾跟人评改一篇文章。虽然，这次评改不可能让小李"醍醐灌顶"，但是让她对写材料有了颠覆性认识。用一句通俗的话说：没吃过猪肉，也终于看到了猪跑，知道猪长什么样，不会指猪为马。

有一天，县委组织部要求上报一篇汇报材料。小李按照公众号上的方法，不戴高帽，不讲空话，不唱高调，老老实实进行"找料子、梳辫子、戴帽子"，一是一、二是二，把了解到的工作说清楚。按她的说法，这篇材料只有四页，内容并不算很丰富。当然，里面没有整齐对仗的标题，也没有金光闪闪的表述。

镇上党政办的"笔杆子"对这篇材料大失所望，再三提醒小李——组织部对材料要求很高，以往交上去的稿子都要打回几次，这篇东西肯定不过关。听了这话，小李心里更加没底。稿子交上去，就忐忑不安地等着组织部来电话，却是等了一整天也没等到。

两天后，组织部调研组来到镇里，由小李陪同到村里了解情况。一路上，她都在担心会因为上次那篇糟糕的材料被批评。没想到，组织部的一位科长问小李：两天前那篇材料是你写的吗？把工作说得很明白，领导说写得挺好。原来，那篇稿子交上去之后，组织部基本没有修改具体内容，就是把原来的六个部分，压缩整合成为三个部分。此时，小李才如释重负，且感到惊喜——小二哥说的果真没错。

作为过来人，我很理解这位科长的说法，负责汇总材料的人，最喜欢原汁原味、明明白白的第一手素材，可以为修改归纳提供空间；最讨厌空话连篇的"夹生饭"，不知道说了什么，缺乏修改价值。

这样的事情，如果只发生一次，只能叫运气，如果反复发生，那就是实力。一个多月后，小李到县委办事，被县委组织部部长叫到办公室。小李心里又开始忐忑，以为工作上出了问题，因为她跟这位领导并不熟悉，而部长却在过道上叫出自己的名字，这分明是"不祥之兆"。来到领导办公室，小李又一次没想到，部长开口就表扬说：你前几天交来的三年总结写得挺好，实实在在，不讲空话。

原来，前段时间，组织部要求新提拔的乡镇组织委员，交一份近三年来的工作情况。其他人都是洋洋洒洒写了十几页，甚至二三十页，只有小李是短短三页纸。部长说：看了那些十几页长，一大堆空话套话的材料，就觉得心烦，这个时候，看到你这篇只有三页纸，实实在在、不讲废话的文章，心里感觉十分舒服，一下子就记住了你的名字，没想到你能写出这样的材料，有很大的培养空间，以后要继续努力。

听到这话，小李再次明白：小二哥的方法真的很管用。

知 道 无 知

发生在小李身上的类似故事还有好几次，这里就不一一叙述了。我说这些事情，并不是说小李水平有多高。在我看来，小李写材料还没有真正入门，连最基础的归类分组都不过关，当然也谈不上生动表达。

学习有四个层次，即"不知道自己不知道、知道自己不知道、知道自己知道、不知道自己知道"。小李只是处于"知道自己不知道"与"知道自己知道"之间，要达到"知道自己知道"，还有很长的路要走。

但是，能够知道自己不知道，本身就是一个巨大的进步，这是做好一切事情的起点。正如苏格拉底所说：我知道自己不知道，而别人不知道自己不知道。看来伟人与俗人的区别，关键就在于是否知道自己"无知"。

这句话对写材料尤为重要。在许多"笔杆子"看来，所谓写材料，就是找一堆标题结构、模板套路，然后拼凑一大堆整齐对仗、抽象空洞的文字，堆砌一些"既没用，又没错"的空话、套话和废话。正因如此，网上"倒卖"例文范本、模板套路，已经成为一个行当，生意越来越红火。

基层文稿最重要的就是把工作说明白。要做到这点，首先就离不开逻辑。如果离开思维能力空谈写作，只能是"苦海无边"。小李所在单位的一些"笔杆子"，所表现出来的态度，说明他们还处于"不知道自己不知道"的阶段。他们认为，写材料就必须要标题对仗、文字华丽。

写材料如建楼房，判断一栋楼能不能住人，主要是看地基结构，而不是看怎么样装饰，用了什么漂亮的瓷片。一篇材料如果逻辑有问题，再好的语言、再整齐的对仗，都没有任何价值。"在盲人的国度里，有一只眼睛就是神。"小李虽然还写不出好材料，但起码知道什么是不好的材料，知道要归类分组，要符合 MECE 法则，文字要平实具体。能够了解常识，避免低级错误，这是一个关键的转折点。

当然，小李以后的写作之路会更加艰难，就像爬山，越往上越辛苦。但是，如果方向是对的，慢一点、快一点关系不大，迟早都能到达。做任何事情，特别是有价值的事情，不怕路远，就怕迷路。如果连"不知道"都不知道，就等于没有方向，走得越快，偏得越远。

最后，笔者结合自己的体会，说说在写材料中的"知道自己知道""不知道自己知道"。

"知道自己知道"，就是能熟练掌握归类分组的方法，有比较好的归纳提炼能力，写出来的材料一般不会被领导推倒重写。写作者也逐渐找到信心，对写材料不再恐惧、抗拒。

"不知道自己知道"，就是能够把归类分组的方法融入工作、生活的各个方面，能够下意识、习惯性运用归纳思维去认识事物、解决问题。同时，经过长期的积累和练习，形成自己的写作风格，能够在写作中感受存在感、价值感、成就感。或许，"不知道自己知道"便是道家说的"无为"状态，也是自己努力的目标。

三次"神转折"，帮我打通写材料的"任督二脉"

跟许多岗位的按部就班、顺风顺水不一样，写材料之路漫长且崎岖，苦苦挣扎、半途而废者不乏其人。从报社实习开始算起，自己接触文字工作已有18年，能够幸运地走到今天，除了有一股"苦行僧"式的傻劲之外，还离不开三次关键的"神转折"，这让我深刻理解到：创造机会比等待机会更重要，转折点比起点更重要，做到"主动主动再主动"，往往就有意外之喜。下面，一起来分享三个"神转折"的小故事。

一次采访的转折

2001年7月，大三暑假，笔者来到《羊城晚报》经济部实习，当时正值大学生的实习"旺季"，报社采编部门"人满为患"，仅在实习的经济部,就有二十多位省内外重点院校中文系或新闻系的实习生,自己是唯一来自"平民"院校的学生。当时没有专门指定实习老师,大家都翘首以待着记者"点号"。许多实习生跟记者是"同门师兄弟",自己没有任何优势。但是,一次偶然的机会让事情发生逆转。

有一天下午,经济部一位领导从外面回来,正好在走廊遇到我,就说:"小何,我经过天河北路时,看到那里的全聚德烤鸭店歇业了,你去看看是怎么回事。"自己满腔热情出去,没想到灰溜溜回来,除了在现场告示上抄到一个电话号码,别无所获。回到报社汇报情况后,领导就让旁边一位彭记者再带着去看。跟彭记者一起,再次来到现场,凭借着丰富的采访经验和技巧,他很快就摸清楚了事件的来龙去脉。

采访结束后,已是下午五点多,采访地点离学校很近。彭记者说:"小何,我回报社写稿,你自己搭车回学校吧"。我当时近乎本能地说了一句改变了我人生道路的话:"彭老师,我想学点东西,想跟你一起回报社写稿。"得到同意后,两人就一起回到报社通宵奋战。靠着这次成功合作,自己和彭老师建立了"师徒关系",很多重要的采访,包括暗访、加班,两人都是"形影不离",成为默契的"师徒拍档"。

由于有"专属"老师,自己的采访机会越来越多,新闻意识和写稿水平也很快提高,实习期间共发表了200多篇报道,成为那批实习生中发稿最多的人,在毕业时派上了大用场。从提高写作能力的角度来看,在报社实习的这段经历,帮助自己能够基本写好消息(简讯),把一件事情说明白,为今后写材料打下了重要的基础。

一篇文章的逆袭

凭着那一叠发表的文章,自己顺利过了就业关,来到市公安局机关,主要负责团委的事务性工作。由于自己的协调能力不足,缺乏工作经验,没几个月就结束了在机关的日子,被借调到看守所。对自信满满的自己来说,这犹如当头挨了一棒。整个人倍感失落,甚至生起了"拿一份工资,找一个老婆,生一个孩子,混这一辈子"的念头。

虽然工作陷入低谷,前途变得迷茫,但是,笔者始终没有忘记自己读的是"中文系",对手中的笔还有一股信心和执着。在那几年的低谷期,虽然放松了学习,但终究还没有放弃,没有丢掉观察,没有放下思考,没有放弃总结,仍然坚持写一些工作体会和心得。终于,机会来了!

2006年6月,公安部办了一个培训班,领导安排笔者和几位同事去外地参观学习。虽然只是一次普通的交流培训,但自己保持了实习时候的好习惯,用心听、专心记、虚心问,并结合工作体会,上交了一篇学习报告。后来才知道,自己是几批学员中唯一主动撰写学习报告的学员。出乎意料的是,这篇不起眼的报告被省公安厅上报到公安部,并得到了公安部领导的批示表扬。用广东话来说,这篇文章让处在低谷的自己"咸鱼翻身",重新赢得认可,找回自信。不久,就从管教岗位调到政工部门,久别5年之后,终于拿起迟到的笔。两年后又调入市直机关,专门从事文字工作。

一次修改的顿悟

2015年底,我接受任务,负责起草一位市领导在全省会议上的发言材料。周四下午接到任务,下周二就要用。当晚就进入"白+黑"

状态，稿子前后五次推倒重写，有两次是自己觉得不满意，写到凌晨两三点的时候，亲自把稿子枪毙。周六深夜写出第六稿，写作思路也在一次又一次修改中逐渐清晰。

星期天上午，材料通过局长审核，终于可以上报。但自己还是觉得有修改空间，又花了一天一夜打磨文字，光是两百多字的结尾段，就花了一个下午。文稿在周一早上送到市领导手中。大概上午十点半，接到市府办通知，让执笔的同志直接到市领导办公室讨论稿子。一想到，明天就要开会，如果稿子还要推倒重写，不但自己要继续熬夜，工作也会受到严重影响，自己心里憋得发慌。

忐忑不安地来到市领导办公室，刚刚坐下，就听到市领导说：这篇稿子写得很用心，语言生动活泼，不死板，希望其他部门也学习这种文风，但是在文字表述上还是有很大的提升空间。听到这句话，心里的大石头总算放下来，看样子不会推倒重来。接着，市领导拿着材料，逐字逐句读下去，提出修改意见。从领导办公室出来，没有午休，午饭后接着又改了近五个小时，基本达到领导要求。

后来听局长说，这位领导原来就是省里的"大笔手"，对材料要求很高，能得到他的表扬不容易。自己心里明白，领导表扬的不是这篇材料的水平，而是字里行间渗透出的态度。领导的表扬固然重要，但对我更重要的是，经过一遍又一遍用心打磨，特别是经过市领导手把手指导修改，自己终于"顿悟"——突然明白写材料是怎么回事，怎样才算是一篇好材料。

自己想明白的是：一篇好的材料，要有"三特"——时代特征、部门特色和个人特点；要有"三度"——思想要有高度，业务要有深度，语言要有温度。从那以后，好像一下子打开了任督二脉，自己写材料算是真正找到感觉，写得材料一篇比一篇好，写作水平以看得见的速度提升。熬了四五年后，终于进入快车道。写材料就如体能训练，只有每次都挑战极限，练到自己动不了，然后再一点点加量，才能不断突破极限、提高极限，厚积才能薄发，从量变到质变。

对笔者而言，这三段经历很重要，也具有代表性，分别发生在三个五年之间的交界点，基本代表了"跟跑、并跑、领跑"的三个转折点，其共通之处是"主动"。只有主动，赢得机会，才能让机会"无中生有"。正如一句写材料的行话——早写是经验，迟写是任务。主动本身就是一种能力。主动的人，人生就会有一种踩在地上的自信和踏实感。

在现实中，各人的出身、家庭、天赋和资源不尽相同，很可能别人脚下的地板，就是自己头上的天花板，穷极一生也无法突破。但是，在今天这个最好的时代，我们不用自怨自艾、茫然无措，只要足够主动认真，就能赢得比大多数人更多的机会。对于目标，我们可能会迟到、晚到，但不会错过或放弃。

让认真成为一种天赋——写材料的十年述职报告

《让认真成为一种天赋——写材料的十年述职报告》写于2019年1月，这篇文章可以看作是自己过去十年的述职报告。因为这些年自己就在做两件事：第一件事是写材料，第二件事是学习怎么样写材料。那一晚，写完2018年单位年终工作总结。在关上电脑的刹那，心中不由涌起一阵感慨和伤感：随着机构改革尘埃落定，"中山市外事侨务局"将成为历史名词。自己进入这个单位已整整十年，认认真真写了十篇工作总结，这十篇文稿就如一条无形的线，串起自己最宝贵的青春岁月。让自己深刻体会到：认真是重要的天赋。

出 剑 之 败

2009年4月，我从基层单位调入市外侨局，自己天真地认为：写材料跟写新闻报道差不多，大一点的稿子可以套用别人的标题结构，自己"有备而来"——已经背了十几套标题架构，应该游刃有余。没想到，自己所学的那点东西很快被掏空，随后就陷入迷茫无助。这样迷迷糊糊过了近一年，自己也没有主动向领导、同事请教。结果，首次写年终工作总结一败涂地。

第一次写单位的年终工作，是在2010年1月。那时候，我还对写材料一窍不通，仗着会写一些新闻简讯，"无知无畏"接下写作任务。看着前几年的总结，憋了很久依然不知所措。苦思冥想之后，只好按照自己的感觉，模仿已有的标题架构，依葫芦画瓢了事。意料之外，情理之中，这篇总结被领导全盘否决，要推倒重写。要命的是，已经错过交稿日期，第二天领导就要开会讲话。这下子，把云姐（当时的办公室副主任，现在的顶头上司、一起奋战十年的黄金拍档）害惨了，她被迫跟我一起加班改稿，直到凌晨三四点。这当头一棒让自己深刻认识到：不会写不是错，不会写又不学不问，那就是大错特错。这样不仅坑自己，而且坑同事、坑领导。

那以后两年多，自己其实一直非常郁闷、低落、无助，也没有什么进步。这样的状态，自然难以让人满意。当时，有领导认为我的培养价值不大，建议调离文字工作岗位。所幸，当时的局长认为——年轻人刚来，应该给机会，允许犯错误。于是，自己又留下来，继续在一篇篇材料中苦苦挣扎。在很长很长的时间里，真的看不到什么希望，更谈不上什么理想，只是"开弓没有回头箭，世上没有后悔药"。在对外部门，我不懂外语，也不善接待协调，只好写材料。

铸 剑 之 苦

当时的局长有句话我一直记得：写材料又不是搞原子弹，只要认真，怎么会做不好。最初那两三年，虽然自己比较迷茫，但还是想方设法把材料写好。听到有人说，写好材料要看党报党刊，就把单位订阅的十几份报纸抱回家，每天看每天读，甚至能把一整版五千多字的领导讲话稿背下来。听到有人说，写材料要读哲学，就买一大堆"大部头"马克思主义哲学书籍来啃，结果绞尽脑汁还是有许多地方看不懂。听到有人说，写材料要学逻辑，就买了十几本逻辑书籍，简单不过的三段论，就让我这个文科生晕头转向。

今天回头看看，自己其实走了许多弯路。但是，从长远来看，一切的弯路都是直路的一部分。只有走过弯路，才能明白什么是直路，也只有找到直路，才能明白什么是弯路。人生不可能避免的，就是弯路，写材料亦是如此。拿读报纸来说，当初自己每天看很多报纸，起早贪黑死记硬背，但效果并不明显。好记性不如烂笔头，后来，我不再满足于看，而是动手做读报笔记，把好结构、好语句抄下来，这在后来的写作中发挥了重要作用。

又如读哲学，很多晦涩深奥的原著让人一头雾水，自己就退而求其次，选择简单易懂的马克思主义哲学入门书籍和著作。例如，毛泽东的《实践论》《矛盾论》，艾思奇的《大众哲学》，李瑞环的《学哲学 用哲学》《辩证法随谈》等。因为看得懂，所以能够坚持。每一本都从头到尾细读读上好几遍，老老实实做好摘抄笔记。与其说是"阅读"，不如说是"抄读"。这些笨功夫，给自己打下比较扎实的理论基础，特别是《学哲学 用哲学》中的"总结经验十法"，让自己感觉依稀摸到了写材料的门槛。

阅读逻辑书籍，则帮我突破了写材料最后的屏障。自己受益最大的三本逻辑书——《咬文嚼字的逻辑》《公文写作与逻辑》和《金字塔原理》，这些书通俗易懂，容易读进去。最让我惊喜的是，《金字塔原理》与《学哲学 用哲学》居然有同工异曲之妙，融合两者精髓形成的"五子棋"写作法，则帮自己打通了"任督二脉"，终于对写材料开窍，那时候已经是 2014 年。

煎熬四五年之后，我终于认识到：撰写综合类文稿要自下而上归类概括，自上而下分类表达。然而，明白道理和方法，并不代表从此一马平川、顺风顺水，前途依然坎坷崎岖。因为，知道跟做到之间的距离，太遥远、太曲折、太艰难。

砺剑之惑

2011 年 6 月，单位来了新的"一把手"。此后，我迎来最痛苦、最煎熬，也是收获最大、进步最大的 7 年。笔者很认同一句话："工作做得好，材料不一定好；材料写得好，工作不会差。"因为，写材料归根结底是写工作，需要实实在在的工作措施和成绩来支撑。幸运的是，那些年单位每年都承办或举办层次高、影响大的涉外涉侨涉港澳活动，让自己有许多机会起草市主要领导，甚至省领导的发言材料，这对提高写作水平十分珍贵。

高度决定视野。对写材料来说，平台可能比努力更重要。就如学开车，小汽车开得再好，也开不好大客车，想学开大客车，就要用大客车来学。正是因为领导班子的主动作为、积极进取，为自己在"小汽车"般的单位，提供了开"大客车"的机会。虽然当时自己的能力，应该连小车都开不好。

这位领导对材料的要求很简单，就两个字"入脑"。公文材料不是诗歌散文、不是幽默笑话，不是心灵鸡汤，要让人看一遍就"入脑"，谈何容易。在开头的四五年里，自己几乎被"入脑"两个字逼到"脑残"——冥思苦想通宵达旦写出来的东西，通常只能得到10个字的意见：阿文，这篇材料不入脑啊！

  这个场景一遍一遍在局长办公室重复，把自己一次又一次逼到几乎崩溃的边缘。有一次局长问我，调入这个单位这些年有什么感觉。自己如实回答：早知这么累，我就不过来了。但是，今天回头去看，又幸好来了。经历一次又一次推倒重写，自己深深体会到，写材料最辛苦的不是写，而是改，因为自己不知道怎么改。领导事情很多，通常只能在截稿时间之前看稿，如果文稿要推倒重写，几乎就是灾难性后果。因此，自己拼命争取做到"一次命中"。可是，直到现在也不能完全做到，只是"命中率"高了，推倒重写的次数少了。

  那种让人窒息的压力，就像是整个人被放到高压锅里面焖。每次交稿后的等待都是战战兢兢，犹如等待法官判决。当时，自己只能基本做到分类正确、语句通顺。显然，这种"大路货"水平，离"入脑"还有十万八千里，加班熬夜是家常便饭。但是，以当时自己的水平，根本就不知道怎么样才算"入脑"，当然更谈不上做到。甚至还怀疑过领导的要求——写材料不都是这样吗？

  后来，才逐渐认识到，"入脑"是写材料的最低要求，也是最高追求。其实，到底什么是"入脑"？可能领导自己也很难一下子说清楚，这是高水平领导的一种直觉，几乎出乎本能的要求，很难说明白，需要写作者一点点去捕捉感悟。在三四年时间里，让材料"入脑"，是让自己无比烧脑的事情。这种感觉就如爬山，没有来到一定高度，有些风景注定是看不见的，不管别人怎么说，自己还是似懂非懂。当有一天，自己终于做到"入脑"的时候，对写材料算是"大彻大悟"。

挥剑之趣

做事如跨栏，跳过的高度往往取决于栏的高度。不知不觉中，"入脑"成为自己写材料的磨刀石和导航仪，成为每一篇材料、每一回修改、每一次思考的必答题。经过四五年煎熬，自己对"入脑"的迷雾才逐渐消散，开始有"守得云开见月明"的欣喜，逐渐品尝到写材料的乐趣。自己对"入脑"有以下几点理解。

首先，结构合理、思路清晰。一栋楼房能不能使用，关键在于地基结构。基础不牢地动山摇，地基不好、结构不稳的房子，装修再豪华也没人敢住。材料要入脑，关键不是辞藻华丽、整齐对仗，而是归类合理——通过自下而上的归纳概括，形成科学稳固的金字塔结构。文章架构是对工作本质、发展规律的认识。只有在认识上契合领导所思所想，才能同频共振。只是简单套用他人的模板套路，或者分类不合理，这样的材料，要么杂乱无序，要么千文一面，肯定难入高水平领导的"法眼"，写作者也难有进步，只是以高效率在做无效果的事情。

其次，语言精练、平实有力。文章不写半句空。公文材料作为传递信息、沟通情感的载体，最忌语言空洞、言之无物。空洞的文章是故意让人看不明白。要做到言之有物，让人看得进去，首先就要把事情说明白——这项工作是什么，有什么特点，有什么成效，特别是基层的材料，少用高度抽象的概述性语言，慎用金光闪闪的空话套话。

文风如作风、如政风、如党风，那些"既没错又没用"的文字，只适合没思想、没思路、没水平、没干劲的领导。高水平领导对文字垃圾有着本能的抗拒。对写作者自我感觉良好的那些空话套话，往往会毫不客气地用红笔整段划掉。时任单位"一把手"非常反感那些刻意对仗、空洞无物的文稿。这种讲话稿在开会时常常被放在一边，领导看都不看，只按照自己的思路讲。对写作者来说，这种感觉很难受，但也很受触动。

最后，私人订制、突出个性。写作者要对领导的工作思路、性格偏好都有比较深入、细致的把握，这样才能提炼出既反映规律共性，又有领导个性的观点，说出领导想说、喜欢说，但还没有彻底想清楚的话，甚至让领导动情、流泪的话。做到了这点，写材料就会有一种乐趣。因为写作者可以通过材料来表达自己的观点和认识，不再是文字的搬运工，而是思想的创造者；不再是苦闷彷徨的"蚂蚁"，而是自由快乐的"蜜蜂"，找到"不足为外人道"的存在感、价值感，让写作者与领导良性互动、共同进步。

悟剑之得

如果用一句话概括自己十年来写材料的进步，就是以下十个字——从"自下而上"到"自上而下"，这点在年终工作写作中得到充分体现。从十年前开始，我就把撰写单位的年终工作总结作为全年最重要的任务，当作检验自己一年来写作、学习、思考成效的"期末考试"。

年终工作总结能不能让领导班子，特别是"一把手"眼前一亮，直接影响"笔杆子"能力的被认可程度。写作者在过去一年有没有进步，有多大进步，可以在年终工作中一目了然。所以，每次撰写年终工作总结，自己都是全力以赴、精雕细琢，绝不允许"年年月月文相似"。

自己在写材料中的被动状况，在2014年开始得到缓解。主要领导对年终总结的批示都是"进步明显""思路清晰""写得很好"之类的表扬，自己终于找到感觉、进入状态。开始的时候，自己都按照"找料子、梳辫子、戴帽子、填肚子、修面子"五个步骤，自下而上构思总结，2015年则开始尝试"自上而下"。

因为经过五六年来的归类分组、排列组合，自己对工作的认识不断深入，逐渐找到反映工作本质的稳定架构。外事侨务港澳工作可以分为管理、服务、联谊三大块，也就是管理资源、运用资源、涵养资源三个部分，在这个架构的基础上进一步提炼，可以得出"资源枢纽"这个概念和定位。

通过这个业务结构，自己对工作的认识有了质的突破，从感性认识上升到理性认识。我在网上找了几个兄弟地市外事侨务局（港澳事务局）的年终工作总结，都是外事、侨务、港澳三大块分开写。然而，这三项业务之间有同性，又有不同，这种架构容易出现交叉重复。总结是工作的折射。采用这种总结架构，说明在这些单位的三项业务还没有完全融合，不能做到"1+1+1=1"。

对比之下，三项业务在我们单位是"1+1+1=1"，做到彼此融合，你中有我，我中有你，资源共享、取长补短，不少工作走在全省，甚至全国前列。这个模型相对稳定，这与后来的机构改革精神不谋而合，在比较长一段时间内，"资源枢纽"这个定位和"三位一体"的框架模型都有指导意义。

自己的观点是——所谓公文，就是把对"公"（工作）的认识，用文字表达出来，认识第一位，表达第二位，公文姓"公"不姓"文"，要想表达到位，必须认识到位。写材料的水平，根源不在文字上，而在认识上。思维能力与表达能力，往往是水涨船高。写作者对工作认识越模糊，文字就越啰唆，语言就越空洞；反之，对工作本质认识越深刻，结构就越清晰、语言就越凝练。因为你永远不能向别人清楚介绍自己都不认识的人。

笔者一直认为，写材料要"自下而上思考，自上而下表达"。

随着理解逐渐深入，有了更恰当的表述：在入门阶段，应该自下而上思考，通过归类分组、归纳概括搭建业务模型，这是个归类的过程；随着写作者的思维能力、认识深度不断提高，就逐渐做到"自上而下表达"，直接用稳定的架构来指导写作和实践。随着自己对工作的认识，以及知识广度和思维能力逐渐提升，很多时候撰写文稿不需要自下而上归类概括，而是直接自上而下分类制作标题。细细分析，"归类"和"分类"的根本差异，就是"自下而上"与"自上而下"。

完成了"自下而上"到"自上而下"的转变，自己也曾有过困惑：结构模型稳定了，岂不意味着每年的总结都差不多？这是自己很难接受的。但是，自己很快明白了"不变"与"万变"的关系——架构是稳定的，但表达是变化的。每年的具体工作、特点都不同，表述上可以灵活多样，常写常新。就像一栋楼房的主体结构是固定的，但内外装饰、空间布局可以灵活调整，这就是"原则性"与"灵活性"的统一。总而言之，写材料应该做到共性认识的个性化表达。

望着眼前的年终工作总结，自己脑子里闪出了许多画面，对"为什么写材料"有了更深刻的认识——材料不仅是传递信息的载体，更是一种认识工作本质、把握发展规律的工具。常说"既要埋头苦干，更要抬头望路"，想要更好地"抬头"，需要站在写材料，也就是理性认识、理论认识之上，这样才能在共性认识中把握工作规律。

《法华经》说：功不唐捐——任何的努力都不会白费，只是可能自己还不知道会以什么方式，在什么时候回馈，这就需要时间来一点点告诉答案。十年磨一剑的经历，自己最大的收获便是——让认真成为自己的天赋。正如中国男篮队长易建联说的那句话：真正的天赋，是你有多少的热爱和付出，还有坚持。

后记

吴伯凡老师说过这样一句话：当从事一件真正有价值的事业时，所做工作总有一半以上是别人看不见的，但不能因为别人看不到就不做。从开设公众号的时间算起，这本书已准备了三年。然而，自己还是远远低估写好一本书的难度。这个"难"不是文字之难、信息之难、知识之难，而是思维之难、系统之难、结构之难。

一般来说，写书都是先确定目录框架，然后分门别类撰写内容。这本书则相反，先有一大堆零散无序的文章雏形，再归类提炼框架目录。其实，就是在用"五子棋"写一篇20多万字的大材料。初稿内容大多源于"小二哥悟"微信公众号，虽然不乏一些写材料的"干货"，但显得粗糙凌乱。在编辑老师的精准指引下，笔者邀请多位专家学者、读者朋友共同"把脉开方"。经过一次次艰苦的思维加工，目录框架逐步清晰。在此基础上，又大刀阔斧进行"删、增、拆、合"，并重写十篇文章补漏洞、"打补丁"。经过50多稿的反复修改，散乱的"文集"才逐渐有了"书"的体系和层次。

本书突出"源于写材料，不止于写材料"，以基层综合文稿写作为切入点，深入浅出介绍了写作学、逻辑学、经济学、管理学、心理学、刻意练习、互联网思维等诸多学科，属于一本"不像写作书的写作书"。在征求意见过程中，书稿不仅得到公文研究学者、一线文字工作者等业内人士好评，还备受技术人员、商界人士等业外人士欢迎，纷纷表示要将其赠阅亲朋好友。

本书之所以能够做到跨界融合、雅俗共赏，首先要感谢得到APP，让自己可以站在"巨人的肩膀"上思考和写作。作为得到的铁杆粉丝，笔者在撰写本书过程中，参考和借鉴了以下课程的部分观点和内容，分别是：吴伯凡老师的"伯凡·日知录"、李忠秋老师的"有效训练你的结构化思维"、古典老师的"超级个体"、吴军老师的"吴军·硅谷来信"、华杉老师的"跟华杉学品牌营销30讲"、林楚方老师的"文明地标三十讲"、张潇雨老师的"张潇雨·商业经典案例课"。在此，对得到APP以及以上作者老师表示最衷心的感谢。

人磨墨，墨亦磨人；人写书，书也写人。修改的过程也帮助自己打通诸多"堵点""疑点"，对写材料的认识趋于深入和系统，让输出成为最好的输入。同时，笔者深刻体会到：所谓成长，往往是因为自己远远低估做一件事的难度，贸然投入之后，才发现没有退路；只好硬着头皮走下去，经历重重困难之后，最后把事情做成了，人自然也就成长了。